이름에는 신비로운 이법(理法)이 있어서
인생의 길흉화복(吉凶禍福)을
전개하게 된다. 그래서, 사람은 누구나
좋은 이름을 갖고자 하며
이름을 길이 남기고자 한다

성명학 姓名学 길라잡이

이금정 /한금사 지음

이름속에 팔자의 길 흉 화 복 이 들어있다

쉽고 재미있게
한글로 배우는
성명학

장서원
도서출판

추천의 글

자고이래로 이름에 대한 의미와 가치는 동서양을 막론하고 가볍게 여길 수 없을 만큼 크고 중요하게 여겨졌다. 동양의 교학은 음양오행을 근본이 되는 거점으로 삼아 이론체계를 세웠는데 성명학도 예외는 아니어서 음양의 주역을 토대로 삼은 작괘 추론법과 글자의 자원오행을 비중있게 다루는 두 가지 유형의 이론체계로 명맥을 이어왔다. 전자에 비해 후자가 유행하면서 팔자명리를 바탕으로 한자의 자원오행을 가려 작명하는 방식이 비교적 정통적인 작명법이 됐다. 그런데 근래에는 글자의 소리오행에 집중하는 음령오행에만 비중을 두는 경향이 강해졌다. 이런 방식은 팔자명리를 벗어나 성명학의 독립적인 영역을 개척하는 움직임으로 보이지만 결코 정통적인 학술로 인정받기엔 미흡한 점이 적지 않다. 다행히 이번에 선보이는 '성명학 길라잡이', 이 책은 명리를 기반으로 종래의 이론들을 계통이 서게 잘 정리한 느낌이 든다. 또 기존에 쉽게 접할 수 없었던 이론의 조각들이 비교적 상세하게 설명되어 다채롭게 망라된 점도 보기에 색다른 데가 있다. 무엇보다 음양오행의 원칙에 충실하고, 여기에 종횡으로 그물망처럼 짜진 엄격한 잣대를 모두 충족시켜 하나의 온전한 이름을 짓고자 하는 저자의 세심함이 돋보여 추천의 내용을 담은 글을 쓰게 됐다. 이 책의 발간을 계기로 앞으로도 독자들에게 기억될 좋은 교재들을 저술하고 역학의 발전에 공헌하길 빈다. 저자의 무궁한 발전을 기원하는 바다.

명리학자 이수

추천사

우주에 있는 모든 사물은 각자 저마다의 할 일이 정해져 있으며, 그가 하는 일이나 장소, 의미, 미래에 나타날 현상 등에 대하여 그들 각자의 이름을 가지고 있다. 나아가서 인간의 정신세계에 형성된 사상, 상념, 감정, 추상의 온갖 사상에 까지도 그 이름, 즉 명칭이 있다. 그 이름 속에 혹은 단순하고, 혹은 복잡 심오한 뜻을 담는다. 옛 속담에 호랑이는 죽어서 가죽을 남기고, 사람은 죽어서 이름을 남긴다고 하였다. 우리의 이름 즉, 성명 석자가 인간운명에 영향을 주며 나아가서 인생운로를 지배하고, 이름 한획이 줄고 늚에 따라 인간의 행·불행이 갈리며, 빈부수요(貧富壽夭)가 결정되는 것을 보면서 성명학의 신비를 느낀다. 성명학을 수년간 연구한 본인이나 성명 학자에 의하면 오히려 성명학이 사주관상보다 더 중요함을 알 수 있다. 여기 두 분이 국내에 나와 있는 모든 성명학의 이론을 아우르고, 정리하여 성명학의 책을 출판 하게 된 것을 성명 학자이자, 명리학자의 한 사람으로 경하와 치하를 드린다. 특히 금정 선생은 나의 성명학 제자로써 스승보다 더 뛰어난 실력을 보이고 있어 자랑스럽고 성명학으로 중생 구제를 하는 것을 보면 성명학에 있어서는 등대 같은 존재이다. 앞으로 더욱 무궁한 발전이 있기를 기원한다. 한권의 책을 쓰기 위해서는 만권의 책을 읽어야 한다고 한다. 추운 겨울날과 무더운 삼복더위 속에서도 책을 집필하는 일은 책을 써본 사람만이 알 수 있는 수많은 인고의 세월이다. 수 년 동안 자료를 모으고, 수 년 동안 이를 정리하고, 임상에 적용한 후에 성명학 책을 펴낸 두 분의 저자에 대하여 무궁한 영광이 있기를 기원해 본다.

성명학 명리학자 경찰학 박사 靈帝 金光源

추천서

사람이 로빈슨 크로소처럼 자연 속에서 혼자만 살아간다면 굳이 얼굴을 가꾸거나 몸단장을 할 필요는 없을 것이다. 우리가 세상을 살아가면서 자신을 가꾸는 것은, 다른 사람들과 함께 살아가는 관계 속에서 남을 편안하고 잘 되게 하여, 결국 그 사람들을 통하여 나를 잘 되게 하고자 함이다. 그렇듯 사람과 사람과의 관계 속에서 자신을 규정짓는 가장 큰 열쇠 중의 하나는 바로 이름이다. 사람은 이름을 통하여 다른 사람과 관계 지으며 사회생활을 영위한다. 즉, 이름이란 삶에서 나를 규정 짓은 좌표인 것이다. 흉한 얼굴로 세상을 사는 것보다 아름다운 얼굴로 세상을 살아가는 것이 나를 더 더욱 잘 되게 하듯이, 좋은 이름으로 세상을 살아가는 가야 하는 것은 너무나도 자명하다. 존재하는 모든 것은 환경과 더불어 공명(共鳴)한다. 그러므로 사람은 세상을 살아감에 있어 가장 많이 접하는 자신의 이름에 가장 많이 공명하게 마련이다. '잡초라는 이름보다는 '장미꽃' 이라는 이름이 더 아름답다. '잡초로 불리는 사람은 자꾸 '잡초' 가 되어가는 자신을 보게 될 것이며, '장미꽃' 으로 불리는 사람은 스스로 '장미꽃' 으로 살아가려 하는 자신을 보게 될 것이다. 궁극적으로는 너와 나 사이에 소통을 가로막는 암세포인 척(慼)을 짓지 않으며, 더 불어 함께 살게 하는 이름이야 말로 가장 높은 경지의 이름이라 할 수 있다. 그 경지를 우리는 해원상생(解寃相生)이라 한다. 그런 의미에서 저자의 성명학 길라잡이에 대한 일독을 권하고 싶다. 남을 잘 되게 함으로써 나를 잘 되게 하는 해원상생의 철학에 기초한다는 생각에 추천사를 쓰게 되었다.

2011년 5월 법학박사 곽순근(郭舜根)

머리글

사람의 이름은 대략 명(名), 자(字), 호(號) 등 세 가지로 나뉘는데 그 중에서 가장 일반적 의미로 쓰이는 명(名)은 '夕+口'의 결합으로, 어두운 저녁에도 누가 누구인지를 쉽게 분별하게 한다는 뜻입니다. 이름은 태어나면 부모로부터 얻어 일생동안 사용하다가 죽으면 돌조각에 새겨집니다. 사람이 평생을 쓰다가 남기는 것은 오직 이름인데 진중하게 따져 이름을 짓는 의식은 매우 자연스러운 것이라 할수 있습니다. 게다가 팔자에 모자란 기운을 보태거나, 부귀를 높이는 진신, 용신을 배합하여 그 뜻을 더욱 아름답게 살린다면 금상첨화가 따로 없을 것입니다.

성명학은 명리학이나 상학처럼 독자적으로 발전했다기보다는 제반 학문에서 필요한 부분만을 도입해서 응용한 종합 역학적 성격을 지니고 있습니다. 이름 세 글자를 분석하는 여러 가지 이론들의 기원을 거슬러 올라가 보면 결국 음양론(陰陽論)과 오행론(五行論)에 그 뿌리가 있음을 발견할 수 있었습니다. 이 두 가지 축은 성명학의 근간을 이루고 있는데, 이를 달리 설명하면 성명학은 역과 오행 론이 발전하는 과정에서 부산물로 탄생되었다고도 할 수 있습니다. 그럼에도 불구하고 동양에서 성명학은 '팔자술의 꽃'으로 불렸습니다. 동양의 제 오술(五術)이 다 마찬가지지만 명리를 통하지 않고 온전히 도달할 수 있는 학술의 경지는 애초에 불가했기 때문입니다. 오래 전부터 정통 명리학자들은 작명에 관심이 지대했고, 이를 개운의 방편으로 활용하는 데 익숙했습니다. 시중에는 성명학이나 작명술과 관련해 다양한 저술들이 출간돼 있는데 십중팔구가 명리(팔자학)을 도외시한 채 자가 발전한 경우가 많아 자칫 혹세무민의 도구로 전락할 우려가 있었습니다. 이에 명리를 기반으로 비교적 올바른 작명 기법을 익히고 활용할 수 있도록 '성명학길라잡이'를 강호제현에 선보이는 바니 많은 격려와 질정을 기대합니다.

<차례>

중편

상편

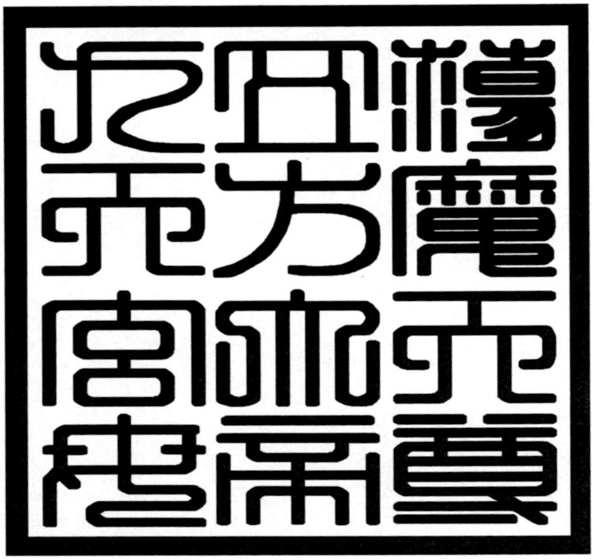

제1장 성명학 기초입문

1. 이름이란 무엇인가?

이름이란 자신을 대표하는 대명사로서 자신이 있는 곳에 이름이 있고, 이름이 있는 곳에 자신이 있으므로 이름과 나는 공동운명체로서 운명을 같이한다. 이름에는 신비로운 이법(理法)이 있어서 인생의 길흉화복(吉凶禍福)을 전개하게 된다. 그래서 사람은 누구나 좋은 이름을 갖고자 하며 이름을 길이 남기고자 한다. 좋은 이름은 좋은 영향을 나쁜 이름은 나쁜 영향을 평생 동안 그림자처럼 따라 다니면서 작용을 하므로 자녀에게 좋은 이름을 지어주는 것은 부모의 책임이면서 의무라 하겠다. 많은 군중 속에서 나의 이름을 부르게 되면 내정신은 그곳을 향하게 되고, 나의 육체는 눈과 귀를 동원하여 대답하게 되는 것은 그 이름 속에 나의 영혼이 담겨져 있기 때문이다. 그러므로 성명이란 생명과 같이 소중한 것으로 누구나 부르기 좋고, 듣기 좋며, 좋은 이미지를 갖는 이름을 소유하도록 노력하여야겠다.

2. 이름은 부르기 좋고 듣기 좋아야 한다.

좋은 이름이란 부르기 좋고 듣기 좋아야 한다. 이름을 불러서 이상한 느낌을 줄때에는 운세를 하강시키고 사회생활을 하는데 따돌림을 당하고 많은 고생을 하게 된다. 예를 들어 生(날생)자와 萬(일만만)자로 生萬(생만)이라면 많이 낳는다는 뜻으로 좋으나, 성씨가 高(고)씨이면 高生

萬이 되어 평생 동안 고생만 한다는 뜻이 된다. 따라서 이름은 부르기 좋고, 듣기 좋으며, 좋은 뜻을 떠올리도록 품위와 무게가 있어야 한다. 남성 이름은 남성답게 여성이름은 여성답게 지어야한다. 남성이름을 여성답게 지으면 남녀성별이 뒤바뀐 느낌을 주어 좋지 않고, 사회 생활하는데 박력이 없고, 무능해지며 시작만 잘하고 끝맺음을 못하여 평생 동안 고달프고 고생이 많게 된다. 남성의 이름은 인정이 많고 의젓하면서 정중해야 하고, 여성의 이름은 명랑하고 경쾌하며 부드럽고 따뜻한 느낌을 주어야한다.

3. 이름은 품위와 무게가 있어야한다

옛날에는 이름을 천하게 지어야 장수하고 잘산다고 하여 개똥이니 돌쇄니 하였고, 아들을 낳고 싶은데 딸만 계속 낳게 되면 딸 그만이, 딸막이, 막 딸이라 하였다. 그러나 이런 이름을 가진 사람이 장수하고 잘살고 사회적으로 출세한 사람은 드물고, 대중으로부터 따돌림 당하기 쉽고 좋은 일보다 나쁜 일이 더 많다. 만물의 영장인 우리 인생의 거룩한 이름을 어찌 이런 식으로 지어야 되겠는가? 출세는커녕 운이 기울어져 퇴보된 인생의 길을 걷게 된다.

특히 초등학교 다닐 때에 천하거나 나쁜 이미지를 상징하는 이름 때문에 놀림감이 되거나 따돌림을 당해 고생을 많이 하여 개명한 사람들의 증언을 들어보면 좋은 이름이 얼마나 중요한지 알 수 있다. 그러므로 이름이란 품위가 있고 무게가 있어야 운이 열리고 대중으로부터 존경을 받고 출세를 하게 된다.

4. 이름은 뜻이 좋아야 한다.

이름에 좋은 뜻이 담겨 있으면 꿈과 희망이 있고, 그렇지 않으면 자라는 과정에 아무런 목적의식도 갖지 못하고 허송세월을 보내기 쉽다. 우선 역대 대통령들의 좋은 인연의 암시를 보면

正熙(정희) : 바르게 비추기
英修(영수) : 영웅 만들기
斗煥(두환) : 양식을 똑바로 재기
順子(순자) : 순한 사람
泳三(영삼) : 헤쳐 나가기
命順(명순) : 명을 따라가기
大中(대중) : 큰 중심
姬鎬(희호) : 큰 쇠솥을 든 부인
武鉉(무현) : 무쇠 솥

대통령의 이름에는 비춘다, 잰다, 헤쳐 나간다, 등의 의미가 있지만 영부인의 이름에는 착하다, 순하다, 닦는다, 등의 의미가 포함 되어 강약과 음양이 오묘하게 짝을 이루고 있다. 이와 같이 좋은 뜻이 이름에 담겨 있어야 행운과 인연이 깊어 좋은 운세로 발전하여 부귀공명을 하게 된다.

5. 이름이 인생의 운명을 좌우한다.

우리가 사용하는 말에는 듣기 좋은 말과 듣기 싫은 말이 있다. 듣기 좋은 말을 할 때에는 말하는 쪽이나 듣는 쪽 모두 기분이 좋고 새로운 희망과 소망이 샘물처럼 솟아나와 무슨 일을 하여도 뜻대로 이루어지지

만, 기분 나쁜 말을 할 때에는 하는 쪽이나 듣는 쪽 모두가 기분이 나쁘게 되어 무슨 일을 하여도 이루어지지 않는다. 우리가 보통으로 하는 말에는 氣(기)와 에너지가 흐르고 있는데 좋은 말을 할 때에는 행운의 기와 화합의 에너지가 우리 몸속에 있는 정기와 상생되어 마음이 상쾌해지면서 좋은 반응이 와서 이때에는 무슨 일을 하여도 잘 풀리고 행운의 길로 유도 할 수 있지만, 나쁜 말을 할 때에는 나쁜 기와 에너지가 방출되어 우리 몸속의 정기와 상극작용을 하여 대화의 파문을 일으키고 이때에는 어떠한 일을 하여도 실패한다. 우리가 하는 말에도 많은 기와 에너지가 작용하여 좋은 일과 나쁜 일을 한없이 만들어 내는데, 내 이름을 대중이 불러 주었을 때 내 이름의 기와 에너지의 파동은 어떠한 작용을 하고 있을까? 좋은 이름은 좋은 작용을 하고 나쁜 이름은 나쁜 작용을 하게 된다. 이와 같이 이름이란 자신을 대표하며 평생을 그림자처럼 따라다니면서 운세의 작용을 하는데 만물의 영장인 우리 인생의 소중한 이름을 함부로 지어서는 안 된다.

6. 이름은 어디에 근본을 두고 지어야 하는가.

시중에 많은 작명서적들이 있지만 무엇보다 생년월일시에 근본을 두고 사주에서 무엇을 원하고 있는지 그 원하는 부분을 성명에 채워주는 것이 성명학이다. 예를 들어 사주에서 일주가 木이라면 木은 흙(土)에 뿌리를 내리면 물(水)를 흡수해야하고, 물(水)을 흡수하면 따듯한 태양(火)이 있어야하고, 따뜻한 태양(火)을 받으면 나무는 잎과 꽃이 피어 좋은 열매를 맺혀 쓸 때 나무는 제구실을 다하게 된다. 만약에 사주에서 물(水)가 없다면 나무(木)는 제구실을 못하고 고사하고 마는 것이다. 사주에 없는 물(水)을 성명에 보충하여 주면 사주와 이름과 좋은 연관성이 이루어지면서 좋은 운세로 발전하게 된다. 그러므로 이름은 사주에 근본을 두고 지어야 한다.

7. 姓名과 四柱에 대하여

姓名이란 四柱와 조화를 이룸이 가장 중요한 요건이니, 예를 들어 4월, 5월, 6월에 태어난 사람은 火가 旺(왕)하는 계절이라 이 火를 식혀주는 水가 필요하므로 성명에 金水邊(금수변)에 해당하는 글자나 水에 해당하는 글자를 사용하고 水金에 해당하는 글자가 없을 때는 土邊(토변)에 해당하는 글자라도 代用(대용)하여 火氣(화기)를 설기해야만 한다. 그러므로 四柱에서 용신이 水가 필요하면 字源이 水인 글자나 水에 해당하는 글자를 사용하고, 火가 필요하면 字源이 火인 글자 土가 필요하면 土字源(토자원)의 글자, 金이 용신이면 字源(자원)이 金인 글자를 찾아서 이름 가운데 글자에 사용한다. 그리고 겨울이나 초봄에 출생하면 이때는 추운 계절이라 조후용신 을사용하여 火字源(화자원)의 글자를 사용하여 차갑고 얼어붙은 땅을 따뜻하게 하고 사주에 火가많아 病(병)이 될 때는 병을 치유하는 水를 또는 火를 설기시키는 土를 사용하고, 木이 많으면 木을 치유하는 金을 사용하거나 설기 시키는 火를 사용하며, 金이 많으면 金을 치유하는 火를 쓰거나 金을 설기 시키는 水를 사용하고, 土가 많으면 土를 치유하는 木을 사용하거나 土를 설기시키는 金을 사용한다. 이와 같이 四柱가 太旺(태왕)하면 太旺한 氣를 치유하든가 설기시켜서 중용을 찾게 해준다. 그러므로 姓名과 四柱와 조화가 이루어짐이 가장 중요하다.

① 四柱와 조화가 이루어져야 하고

② 천지만물의 근원인 陰陽과 五行이 서로 조화를 이루어야 한다.

③ 四柱에서 부족한 부분을 姓名에 字源五行(자원오행)으로 채워준다.
④ 音靈五行(음령오행)이 서로 相生(상생)되어야한다.
⑤ 글자의 뜻이 좋으면서 사주와 맞아 주어야한다.
⑥ 四格[元, 亨, 利, 貞]의 수리가 전부 좋아야한다.
⑦ 시대감각에 맞으면서 부르기 좋고, 듣기 좋고, 쓰기 쉽고, 알기 쉬워야 한다.
⑧ 六親姓名學의 핵심인 四柱와 六獸六親이 좋은 자리에 차지한다. 이런 여러 가지 조건이 부합되었을 때 좋은 이름이 된다.

8. 자녀의 이름은 부모의 책임이다.

새 생명이 세상에 태어나기가 바쁘게 부모로부터 가장 큰 선물을 받는 것이 이름이다. 이렇게 받은 선물의 이름은 평생뿐 아니라 아주 영원토록 자신을 대표하게 된다. 그러므로 좋은 이름을 지어주는 것은 부모의 소망이면서 의무이고 책임이다. 갓 태어난 어린 새 생명에게 좋은 이름을 지어주면 좋은 이름을 받게 되고, 나쁜 이름을 지어주면 나쁜 이름을 받게 되는데, 자녀가 자라나서 자신의 이름을 감정해 보고 실망하고 부모를 책망하는 일은 없어야 한다.

9. 좋은 이름은 어떠한 이름인가?

① 여러 가지 성명학 법칙이 많이 있지만, 가장 중요한 핵심은 사주의 일간을 찾고 사주의 용신을 찾아 주인공을 잘 보살펴 줄 수 있는 글자를 찾아서 충분히 보강하여 사주와 성명이 조화를 이루어야 한다.

② 하늘은 양이고 땅은 음이므로 음양의 조화를 잘 맞추어서 좋은 배치를 한다.

③ 사주의 일간이 필요로 하는 오행을 성명에서 보강하되 字源五行(자원오행)을 우선으로 하고 音靈五行(음령오행)은 차선으로 한다.

④ 音靈五行(음령오행)의 뿌리(성) 꽃(가운데자) 열매(끝자)가 반드시 서로 相生되어야한다.

⑤ 元亨理貞(원형이정)-四格의 수리가 전부 좋아야한다.

⑥ 시대감각에 맞으면서 부르기 좋고 듣기 좋은 이름이어야 한다.

⑦ 성명한자의 짜임새가 上, 下, 左, 右로 조화가 이루어져야 운이 새지 않는다.

⑧ 六獸(육수)의 靑龍(청룡)을 거스르지 않으면서 六親(육친)의 배치가 좋아야 한다.

10, 나쁜 이름은 어떠한 이름인가?

① 四柱(사주)의 用神(용신)과 관계없이 임의로 작명을 하여 四柱(사주)와 조화를 이루지 못한 이름

② 陰陽(음양)의 조화를 이루지 못한 이름

③ 音靈五行(음양오행)의 성명이 相剋(상극)이 되는 이름

④ 부르기 어색하고 놀림을 당하는 이름

⑤ 元亨利貞(원형이정)-四格(사격)의 수리가 안 좋은 이름

⑥ 한자이름의 경우 짜임새가 上, 下, 左. 右로 조화가 이루지 못하여 운이 새는 이름

⑦ 六獸(육수)의 靑龍(청룡)이 혼잡하고 六親의 父가 月令(월령)에 財剋印(재극인) 당한 경우

제2장 음양오행과 이름의 주인공 찾기

1. 이름의 주인공은 어디서 찾을 것인가?

이름을 지으려면 먼저 이름의 주인공을 찾아야하고 이름주인공의 성질을 알아야 성질에 맞추어서 부족한 것을 도와주고 너무 많아서 병이 된 것이 있으면 성명을 통하여 중화시켜서 이름주인공을 잘 보필할 수 있다. 그러면 이 이름의 주인공은 어디서 찾을 것인가? 이름의 주인공은 사주를 통하여 알 수 있고 사주의 일주천간이 이름의 주인공이 된다. 예를 들어 음력으로 2000년 8월 6일 오전 10시 30분생의 이름 주인공을 찾아보기로 하자. 만세력을 보면 2000년은 庚辰年이고 8월 6일은 아직 8월의 백로가 안 지났기 때문에 7월에 해당하는 甲申月이 되고 8월 6일날 일진은 甲子日이고 오전 10시 30분이면 기사시가 된다.

다시 정리하면

음력	시주	일주	월주	년주
천간	己	甲	甲	庚
지지	巳	子	申	辰

이상과 같이 日柱天干(일주천간) 甲木(갑목)이 이름의 주인공이 된다.

2. 생년월시의 사주 세우기

① 먼저 10천간을 알아야 한다.

天干 : 甲 乙 丙 丁 戊 己 庚 辛 壬 癸
五行 : 木 木 火 火 土 土 金 金 水 水
陰陽 : 양 음 양 음 양 음 양 음 양 음

② 다음으로 12地支를 알아야 한다.

地支: 子 丑 寅 卯 辰 巳 午 未 申 酉 戌 亥
五行: 水 土 木 木 土 火 火 土 金 金 土 水
陰陽: 음 음 양 음 양 양 음 음 양 음 양 양

③ 60甲子의 구성 원리를 알아야 한다.

위에서 밝힌 바와 같이 천간과 지지를 짝지어 돌리면 60갑자가 된다. 이때에 '甲 乙 丙 丁 戊 己 庚 辛 壬 癸'의 10천간은 그대로 두고 '자 축 인 묘 진 사 오 미 신 유 술 해'의 12지지만 차례대로 돌리면 60갑자가 된다. 萬歲曆(만세력)을 통하여 생년월일시(四柱)의 네 기둥을 세울 수 있다.

3. 이름 주인공은 어느 방향으로 갈 것인가?

21세기는 고도로 발달한 과학기술과 정보화시대이며 경쟁시대이다. 이 시대에 살아남기 위해서는 나의 갈 길을 분명히 알고 그길로 가면 성공의 지름길이 된다. 그러면 나의 지름길은 어디에서 찾을 것인가? 四柱 네 기둥 중 日柱天干(일주천간)을 자신으로 하고 자신을 낳아 준 어머니궁 生月의 月支(월지)에서 찾을 수 있다. 여기에서 갈 길을 찾았으면 그 길을 잘 갈수 있도록 생명력을 불어 넣어주는 것이 성명학이다. 이처럼 이름 주인공의 强旺衰弱(강왕쇠약)를 통하여 자기 수준에 알맞게 옳은 길을 걸어가는 지혜가 필요하다. 그런데 세상 사람들은 자기 갈 길이 무엇인지를 모르고 다른 길로 가게 되어 인생을 실패하고 고생하는 경우가 많다.

4. 이름 주인공의 强旺衰弱(강왕쇠약) 알아보기

이름의 주인공을 찾았으면 이름 주인공의 强旺衰弱(강왕쇠약)를 알아야 하고 강왕쇠약은 생년월시를 통하여 알 수 있다. 그러면 다음과 같이 음력으로 2000년 8월 10일 02시 03분에 강릉에서 태어난 이름 주인공의 강왕쇠약을 알아보자.

생년월일시 2000년 08월 10일 02시 03분 (음력)

	시주	일주	월주	년주
천간	癸	戊	甲	庚
지지	丑	辰	申	辰

이름 주인공은 日柱天干(일주천간)이 戊土(무토)이다. 日干戊土(일간무토)를 生해 주는 印星火(인성화)가 없고 申月(支裝干:戊庚壬)에 庚金(경금)이 투출되어 食神格(식신격)이다. 그러므로 진상관격이 된다. 진상관은 인수가 용신이므로 화가용신이다. 설기가 심하므로 身弱사주이다. 이름 주인공을 生해 주는 印星(인성)의 氣運(기운)인 火가 없다. 印星의 氣運 火는 부모가 되고 스승이 되고 교육. 학문, 명예, 인격, 너그러움이 되는데 이런 귀한 재료들이 빠져 있으니 올바른 사회 진출을 할 수 없다. 그러므로 사주에 빠져있는 印星(인성)의 기운 火를 잘 보충하여 이름 주인공을 잘 도와주어야 한다.

5. 이름 주인공에게 보기(補氣)하는 법

실제 작명을 통하여 이름 주인공에게 보기하는 법을 알아보자.

(성씨는 李씨) 생년월일시 2000년 08월 10일 02시 03분(음력)

	시주	일주	월주	년주
천간	癸	戊	甲	庚
지지	丑	辰	申	辰

육신	印星	比劫	食傷	財星	官星
	0	3	3	1	1

(3:5로 신약)

먼저 사주에서 빠져있는 육신이 있으면 성명 가운데 글자에 보강하되 자원오행을 우선으로 하고 음령오행을 차선으로 한다. 성명 가운데 글자는 자기 본인에 해당하면서 배우자운, 가정운, 초년운, 중년운, 말년운을 주관하면서 강력한 힘을 발휘하므로 생년일시에서 필요로 하는 오행을 가운데 글자에 배치하여야 한다.

	李	昇	桓
획 수:	7	8	10
음 양:	양	음	음
자원오행:	木	火	木
음령오행:	土	金	土
삼원오행:	金	土	金

원격이 18수 진취발전격, 형격이 15수 통솔지도력

이격이 17수 건강창달격, 정격이 25수 순풍안전격

가운데 자 昇자에 日변이 보이는데 日변은 태양을 의미하는 火로서 큰 불에 해당한다. 그리고 성씨 李자는 자원오행 木이고 끝 자 桓자도 字源

五行(자원오행)으로 역시 木이다. 이름 상하에서 木生火 木生火 하니 이름 전체의 氣가 火로 집중되어 四柱에서 없는 火를 든든하게 보강해 주니 이름 주인공은 생기를 되찾고 生生不息(생생불식)으로 복록이 무궁할 것이다. 글자의 짜임새가 상, 하, 좌, 우로 잘 되어 운이 새지 않고 계속 담겨지므로 참 좋다. 음양의 조화가 천지만물의 조화인데 음양의 조화가 잘 되니 계속 쉬지 않고 성장 발전해 나간다. 성명에서 사주에 없는 火印星(화인성)을 즉, 어머니, 스승, 학문, 교육, 인격, 명예, 너그러움의 재료를 성명에 듬뿍 보강해 주니 이름 주인공은 오행의 흐름이 원활히 순행하면서 힘찬 사회진출을 할 것이다. 특히, 윗사람과 아랫사람의 도움으로 기술방면에 두각을 나타내면서 능력발휘를 하며 대중의 명성을 떨칠 것이다. 자신이 만들어 나갈 운명의 그릇들인 사격의 수리도 모두 좋다. 아주 좋은 그릇들로 구성되어 그 그릇들은 별 어려움 없이 듬뿍 담으면서 번영과 행운을 기약할 것이다.

6. 음양(陰陽)이란 무엇인가?

옛날부터 우리 조상들은 생활 전반에 걸쳐 음양의 원리를 적용해 왔으며 의술에도 음양의 원리를 적용하여 왔다. 즉, 태음(太陰), 태양(太陽), 소음(少陰), 소양(少陽) 등이 그것이다. 그러면 음양이란 무엇인가? 하늘은 양이고 땅은 음이다. 해는 양이며 달은 음이다. 군주는 양이고 신하는 음이다. 남자는 양이고 여자는 음이다. 적극적인 것은 양이고 소극적인 것은 음이다. 동적인 것은 양이고 정적인 것은 음이다. 천지만물은 상대적인 연관 속에서 서로 의지하면서 살아가고 있다. 혼자서는 존재할 수 없고 세상에 태어날 수도 없다. 집을 짓는 데도 기둥과 들보와 서까래의 대소장단이 잘 어우러지면 훌륭한 집이 지어지지만, 대소장단이 맞지 않으면 집은 무너질 것이고 이것은 음양의 조화가 안 되는 것이다. 좋은 땅이란 물과 불의 조화가 잘 되어야 온도가 알맞고 좋은 땅이 되어 만물이 잘 자랄 수 있다. 양인 불이 많으면 말라붙고, 음인 물이 많으면 얼어붙어서 성장할 수 없다. 남자와 여자가 조화되고 군주와 신하가 조화되면 가정과 국정이 잘 되는 것도 음양의 진리이다. 음양이 조화되면 만물이 성장하지만, 조화되지 못하면 만물이 번성하지 못하고 파멸되고 만다.

7. 작명하는데 陰陽(음양)은 어떠한 것을 보는가?

1) 60갑자의 음양을 본다.

이름 주인공의 여덟 가지 재료인 60갑자의 음양을 본다. 60갑자는 만세력의 기본이 된다. 사주를 음양으로 구분하면 다음과 같다.

陽	陰	陽	陰	陽	陰	陽	陰	陽	陰
甲子	乙丑	丙寅	丁卯	戊辰	己巳	庚午	辛未	壬申	癸酉
甲戌	乙亥	丙子	丁丑	戊寅	己卯	庚辰	辛巳	壬午	癸未
甲申	乙酉	丙戌	丁亥	戊子	己丑	庚寅	辛卯	壬辰	癸巳
甲午	乙未	丙申	丁酉	戊戌	己亥	庚子	辛丑	壬寅	癸卯
甲辰	乙巳	丙午	丁未	戊申	己酉	庚戌	辛亥	壬子	癸丑
甲寅	乙卯	丙辰	丁巳	戊午	己未	庚申	辛酉	壬戌	癸亥

시	일	월	년
壬	丁	庚	癸
寅	卯	申	酉

사주 네 기둥을 음양을 비율로 보면 양이 4개, 음이 4개이다. 4 : 4로 음양의 조화가 잘 되어 있다. 순양으로 구성된 것을 양팔통격이라 하고 순음으로 구성된 것을 음팔통격이라 한다. 이렇게 되면 음양의 조화를 이루지 못한다.

2) 성명수리의 음양배치가 잘 되어야 한다.

양의수리: 1 3 5 7 9(홀수)

성명 세 글자의 음양의 배치가 잘 되어야 한다.

李	昇	桓
7	8	10
陽	陰	陰

위와 같이 음과 양의 다과를 불문하고 음과 양이 고루 배치만 되어 있으면 된다. 다음은 성명 세 글자의 음양 배치가 안 된 예이다.

李	成	炫	金	承	勳
7	7	9	8	8	16
양	양	양	음	음	음

두자 성명의 경우에도 음양의 배치가 잘 되어야 한다.

음양의 배치가 잘됨		음양의 배치가 안됨	
許	埈	許	晙
11	10	11	11
양	음	양	양

8. 오행이란 무엇인가?

이 우주는 태양을 중심으로 지구, 달, 木星(목성), 火星(화성), 土星(토성), 金星(금성), 水星(수성), 海王星(해왕성), 天王星(천왕성), 冥王星(명왕성) 등 여러 행성들이 있는데, 여기에서 태양은 양의 역할을 하고 달은 음의 역할을 하며, 목성, 화성, 토성, 금성, 수성의 氣(기)로서 지구에 영향을 미치고 이것을 五行(오행)이라 한다. 옛날부터 우리 조상들은 삼라만상의 구성요소를 나무, 불, 흙, 쇠, 물로 보고, 이것을 '木 火 土 金 水'의 다섯 가지 원소로 풀이해 나갔다. 이 다섯 가지를 五行(오행)이라 했고 五行의 원리는 과학적으로 응용되어 의학, 건축, 예술, 정치, 지리 등의 광범위한 영역에서 절대적인 영향을 주게 되었다.

9. 五行(오행)의 相生相剋(상생상극)

오행은 서로 상생하는 것과 상극하는 것이 있다. 이 오행의 상생과 상극은 신비력이 있다.

1) 五行(오행)의 相生(상생)

木은 火를 生한다 .... 木生火
火는 土를 生한다 .... 火生土
土는 金를 生한다 .... 土生金
金은 水를 生한다 .... 金生水
水는 木을 生한다 .... 水生木

2) 五行(오행)의 相剋(상극)

木은 土를 剋한다 .... 木剋土
火는 金를 剋한다 .... 火剋金
土는 水를 剋한다 .... 土剋水
金은 木를 剋한다 .... 金剋木
水는 火를 剋한다 .... 水剋火

10. 성명에 필요한 오행

① 字源五行(자원오행)
② 발음오행 = 음령오행 = 소리오행
③ 三才五行(삼재오행) = 천격, 인격, 지격

음령오행을 우선으로 하고 자원오행을 차선으로 한다. 성명에 부족한 오행을 이름 가운데 자에 주입한다. 이름 가운데 자는 자기 자신에 해당하면서 초년, 중년, 말년 운을 총주관하는 중요한 곳이다. 삼재오행은 건강, 운의 흐름에 영향을 준다(좋은 것은 좋게 안 좋은 것은 더 안 좋게).

11. 字源五行(자원오행)의 적용

木- 柱(주)秀(수)家(가)甲(갑)康(강)綱(강)
火- 炳(병)昞(병)晟(성)車(차)見(견)炫(현)
土- 左(좌)城(성)埈(준)基(기)達(달)邑(읍)
金- 鉉(현)玲(령)劉(유)謨(모)敏(민)白(백)
水- 泳(영)甫(보)月(월)夕(석)善(선)雨(우)

실제 작명을 통하여 성명에 자원오행을 적용하는 법을 알아보자. 음력 2000년 8월 10일 02시 03분생, 남자, 李씨인 경우, 생년월일시의 사주를 세우면 다음과 같다.

	시주	일주	월주	년주	
천간	癸	戊	甲	庚	
지지	丑	辰	申	辰	
육신	印星	比劫	食傷	財星	官星
	0	3	3	1	1

(3:5로 신약)

이름 주인공은 申월 戊土로 설기가 심하므로 신약하다. 천간에 庚金이 투출되어 식신 격이다. 식신 격이 진상관이 되어 인수가 용신이고 목은 희신이다. 이름자에 자원이 火인 자를 가운데 넣고 자원이 목인 자를 끝에 넣는다.

성 명:	李	昇	桓
획 수:	7	8	10
음 양:	陽	陰	陰
자원오행:	木	火	木
음령오행:	土	金	土
삼원오행:	金	土	金

가운데 자 昇자에 日변이 보이는데 日변은 태양을 의미하는 火로서 큰 불에 해당한다. 그리고 성씨 李자는 자원오행 木이고 끝자 桓자도 字源五行으로 역시 木이다. 이름 상하에서 木生火 木生火 하니 이름 전체의 氣가 火로 집중되어 四柱에서 없는 火를 든든하게 보강해 주니 이름 주인공은 생기를 되찾고 生生不息(생생불식)으로 복록이 무궁할 것이다.

12. 소리오행의 적용

이름을 부를 때는 소리로 부르게 되는데 이 소리는 우주공간에서 기와 에너지로 진동하여 인간의 성격과 운명을 좌우하며 행복과 불행을 바꾸어 주기도 한다. 그러므로 우리 인간은 어느 한 사람을 축복해 주면 그 사람은 축복을 받게 되면서 자신도 축복을 받게 되고, 저주를 하게 되면 저주를 받게 되면서 자신도 저주를 받게 된다. 이것이 소리의 영동력이라 하겠다. 소리오행을 오행별로 나타내면 다음과 같다.

木 - ㄱ, ㅋ,	- 木에 속한다.
火 - ㄴ, ㄷ, ㄹ, ㅌ	- 火에 속한다.
土 - ㅇ, ㅎ	- 土에 속한다.
金 - ㅅ, ㅈ, ㅊ	- 金에 속한다.
水 - ㅁ, ㅂ, ㅍ	- 水에 속한다.

성명학에서 소리오행, 音靈五行(음령오행), 발음오행은 모두 같은 말이며, 이의 적용방법은 다음과 같다. 성자 초성, 가운데 자 초성, 끝 자 초성이 상생하거나 성자 종성, 가운데 자 초성, 끝 자 초성이 상생하면 좋다. 또는 성자 초성과 종성이 상생, 성자 종성과 이름 가운데 자 초성과 상생, 이름 가운데 자 초성과 종성이 상생, 이름 가운데 자 종성과 이름 끝 자 초성과 상생, 이름 끝 자 초성과 종성이 상생하여도 좋다. 소리오행으로 상생된 이름을 지어 보기로 하자.

이	승	환	
土	金	土.....	소리오행

가운데 자를 중심으로 해서 土生金 하니 윗사람과 아랫사람의 내조가 커서 성공발전하고 부모와 귀인의 덕이 있고 아내의 내조와 자녀의 효도가 커서 가내가 번창하고 재물 운과 재물 복이 많아 사업으로 성공하여 부귀를 사해에 떨친다. 이것은 자원오행으로 이름의 주인공을 도와주면서 소리오행과 조화가 잘 이루어져야 한다.

김	지	현	
木水	金	土火	소리오행

이름 종성으로부터 火生土 土生金 金生水 水生木으로 상생의 조화가 잘되니 자녀가 효도하고 윗사람을 잘 모시고 받드니 부모의 사랑과 귀인의 도움으로 복된 미래를 다져 나갈 수 있다. 이것도 역시 생년월일시와 조화여부를 보고 판단하여야 한다.

김 영 곤

木水 土土 木火 .... 소리오행

木剋土하여 이름 가운데 글자를 중심으로 위아래에서 극을 하니 부모와 귀인의 덕이 없고 뿌리가 흔들이니 기반이 약하면서 아내의 내조가 없고 자녀가 불효하니 가정이 불안하고 재물이 없어 들어오는 것보다 나가는 것이 많아 진퇴양난 격으로 앞길이 묘연하기만 하다. 이것도 사주와 조화여부를 보고 판단하여야 한다.

제3장 사주와 성명을 합국 시켜 실제 작명하기

1. 작명 시 꼭 생각해야 할 조건들

1) 세상에 태어나서 부모님으로부터 가장 큰 선물을 받는 것이 이름이고 그 이름이 영원토록 나를 대표한다.
2) 좋은 이름은 시대감각에 맞고 부르기 좋고 듣기 좋아야 한다.
3) 이름은 사주와 조화가 이루어져야 한다.
4) 陰陽(음양)과 五行(오행)의 조화가 이루어져야 한다.
5) 木 火 土 金 水 의 오행의 특수한 氣運은 우주만물의 원천을 이루며 인간을 포함한 모든 생물체의 근본이 되는데 이 조화가 깨어지면 좋은 이름이 안 된다.
6) 원 형 이 정의 사격이 전부 좋은 격으로 이루어져야 한다.
7) 생년월일시에는 필요한 용신과 육친관계에서 부모, 형제, 자손, 벼슬, 재물, 건강 등을 살펴 부족한 것을 음양과 오행으로 보강한다.
8) 뿌리, 꽃, 열매 즉, 성자, 가운데 자, 끝 자가 막힘없이 상생의 조화를 이루어야 한다. 상생의 이름은 조용하고 차분하면서 믿음과 희망이 있고 기쁨과 즐거움과 아름다움과 사랑이 용솟음치고 자신과 가정, 그리고 이웃을 돕는 기운이 작용하고 남들도 자신에게 이와 같은 마음이 들게 한다.
   상극의 이름은 질투와 저주, 고난과 고통, 죽음과 멸망의 마음이 들게 하며 자신과 가정, 그리고 이웃을 해하는 기운이 작용한다.

9) 좋은 이름은 평생을 좋은 이름으로 유도하고 나쁜 이름은 불행으로 유도한다.

10) 자녀들의 이름이 좋고 나쁨은 부모들의 책임이다.

2. 성명 세 글자의 조립

성명 세 글자는 從(종)으로 쓰든지, 橫(횡)으로 쓰든지 두 쪽으로 갈라져서는 안 된다.

張	=	弓	+	長
仁	=	人	+	二
錫	=	金	+	易

弓人金 과 長二易 이렇게 하나의 이름이 두 개로 나누어지니 한사람의 운을 두 사람이 나누어 먹는 격이 되어 운이 빠쳐 나간다. 이런 이름을 갖게 되면 자신의 권리가 반으로 줄어들고 재능과 능력이 펴기도 전에 꺾이게 되니 불행해진다. 꼭 알아둘 사항은 성과 이름을 보아서 두 개의 이름으로 나누어져야 분파가 된 것이지 이름 두자로 보아서는 분파된 것이 아니다.

張	=	弓	+	長
昇	=		昇	
鉉	=	金	+	玄

위의 이름은 분파되자 않고 운이 담긴 상으로 좋다.

3. 사주를 풀이해서 한자로 이름 짓기

양력으로 2000년 9월 2일 18시 8분 서울태생, 남자의 이름을 지어 보기로 하자.

생년월일시	2000년	9월	2일	18시 8분 (양력)
사주	시주	일주	월주	년주
천간	辛	癸	甲	庚
지지	酉	亥	申	辰

印星	比肩	食傷	財星	官星
金	水	木	火	土
5	1	1	0	1

申월 癸水라 身旺하고 母旺子旺하니 아주 身强하다. 印綬 격에 洩氣시키는 傷官이 약하니 상관을 강하게 하려면 조후로써 화가 필요하다. 五行 중에 火가 없으니 자원오행으로 이름 가운데 글자에 火를 꼭 넣어 주어야 한다. 火가 없다고 해서 ㄴ, ㄷ, ㄹ, ㅌ의 자음을 넣으면 안 된다. 그러면 성은 李씨라 하고 자원오행으로 이름 가운데 자에 火를 넣어 이름을 지어보자.

성 명:	李	昇	俊	
자원오행:	木	火	火	
소리오행:	土	金	金	
획 수:	7	8	9	
삼재오행:	金	土	金	
원형이정:	17,	15,	16,	24

이름 가운데 자의 昇자에 日변이 태양과 같은 큰 불이 되므로 사주에

없는 火를 잘 보충해 주고 있다. 그러면 이렇게 작명을 하므로 이름주인공에게 어떠한 변화가 일어날까? 이름주인공은 日干癸水(일간계수)의 기질을 받고 태어났는데 원국에 火가 없으므로 火는 남자에 비유하면 財星(재성)으로서 자기 배우자요, 재물, 사업, 또는 아버지가 되는데 이런 중요한 변화재료를 듬뿍 보충해 주니 생기를 되찾고 오행의 흐름이 원활해져 부르면 부를수록 좋은 변화를 일으킬 것이다. 姓字(성자)는 부모궁이 되고 나의 뿌리가 되고 스승이 되며 귀인이 된다. 이름 가운데 자는 자신 궁이 되고 배우자궁이 되고 가정이 되고 초년 운, 중년 운, 말년 운을 관장한다. 이름 끝 자는 내 자녀의 궁이 되며 손아랫사람과 제자의 궁이 된다. 그러므로 성명의 세 글자를 뿌리, 꽃, 열매라 한다. 위의 예시된 李昇俊의 이름은 어떠한 이름인가? 이름의 주인공과 조화를 이루어 이름 가운데 자 昇자를 중심으로 해서 성자 李의 자원오행 木이 木生火하여 나를 도우니 나의 뿌리가 건전하고 부모의 사랑과 복이 있으며 스승과 덕이 있다. 이름 끝 자 俊자의 자원오행 火가 도와주니 가정이 안정되고 자녀가 효도하며 자녀 복이 있고 사회에서 제자와 아랫사람의 내조로 출세할 수 있다.

4. 81수리의 길흉

81수리는 송나라 채구봉(일명 서산선생)선생이 八十一數元圖(81수원도)를 만들어 한자의 획수에 의한 길흉을 설명하였다. 성명을 분석할 때 가장 많이 사용하는 방법으로 성명 글자 중 획수를 합하여 두수의 의미를 밝혀낸 것이며, 그 이름 자체에 내포되어 있는 길흉화복을 설명한 것이다. 元格(원격). 亨格(형격), 利格(이격), 貞格(정격)의 四格(사격)은 독립해서 해당하는 시기에만 영향력을 가지는 것이 아니라 상호간에 연관성을 갖고 서로 영향력을 미치며, 이름의 주인공이 능력을 발휘하는 운세를 담을 수 있는 그릇이라 할 수 있다. 이 원리는 통계학의 원리인데 2개 이상의 흉수가 겹치면 흉작용이 더욱 가중되므로, 가급적이면 원격, 형격, 이격 정격의 사격이 전부 좋은 격으로 구성하면 좋다. 그리고 일부 성명학 책에 21수, 23수, 33수, 39수는 남자에게는 좋으나 여자에게는 불길하다고 하는데 중국고서에 실려 있는 원서에는 이런 말이 없음을 밝혀둔다. 이 수는 남존여비와 유교사상에서 나온 말로서 너무 좋은 수라 여자에게는 줄 수 없다는 사고방식에서 나온 것으로 생각되며, 지금은 남녀평등시대이며 여자도 능력에 따라 대통령도 될 수 있는 능력의 시대이다. 21세기 지식정보화 시대에는 도저히 맞지 않는 말이다.

1) 구성방법

성명에서 가운데 자와 끝 자를 더하여 元格(원격), 가운데 자와 성 자를 더하여 亨格(형격), 성 자와 끝 자를 더하여 利格(이격), 성명을 모두 더하여 貞格(정격)을 만든다.(정확한 한자획수는 '혼동하기 쉬운 변획수 산정법' 참고)

① 성씨가 1자, 이름이 2자인 경우

획수 : 8,10,15
원격 : 25수 안전격 형격 : 18수 발전격
이격 : 23수 공명격 정격 ; 33수 승천격

② 성씨가 1자, 이름이 1자인

획수 : 8, 5
원격 : 05수 정성격 형격 : 13수 지모격
이격 : 08수 개물격 정격 : 13수 지모격

③ 성씨가 2자, 이름이 2자인 경우

획수 : 19, 13, 16

원격 : 29수 성공격 형격 : 32수 요행격

이격 : 35수 평범격 정격 : 48수 유덕격

④ 성씨가 2자, 이름이 1자

획수 : 19 16

원격 : 16수 덕망격 형격 : 35수 평범격

이격 : 19수 고난격 정격 : 35수 평범격

작명을 할 때는 元格, 亨格, 利格, 貞格의 四格이 전부 아래에 해당하는 길수로 구성되어야 한다.

원격, 형격, 이격, 정격의 사격에서 아래에 해당하는 흉수가 1개만 해당하여도 완벽하게 좋은 이름이 안 된다.

姓名學數理比較表(吉)

數理	능기식 能崎式	태극도식 太極圖式	영리식 靈理式
1	시생두수운 始生頭首運	군왕옥좌지상 君王玉座之象	단체수령수 團體首領數
3	신생수복운 新生壽福運	만물시왕지상 萬物始旺之象	증식자영수 增殖紫榮數
5	자미성공운 紫微成功運	능생만물지상 能生萬物之象	정도관자수 正道貫紫數
6	계성풍부운 繼成豊富運	음덕시태지상 陰德始胎之象	복덕집문수 福德集門數
7	성공발달운 成功發達運	강건전진지상 剛健前進之象	전반정리수 全般整理數
8	개발건강운 開發健剛運	진취발전지상 進就發展之象	근면발전수 勤勉發展數
11	갱신흥가운 更新興家運	자력갱생지상 自力更生之象	춘양성육수 春陽成育數
13	명리지달운 明理智達運	욱이자명지상 旭而自明之象	지략성공수 智略成功數
15	통솔수복운 統率壽福運	만물통합지상 萬物統合之象	입신흥가수 立身興家數
16	덕화풍후운 德化豊厚運	천지합덕지상 天地合德之象	길흉양분수 吉凶兩分數
17	용진건창운 勇進健暢運	자록창달지상 自綠暢達之象	강유양비수 剛柔養備數
18	강건발전운 剛健發展運	창의진취지상 創意進取之象	부귀영달수 富貴榮達數
21	자립두령운 自立頭領運	광풍제월지상 光風霽月之象	질실강건수 質實剛健數
23	혁신융창운 革新隆昌運	개구종신지상 開舊從新之象	명진사해수 名振四海數
24	입신축재운 立身蓄財運	재성희문지상 財星熙門之象	수실풍후수 收實豊厚數
25	안전건창운 安全健暢運	안강무난지상 安康無難之象	강강독단수 綱强獨斷數
29	성공수복운 成功壽福運	진공형복지상 秦公亨福之象	희망진공수 希望秦公數
31	각세개탁운 覺世開坼運	입신흥가지상 立身興家之象	안전제일수 安全第一數
32	파죽요행운 破竹僥倖運	귀인형복지상 貴人亨福之象	요행귀인수 僥倖貴人數
33	등용왕성운 登龍旺盛運	욱일승천지상 旭日昇天之象	욱일승천수 旭日昇天數

姓名學數理比較表(吉)

數理	능기식 能崎式	태극도식 太極圖式	영리식 靈理式
35	평화안강운 平和安康運	안과태평지상 安過太平之象	우아발전수 優雅發展數
37	정치진공운 政治秦功運	진공천하지상 秦功天下之象	최대유력수 最大有力數
38	창의문예운 創意文藝運	문리고봉지상 文理高峯之象	최대명예수 最大名譽數
39	태극장수운 泰極長壽運	장성휘력지상 將星揮力之象	복덕수상수 福德壽祥數
41	정도고명운 正道高名運	건곤중심지상 乾坤中心之象	중견진국수 中堅盡國數
45	대각순조운 大覺順調運	원만구비지상 圓滿具備之象	만사해결수 萬事解決數
47	출세발전운 出世發展運	장부득시지상 丈夫得時之象	최대권력수 最大權力數
48	제중영달운 濟衆榮達運	월인천강지상 月印千江之象	현문존경수 顯門尊敬數
52	어용요진운 御龍曜秦運	만사형달지상 萬事亨達之象	이상실현수 理想實現數
57	시승강건운 時乘剛健運	한앵춘명지상 寒鶯春鳴之象	최대영예수 最大榮譽數
61	묘리명리운 妙理名俐運	단주가소지상 丹柱可巢之象	수련채덕수 修練債德數
63	현증발전운 現證發展運	효광부해지상 曉光浮海之象	공동친화수 公同親和數
65	만지흥가운 滿地興家運	순풍거범지상 順風擧帆之象	공명정대수 公明正大數
67	천해통달운 天海通達運	해천월벽지상 海天月碧之象	인내노력수 忍耐努力數
68	묘현발명운 妙玄發明運	정관자득지상 靜觀自得之象	쾌활실용수 快活實用數
73	대범평복운 大凡平福運	등산평안지상 登山平安之象	정의창투수 正義暢鬪數
75	득지안길운 得之安吉運	산중식목지상 山中植木之象	리해변명수 利害辨明數
81	소출원희운 所出願喜運	뇌문일개지상 雷門一開之象	극성대수 極盛大數

姓名學數理比較表(凶)

數理	능기식 能崎式	태극도식 太極圖式	영리식 靈理式
2	고수분리운 孤愁分離運	제사분리지상 諸事分離之象	분리무력수 分離無力數
4	귀귀파괴운 歸鬼破壞運	동서각비지상 東西各飛之象	만사신고수 萬事辛苦數
9	대망궁박운 大望窮迫運	대재무용지상 大材無用之象	인고궁지수 因苦窮之數
10	귀공단명운 鬼空短命運	공허무한지상 空虛無限之象	충만손모수 充滿損耗數
12	연약고독운 軟弱孤獨運	박약실의지상 薄弱失意之象	가정적막수 家庭寂寞數
14	난산파괴운 難散破壞運	혼돈사산지상 渾沌四散之象	실의번의수 失意煩意數
19	성쇠병악운 盛衰病惡運	봉학상익지상 鳳鶴傷翼之象	신고중래수 辛苦重來數
20	허망단수운 虛妄短壽運	만사공허지상 萬事空虛之象	공허삼중수 空虛三重數
22	박약중절운 薄弱中折運	추초봉상지상 秋草逢霜之象	양사쟁투수 兩士爭鬪數
26	대망성취운 大望成就運	영웅만기지상 英雄晩器之象	희망달성수 希望達成數
27	영웅중절운 英雄中折運	중송좌절지상 中送挫折之象	진귀행운수 珍貴幸運數
28	풍운조난운 風雲遭難運	난세장사지상 亂世壯士之象	행운조장수 幸運助長數
30	춘몽부심운 春夢浮沈運	연작무집지상 燕雀無集之象	운명분기수 運命分岐數
34	변란파괴운 變亂破壞運	운장파멸지상 運將破滅之象	명재위험수 命財危險數
36	영웅파란운 英雄波瀾運	혹가혹읍지상 或歌或泣之象	의협박운수 義俠薄運數
40	무상변화운 無常變化運	수록생멸지상 隧綠生滅之象	호창매진수 豪艙邁進數
42	고행실의운 苦行實意運	행자봉란지상 行者逢亂之象	암흑참담수 暗黑慘擔數
43	개종산재운 錯綜散財運	화개화락지상 花開花落之象	재해중가수 災害重加數
44	마장파멸운 魔障破滅運	백귀서출지상 百鬼書出之象	비애적출수 悲哀績出數
46	잠수비애운 潛修悲哀運	옥재진중지상 玉在塵中之象	제삼기점수 第三基點數
49	명암변화운 明暗變化運	수시은현지상 隨時隱現之象	불단신고수 不斷辛苦數
50	해탈성패운 解脫成敗運	진거가재지상 眞去假在之象	대단이분수 大團理分數

姓名學數理比較表(凶)

數理	능기식 能崎式	태극도식 太極圖式	영리식 靈理式
51	춘추성패운 春秋成敗運	길흉상반지상 吉凶相反之象	천운형수수 天運亨受數
53	불측장해운 不測障害運	길흉혼선지상 吉凶混線之象	내실속복수 內室俗福數
54	무위파괴운 無爲破壞運	구주심해지상 求珠深海之象	소신발양수 所身發揚數
55	태극반성운 太極反盛運	용동수중지상 龍動水中之象	범선등산수 帆船登山數
56	오호파망운 嗚呼破亡運	조난둔난지상 遭難屯難之象	주위장해수 周圍障害數
58	보화후복운 普化厚福運	교상주래지상 橋上住來之象	관굉양명수 寬宏揚名數
59	운외역난운 運外逆難運	밀운불우지상 密雲不雨之象	불랑취행수 不狼取行數
60	진공불안운 眞空不安運	상하동요지상 上下動搖之象	복록자망수 福祿自亡數
62	하시막막운 何時幕漠運	주화개락지상 柱花開落之象	간난인액수 艱難因厄數
64	정호봉상운 正乎逢霜運	천리만운지상 千里滿雲之象	수신공덕수 修身功德修
66	망망간난운 茫茫艱難運	양인익수지상 兩人溺水之象	다욕실복수 多慾失福數
69	공곡궁박운 空谷窮迫運	봉별오동지상 鳳別梧桐之象	처세다난수 處世多難數
70	사리적막운 四離寂莫運	흑해암야지상 黑海暗野之象	가운쇠퇴수 家運衰退數
71	용시육실운 龍示育實運	귀인은산지상 貴人隱山之象	정기당당수 正氣堂堂數
72	길흉상반운 吉凶相半運	은운복월지상 隱雲覆月之象	만난감수수 萬難甘受數
74	암미불우운 暗味不遇運	서중화촉지상 書中火燭之象	추엽낙막수 秋葉落寞數
76	선길후성운 先吉後盛運	평지난행지상 平地難行之象	포부발양수 抱負發揚數
77	길흉상반운 吉凶相半運	수록과보지상 隨綠果報之象	가정유열수 家庭有悅數
78	길흉상반운 吉凶相半運	일항서산지상 日降西山之象	공덕광영수 功德光榮數
79	궁극불신운 窮極不信運	임종유길지상 臨終遺吉之象	신변인지수 身邊因之數
80	평지음둔운 平地陰遁運	천지종말지상 天地終末之象	소극적소수 消極寂少數

5. 혼동하기 쉬운 변 획수 산정법

성명학의 핵심인 수리계산에서 획수계산을 잘못하면 큰 오류를 범하여 성명을 잘못 판단 할 수 있다. 예를 들어 花(꽃화)자를 옥편에서 艸頭邊(초두 변)에서 찾듯이 花자는 艸자와 化자가 합쳐진 글자로서 花자의 획수는 艸(6획)과 化(4획)를 합하여 10획이 된다. 한자의 획수는 康熙字典(강희자전)과 玉篇(옥편)을 근본으로 하여 원획으로 하여야 한다. 이와 같이 혼동하기 쉬운 벽 획수 계산법은 아래와 같다.

예)

犯	06획	범할 범	技	08획	재주 기
治	09획	다스릴 치	性	09획	성품 성
珍	10획	보배 진	花	10획	꽃 화
祥	11획	상서로울 상	胎	11획	잉태할 태
裕	13획	넉넉할 유	郡	14획	고을 군
道	16획	길 도	陳	16획	베풀 진

※ 다음 글자들은 일반적으로 틀리기 쉬운 한자 획수의 글자들이다.

5획 世(세상 세)
6획 臣(신하 신), 印(도장 인)
7획 成(이룰 성), 廷(조정 정)
8획 亞(아주 아), 武(호반 무)
9획 泰(클 태), 致(이를 치), 飛(날 비)
10획 育(기를 육), 哲(밝을 철)
11획 偉(위대할 위), 胤(만 윤)
12획 能(능할 능), 卿(벼슬 경), 淵(못 연)

13획 路(길 로), 裕(넉넉할 유)
14획 壽(목숨 수), 實(열매 실)
15획 興(흥할 흥), 寬(너그러울 관)
16획 龍(용 용), 道(길 도) 龜(거북 구) 燕(제비연)
17획 燦(빛날 찬), 鴻(기러기 홍)
18획 豊(풍요로울 풍)
20획 羅(성 라) 瓊(옥돌 경)

6. 실제로 작명하기

1) 이름을 지으려면 먼저 사주를 풀 수 있어야 한다.

2) 사주에 알맞은 음양과 오행을 알아야하고 없는 오행을 살펴보고 이름 주인공의 강약 왕쇠 한습 조열을 보고 필요한 용신을 찾아야 한다. 이름의 주인공이 약한데 이름까지 약하면 그 사람은 건강하지 못하면서 귀인의 도움을 받지 못하고, 이름의 주인공이 강한데 이름까지 강하면 남을 생각할 줄 몰라 자기밖에 모르므로 타인으로부터 외면당하기 쉽다. 이름의 주인공이 강하면 베풀어 주는 방향으로 약하면 도와주는 방향으로 추우면 따뜻하게 너무 더우면 서늘하게 하면서 물을 주어야 한다.

3) 이름의 주인공을 중심으로 부모, 형제, 부부, 자손, 벼슬, 재물, 건강 등을 살펴 부족한 부분을 성명에서 보강해 조절한다.

4) 이름의 주인공이 재물형인가 벼슬형인가를 보고 재물이 약하면 재성을 촉진시켜주고 벼슬 운이 약하면 관성을 촉진시켜 주고, 어머니는 인성을 아버지는 재성을 형제는 비겁을 아내는 재성을 남편은 관성을 자식은 관성(남자) 식상(여자)을 촉진시켜 준다. 그러면 실제로 사주에 맞

추어 좋은 이름을 지어보자.

생년월일시 : 음력 1991년 7월 26일 04시 20분(음력)

출생지역 : 서울 성별: 남자 성씨 : 奇(기)

	시주	일주	월주	년주	
천간	壬	丁	丙	辛	
지지	寅	丑	申	未	
	印星	比劫	食傷	財星	官星
	木	火	土	金	水
	1	1	2	3	1

이름 주인공 일주천간 丁火가 금왕절인 신월에 태어나 실령을 하고 월령 신금 중 중기 임수가 시상에 투간하여 정관격을 이루고 년지 미토 일지축토 식신에 설기되어 이름 주인공을 도우니 관인 상생격으로 좋은 격을 이루고 있다. 그러므로 시지인목 정인이 용신이 된다. 그리고 7월의 申金(신금)은 재성으로 양호하여 아버지, 처, 재물, 사업운이 양호하고 시상임수 관성이 자식이 되고 벼슬과 직장이 되는데 일지축토에 뿌리를 내리고 월령신금에 장생을 얻으니 자식과 벼슬, 직장운이 좋고 시지인목 인수가 나를 도와주는 용신이 되므로 어머니운, 스승, 교육, 학문, 귀인의 운이 좋고 월상병화가 형제운인데 신약에 나를 도우니 형제운도 좋다. 다만, 이름 주인공이 신약하므로 이름 주인공을 도와주는 용신을 보강하면 이름의 덕을 크게 볼 수 있다.

성　명 :	奇	桐	儇
한자획수 :	8	10	15
음　양 :	陰	陰	陽
자원오행 :	土	木	火
삼원오행 :	水	金	土
음령오행 :	木	火土	土火

원격 : 25수 안전격 안전건창운

형격 : 18수 발전격 강건발전운

이격 : 23수 공명격 혁신융창운

정격 : 33수 승천격 등용왕성운

이름 주인공 丁火(정화)가 身弱(신약)하므로 時支寅木(시지인목)이 用神(용신)이 되고 火는 회신으로 필요하니 姓名(성명)에 木과 火를 주입하여 작명을 한다. 이름 가운데 글자 桐은 자원오행으로 목이고 음령오행으로 火이다. 木과 火를 동시에 갖춘 글자이므로 이름의 주인공을 도와주고 이름의 끝 자도 자원오행으로 火이면서 午火에 해당하여 이름 주인공 丁火에서 午火에 祿을 얻으니 이름의 주인공을 든든하게 한다. 이름 주인공 丁火의 입장에서 볼 때 자원오행으로 木은 어머니, 스승, 학문, 교육에 해당되고 火는 형제자매, 친구, 동료에 해당하여 이름의 주인공을 더욱 든든하여 부모, 형제, 처, 자손, 벼슬, 직장 등이 상하로 연결 되면서 발전해 나가니 이름의 덕을 크게 볼 수 있다.

제4장 = 五格(오격)

1. 五格(오격)의 分類(분류)

假成 1　奇　桐　儇
　　　　8　10　15

천격: 1+8 =9　인격: 8+10 =18　지격: 10+15 =25

외격: 8+15 =23　총격: 8+10+15 =33

1) 天格(천격)

천격을 표출하는 법은 한 자 성과 두 자 성의 경우가 다르다.

① 한 자 성의 경우 姓字(성자)의 획수에 太極數(태극수) 1을 假成(가성)하여 합친 數(수)가 天格(천격)이 된다. 예를 들면 奇氏(기씨)는 성자가 8획인데 假成數(가성수) 1을 합치면 9가 되고, 따라서 9가 天格數가 된다.

② 두 자로 된 성의 경우는 남궁. 선우. 황보씨 등 두 글자의 획수만을 합한 숫자로 천격을 정하고, 가성수(가성수-태극수) 1을 합하지 않는다. 예를 들면 남궁씨는 南의 9획, 宮의 10획을 합쳐 19획으로 천격이 이루어진다.

2) 人格(인격)

인격 역시 한 자 성과 두 자 성의 경우가 다르게 정해진다.

① 한 자 성의 경우 성 자의 획수와 이름 자 윗글자의 획수를 합쳐 인

격을 정한다. 예를 들어 이름이 奇桐儇(기동현)이라 한다면, 奇의 8획과 桐의 10획을 합쳐 18수가 인격수가 된다.

② 두 자 성의 경우엔 두 자 성 아래글자의 획수와 이름 자 윗글자의 획수를 합쳐 인격을 정한다. 예를 들어 남궁인태란 이름이라면 남궁 아래글자인 宮이 10획이고 이름 윗글자인 仁이 4획이므로 이를 합친 14수가 인격이 된다.

③ 두 자 성에 한 자 이름을 가진 이도 역시 성 자 아래글자와 이름 자의 획수를 합친 것으로 인격을 정한다. 한 자 성에 한 자 이름을 가진 이는 그냥 성자의 획수를 합친 것으로 인격을 정한다.

3) 地格(지격)

지격 역시 한 자 성에 두 자 이름과 한 자 이름, 두 자 성에 두 자 이름, 두 자 성에 한 자 이름에 따라 각각 다르다.

① 한 자 성에 두 자 이름은 그냥 이름 자 상하의 획을 합친 것으로 지격을 정한다. 한 자 성에 한 자 이름은 이름 자에 假成數(가성수-태극수)1을 합친 숫자로 지격을 놓는다. 예를 들어 昌이란 이름이라면 昌이 8획이므로 1을 가산한 9가 지격수가 된다.

② 두 자 성에 두 자 이름인 경우 두 개의 획수를 합친 것으로 지격을 정한다.

③ 두 성 자에 한 자 이름인 경우엔 이름 자 하나의 획수에 가성수 1을 합쳐 지격을 삼는다. 이상은 삼재를 구성하는 요령으로, 이 밖에 외격, 내격, 총격이란 것이 또 있다.

4) 外格(외격)

외격 역시 한 자 성, 두 자 성과 한 자 이름, 두 자 이름에 따라 다르다.

① 일반적인 한 자 성에 두 자 이름은 성 자 획수와 이름 자 아래글자

의 획수를 합친 숫자로 외격수를 삼는다.

② 한 자 성에 한 자 이름은 성과 이름 자에 가성수 1을 합치는 것이므로 무조건 2란 숫자가 外格數(외격수)가 된다.

③ 두 자 성에 두 자 이름인 경우 성 자 윗글자와 이름 자 아래글자의 획수를 합친 숫자로 외격수를 정하다.

④ 두 자 성에 한 자 이름인 경우 성 자 윗글자의 획수에 가성수 1을 합친 숫자로 외격을 정한다.

5) 總格(총격)

성과 이름 자를 합한 수(數)

2. 五格 分類(분류)의 유의점

姓名은 大概以上(대개이상)의 例示(예시)에 依準(의준)하여 天, 人, 地, 外總 등의 五格으로 분류한다. 단 성명 상하의 假成數(가성수)는 主運인 人格과 대조하여 운명의 상호 관련성을 檢討(검토)하는 분류방식이다. 고로 운명감정상 주의할 것은 天格數(천격수)는 三才配置(삼재배치)에만 적용하고 其數理(기수리)의 길흉은 운명에 直接無影響(직접무영향)인 것이므로 不看(불간)한다.

3. 五格의 大意(대의)

1) 天格(천격), 先天胎元(선천태원)

천격은 先祖傳來(선조전래)의 성자로 성격된 것으로 전통적인 一門 의 상징이며 운명의 土臺이면서 인체의 머리에 비교 할 수 있다. 그러므로

先天太元이라고 한다. 그러므로 기 수리는 운명에 직접 영향은 없으나 삼재 배치상 적용하며 인격부와 대조하여 성공, 실패 등을 좌우하는 중요한 관련이 있다. (단 기 수리의 길흉은 보지 안 한다.)

2) 人格, 主運 (주운)

인격은 일생 운명을 좌우하는 주동적인 부분으로써 인체의 몸통과 같다. 이격의 靈動力(영동력)은 사람의 중심 운명으로 性格(성격), 體質(체질) 能力(능력)을 암시한다. 天格과 대조하여 부모 장상, 성공의 관계를 본다. 地格과 대조하여 단체소속, 자녀, 기초의 관계를 본다. 외격과 대조하여 사회, 인연의 관계를 본다. 인격은 변화가 무궁하여 평생 운명의 총본영(總本營)적인 指揮主動力(지휘주동력)이 존재한다. 그러므로 主運이라 말하며 표시할 때는 청년운으로 기 수리의 靈動(영동)은 대계 21세에서 27세까지 강력영동(强力靈動)하여 36세까지 영향을 미치나, 거의 일생 운명에 지대한 영향을 준다.

3) 地格, 前運(전운)

地格은 名字로 성격된 것으로 즉 자신을 指摘(지적)하는 부분으로 인체의 허리와 다리에 해당한다. 이격은 人格부와 연결으로 기초, 소속, 처자 등 운에 중요한 관련이 있다. 고로 前運이라 말하며 표시는 청소년운으로 수리의 靈動(영동)은 1세부터 20세까지 强力靈動(강력영동)하여 36세까지 영향력이 있다. 중간에 改名子는 성명의 靈動力(영동력)이 前運(전운)부터 開始活動(개시활동)한다.

4) 外格, 副運(부운)

外格은 人格부분 즉 主運을 보좌하는 중요 작용을 하며 인체의 威風(위풍)에 비교할 수 있다. 고로 副運(부운)이라 말하며 사회활동, 家族緣厚薄(가족연후박) 주위환경관계 등의 人格부에 차위가 되며 重大靈動

力(중대영동력)이 있다. 표시는 壯年運(장년운)으로 하며 수리의 靈動(영동)은 대계 27세부터 36세까지 强力靈動(강력영동)하여 47세까지 영향력을 발휘 한다. 人格부와 連關(연관)하여지면 일생동안 운명을 좌우한다. 그러므로 外格수는 一字姓, 一字名 등의 환경에는 偉人(위인)이나 혹 범인 등 누구나를 막론하고 공통적으로 外格2수의 凶에는 特別例外者(특별예외자)을 말고서는 영향이 갈 수 있으므로 가급적 選名(선명)을 피하는 게 좋다.

5) 總格 - 後運(후운)

총격은 姓名字로 성격된 것으로서 一生全般(일생전반)을 통한 운명의 吉凶이 大觀的(대관적)으로 상징되며 평생 운명을 達觀的(달관적)으로 判定(판정)하는 것이며 인체의 전신에 비유할 수 있다. 그러므로 後運이라 말하며 표시는 晩年運(만년운)으로 수리의 영동은 36세에서 晩年間(만년간) 强力嶺東(강력영동) 하나, 각 수리의 배치관계 여하에 따라 初期, 中年 前에 靈動發現者(영동발현자)가 나온다.

제5장 各格運(각격운)의 靈動及誘道力(영동급유도력)

1. 主運의 中心靈動(중심영동)

人格은 人生의 運命을 支配(지배)하는 原動力(원동력)인 중심부위이므로 主運이라 말한다. 즉 人格부위는 최고 중요한 부위로써 他格(타격)과의 강약관계가 서로 발생되므로 主運에 有吉數(유길수)하고 天格, 地格이 방해하지 않으면 가희 부귀행복을 이룬다. 반대로 主運에 안 좋은 수리가 있으면 비록 天格, 地格과 融合(융합)되고 他運과 삼재배치가 완전하드라도 역시, 凶數誘導(흉수유도)를 면하기 어려워 數理相當(수리상당)의 災殃(재앙)과 不幸을 반드시 초래한다. 그러므로 비록 이름의 합한 획수가 좋거나 혹은 성명 총획수가 길하여도 苦生(고생)을 면기 어려우며 人格부위 主運이 안 좋은 수리에 속하면 일생을 苦痛(고통)과 凶災(흉재)에 힘들 것이다.

1) 一般的(일반적)인 主運數(주운수)의 靈動(영동)

人格部(인격부)에 있으면 좋은 수리

3, 5, 6, 11, 13, 15, 16, 21, 23, 24, 31, 32, 37

위와 같은 수리로 삼재배치가 좋으면 다른 격의 凶數(흉수)를 상당히 程度緩和(정도수화)하여 대체로 순조롭게 성공하고 번영하며 행복이 가득하다.

人格部(인격부)에 있으면 안 좋은 수리

4, 9, 10, 19, 26, 34,

등의 수로 삼재배치가 不合(부합) 또는 다른 격에 길수리가 도와주지 않으면 病弱(병약), 短命(단명), 或妻子生離別(혹처자생이별), 死別(사별), 事業失敗(사업실패), 孤獨(고독), 遭難(조난), 逆境(역경) 非命(비명) 등의 흉수이다.

인격부에 있으면 의지가 강해지는 수리

7, 8, 17, 18

등의 수는 본래, 剛强數(강강수)로서 意志 (의지)가 견고하고 突破萬難之勇(돌파만난지용)으로 他人을 위하여 자기희생적인 義勇之人(의용지인)이다.

인격부에 있으면 불손횡액 형벌이 많은 수리

27, 28

등의 수리가 있으면 過剛不遜(과강불손)하고, 遭遇誹謗,(조우비방), 遭難(조난), 刑罰(형벌) 등의 災厄(재액)이다.

인격부에 있으면 매사 부진하고 노고가 많은 수리

2, 12, 14, 22,

등의 수리가 있으면 몸이 약하고 가족연이 薄(박)하며, 위의 자녀는 힘들고 사업부진하고 좌절 등을 유도한다.

2) 男子의 主運數靈動(주운수영동), 靈動力(영동력)

인격부에 1, 11, 21, 31, 41,

등의 수리가 있으면 성정(性情)이 隱靜溫和(은정온화)하고 理性(이성)이 풍부하고 不屈不撓精神(불요불굴정신)이 있으며 겉으로는 활동적이나 안으로는 현실적이고 점차적으로 상당히 성공하고 무리 중에 최고가 되며 가정생활이 행복하다.

인격부에 2, 12, 22, 42

등의 수리가 있으면 인내력이 풍부하고 안으로 漸進性(점진성)이고 외유내강에 고집이 있고 집요하며 성격이 괴팍하고 이성을 좋아한다. 또 건강 면에 어려움이 많다. 단 32수자는 비교적 평온하다.

인격부에 3, 13, 23, 33,

등의 수리가 있으면 급진, 활발하고 권리와 명예를 애호하고 성공한다. 단 33수리 자는 중도실패운이 있으니 조심하라.

인격부에 4, 14, 34, 44

등의 수리가 있으면 외유내강하고 정력을 낭비하고 敏腕雄辯(민완웅변)이나 虛僞假裝性(허위가장성)이다. 가족과의 연이 약하며 또는 병약하고 短命(단명)이다. 단 24수리는 재운이 양호하고 행복하다.

인격부에 5, 15, 25, 35, 45

등의 수리가 있으면 동화력이 풍부하고 온유하고 아량이 넓으나, 쉽게 친하고 쉽게 해어지며 오는 사람을 막지 않고 가는 사람을 잡지 않는 오는 사람 막지 않고 가는 사람 잡지 않는 성품이다. 동정심이 있으며 인연이 좋아 행복가득하다. (단 25수리 자는 왕왕 괴벽이 너무 심하여 혹 失人和(실인화)의 念慮(염려)가 되나, 그러나 삼재배치가 양호하면 상관없다.)

인격부에 6, 16

등의 수리가 있으면 외유내강하고 穩重(은중)하여 상당히 성공한다.

인격부에 26, 36, 46

등의 수리가 있으면 의협심과 동정심이 풍부하나 평생이 변동 부정하고 병난 또는 노고가 많다.

인격부에 7, 8, 17, 18

등의 수리가 있으면 敏腕堅志(민완견지)로 剛毅果斷(강의과단), 勇決性(용결성)이라. 내구력이 강하고 싸움이 많으며, 완고하여 융통성이 작다. 허영심이 대단하고 남성적 기백이며 가정온정이 없다.

인격부에 27,28

등의 수리가 있으면 前數(전수)와 같으나 運命이 안 좋다. 특히 27수리 자는 剛情過强(강정과강)하여 용이하게 비방공격을 받는다. (단 불식과욕자는 可得保平安(가득보평안)이라. 28수자는 이혼, 이별, 혹은 아픈 사람이 많다.

인격부에 9, 10, 19, 20, 29, 30, 39,40

등의 수리가 있으면 지혜가 많고 담백하나, 運命이 좋지 않으며 가정이 불행하다. 그 중 29, 39수리는 좋으나, 힘든 상황을 면키 어렵다.

3). 女子의 主運數靈動(주운수영동) 靈動力(영동력)

인격부에

1, 3, 5, 6, 11, 13, 15, 16, 24, 31, 32, 35

등의 수리가 있으면 온유정숙하고 건강하고 영리하며 인내력이 있다. 자녀와의 인연은 좋고 가정이 행복하다.

인격부에

2, 4, 9, 10, 12, 14, 19, 20, 22, 26, 36,

등의 수리가 있으면 신체병약하고 혹 단명이라, 부모, 형제, 부부연이 약하고 자녀가 적고 자녀를 어려서 잃기 쉬우며 남편의 運氣(운기)를 破剋(파극)한다.

인격부에 27, 28

등의 수리가 있으면 고독하고 생별이나, 사별하며 불행하다. 일생이 안정을 얻지 못하며 끝에는 고독하며 의탁할 곳이 없는 運命이다.

인격부에 21, 23, 33, 39

등의 수리가 있으면 남편운명을 破剋(파극)하며 生離別(생이별), 死別(사별)의 不幸이라 그러므로 寡婦運(과부운)이라 칭한다. 또 다른 격의 수리에 있어도 과부를 면키 어렵다. 29수 역시 남편의 발전운명을 극제하는 준과부운이다.

인격부에 7, 8, 17, 18, 25, 27, 28, 29,

등의 수리가 있으면 성품이 過剛(과강)하며 쉽게 부부싸움하나, 天格五行(천격오행)이 안 좋을 시에는 적합하다.

인격부에 4, 9, 10, 19, 20, 21, 23, 27, 33, 39

등의 수리가 있으면 여자는 破夫(파부), 剋夫運(극부운)으로 가정 불행하고 의외의 재난을 당하는 수리이다. 설령 현재 泰平安隱(태평안은)하드라도 조만간에 반드시 화(禍)로 不幸을 초래하니 빨리 개명하는 게 필요하다.

2. 副運(부운)의 誘導力(유도력) 靈動力(영동력)

하늘이 있으면 땅이 있고 안이 있으면 밖이 있다. 이는 자연적 이론이다. 그러므로 姓名의 중심적인 인격부를 포장하는 外格의 존재는 필연이다. 요컨대 人格이 內臟(내장)의 諸機關等(제기관등), 신체의 중심이라면 이를 抱擁(포옹)하는 皮膚(피부)를 外格이라 한다. 그러므로 外格部는 人格部 主運과 唇齒輔車(진치보차)의 중요한 작용을 하므로 姓名의 天格를 제외한 사격 중에 第二位(제이위)의 존재로써 副運(부운)이라 칭한다. 가령, 主運이 양호하더라도 副運이 안 좋으면 역시 상당히 凶災(흉재)를 면키 어려우며 主, 副運이 좋고 또는 地, 總格에 무결점 자는 번영행복 한다. 主, 副運이 안 좋은 수리이면 前, 後運이 좋아도 역시 상당히 災禍(재화)를 면키 어려우며 悲運이 掩襲(엄습)한다. 인체의 내부구조와 외부조직이 상호밀접 미묘한 관계가 유함과 같이 성명의 人格과 外格은 불가분이적 因果關聯(인과관련)이 존재한다. 건강상으로 열거하면 人格部에 凶數時(흉수시)에는 內臟(내장), 또는 呼吸器病(호흡기병)에 쉽게 걸리고 外格部에 흉수가 있는 자는 外傷(외상),혹은 皮膚病(피부병) 등을 암시한다. 또 가정상으로 주운 부위가 한 가정의 중추적 주인공의 運命이면 副運은 내조적 처자의 가족에 속하는 운이다. 그러므로 주운이 길수이고 부운이 흉수 일 때는 주인공은 비록 건강하나, 가족중에 항상 病患(병환)이 있음을 암시하며 副運이 길수이고 主運이 흉수시는 설령 가족들이 가득 행복하고 주인공도 비록 건강 하더라도 外部적인 凶災(흉재)가 있음을 암시한다.

3. 前運, 後運의 誘導力(유도력), 靈波力(영파력)

人格部와 外格部가 中心과 外廓的關聯(외곽적관련)이라면 地格과 總格(총격)은 前運, 혹은 좌우적 관계이다. 그러므로 地格을 前運이라 稱(칭)하고 總格(총격)을 後運이라 稱(칭)한다. 비유컨대 어린나무가 점차 크게 커서 老樹木(노수목)이 되는 것이므로 前運과後運은어린幼木(유목)과老樹木之間(노수목지간)의 經路(경로)라 할 것이다. 前運의 유도력은 대체로 35~6세 이전의 청년시대에 최고로 顯著(현저)하나 주운과 相結

提携(상결제휴)하여 그威力(위력)이 가중되는 運格이다. 後運은 대개 36세 이후에 中年至晩年時代(중년지만년시대)의 운기이다. 요컨대 양운의 境界(경계)는 역리(六爻.六巡)와 천지자연적리법(北極星과 地平線의 角度及其也)에 의거하여 그 활동기를 정한 것이나, 基靈動劃期(기영동획기)가 일정치 않아 혹자는 중년이후에 전운이 맹렬히 활동하고 또 청소년기에 후운이 영동하는 이변적영동력이 발생하는 예가 허다하다. (단 일정 기간 중에 그 誘導力(유도력)이 비교적 강대할 뿐인 것이다.)

4. 各格運(각격운)의 相互聯關性(상호연관성)

성명의 주운 암시 영동은 20세 전후에 점차 개시하고 부운 수리 유도는 27~8세 전후에 점차 발현하게 되는데, 주 부운의 수리가 안 좋을 때는 전운에 비록 좋은 길수라도 영공하고 행복하기가 어렵고 주, 부운이 좋은 수리이고, 또 전운이 역시 좋으면 대게 50세 전후에 諸事順調(제사순조)의 운명이다. 단, 後運 부위에 안 좋은 수가 있으면 50세 전후하여 그 흉한 암시가 상당히 재화를 면키 어려울 것이다. 또 주, 부운이 비록 흉수이나, 後運에 좋은 수리이면 좋은 誘導力(유도력)으로 말년에 상당히 화목하고 평안하다. 이상과 같이 대체로 전운, 후운의 구별에 한정없이 天, 人, 地, 外, 總의 五格이 공통으로 관련교차 하여 相互因果的(상호인과적)인 배합의 운격이 일생을 不休不斷(불휴불단)으로 각각 靈動發揮(영동발휘)하게 되는 것이다. 그러므로 성명[天格]을 제외한 [四格].... 人, 地, 外, 總 중에 일부위에 안 좋은 수리가 있으면 완전한 좋은 이름이라 할 수 없다.

중편

제1장 五行의 配置(배치)

1. 五行의 原理(원리)

五行은 木, 火, 土, 金, 水의 五種(오종)으로 天地蒼生混沌之際(천지창생혼돈지제)에 宇宙間의 元氣로서 생겨 나온 것이다.

太易..............生水　　　　太初............生火

太始..............生木　　　　太素............生金

木.....東方에 生風(생풍)하니 風生木(풍생목)이라.
東方, 春 ,早晨(조신), 生氣, 靑色, 仁性 등을 대표하며 다시 陰陽으로 나누니 陽은 甲, 陰은 乙이다.

火.....南方에 生熱(생열)하니 熱生火(열생화)라
南方, 夏, 中午, 旺氣, 赤色, 禮性(예성) 등을 대표하며 다시 陰陽으로 나누니 陽은 丙, 陰은 丁이다.

土.....中方에 生濕(생습)하니 濕生土(습생토)라.
中央, 四季, 太陽當中(태양당중), 鈍氣(둔기), 黃色(황색), 信性 등을 대표하며 陽은 戊 陰은 己이다.

金.....西方에 生燥(생조)하니 燥生金(조생금)이라.
西方, 秋, 下午, 殺氣(살기), 百色, 義性(의성), 대표하며 다시 陰陽으로 나누니 陽은 庚, 陰은 辛이다.

水.....북방에 生寒(생한)하니 寒生水(한생수)라.
北方, 冬, 夜, 死氣, 黑色(흑색). 智性(지성) 등을 대표하며 陽은 壬, 陰은 癸이다.

太極 : 生土라는 설로서 古來(고래)의 宇宙觀(우주관)인, 至人生觀(지인생관)으로 일체 사물을 다섯 항목으로 나눔으로써 오행의 근본을 나누어 가르는 것이다.

1) 數理五行 (수리오행)

1—陽—甲	2—陰—乙
3—陽—丙	4—陰—丁
5—陽—戊	6—陰—己
7—陽—庚	8—陰—辛
9—陽—壬	10—陰—癸

數(수)에는 木, 火, 土, 金, 水의 五行이 암장되어 있어 상생상극의 변화는 極妙(극묘)한 유도력으로 靈動(영동)하므로 哲理(철리)를 응용하여 姓名의 人格部位를 중심으로 各格의 오행배치로써 운명길흉감별의 근본으로 한다. 사람의 손가락은 좌우에 다섯 개로 한 손의 다섯 손가락은 오행분류법의 발생, 양손의 열 손가락은 십진수법의 연원이다.

姓名學上(성명학상) 數(수)의 五行을 붙이는 데는 十位數(십위수)를 제외하고 개위수(1~10)로 붙이는 것이다.

2) 五行의 相生

木生火 - 火는 柴薪(시신)이 來하여 燃燒維持(연소유지)하니 木成火요.
火生土 - 土는 太陽(태양)이 來하여 不斷普煕(불단보희)하니 火化土요.
土生金 - 金은 岩土(암토)가 來하여 貯藏保存(저장보존)하니 土產金이오.
金生水 - 水는 鐵器(철기)가 來하여 開穿疏導(개천소도)하니 金接水요.
水生木 - 木은 雨露(우로)가 來하여 濕潤灌漑(습윤관개)하니 水育木이라.

이상 相生者는 즉, 萬象生成(만상생성)의 자연 운행에 순응하니 必榮(필영)이라.

3) 五行의 相剋

木剋土 - 土塊(토괴)는 木林(목림)이 來하여 基崩解(기붕해)를 防禦(방어)하니 木減土(목감토)요

土剋水 - 水流(수류)는 土塊(토괴)가 來하여 基泛濫(기범람)을 阻止(조지)하니 土比水(토비수)요.

水剋火 - 火熱(화열)은 水流(수류)가 來하여 基災禍(기재화)를 滅(멸)하니 水消火(수소화)요.

火剋金 - 金屬(금속)은 火熱(화열)이 來하여 基熔化(기용화)를 促成(촉성)하니 火熔金(화용금)이오.

金剋木 - 목림(木林)은 金屬(금속)이 來하여 基削伐(기삭벌)을 행하니 金削木(금삭목)이라.

이상 相剋者는 自然의 運行에 위배되며 萬物腐滅(만물부멸)의 逆理(역리)이니 必敗(필패)라.

4) 五行의 比和及偏多(비화급편다)

(比和)

木和木, 火和火, 土和土, 金和金, 水和水

(偏多)

① 木多土疲하고 木多郎鬪라 : 목이 많으면 토가 고달프고 목이 많으면 남편과 싸우게 된다.

穩建(온건) : 편안하고 건전함, 忍耐力(인내력)이 강하고 加得成功(가득성공) 暗示(암시).

② 火多金熔하고 火多郎滅이라 : 화가 많으면 금을 녹이고 화가 많으면 남편이 멸하게 된다.

操急(조급) : 참을성이 없고 급함, 인내력이 약하고 침착하지 못하며 일시적 성공 暗示

③ 土多水濁하고 土多郎崩이라 : 토가 많으면 물이 탁하고 토가 많으면 남편이 붕한다.

융통성이 없고 활발하지 못하나 加得平安(가득평안)의 暗示(암시).

④ 金多木析하고 金多郎險이라 : 금이 많으면 나무를 쪼개고 금이 많으면 남편이 위험하다.

완고하고 도량이 작고 고독하며 조난이 많음을 暗示.

⑤ 水多火熄하고 水多郎漂라 : 수가 많으면 불이 꺼지고 수가 많으면 남편이 떠돌아다닌다.

한곳에 정착을 못하고 불안정하며 성패가 일시적이고 荒亡流敗(황망유패 : 주색에 빠짐)의 暗示(암시).

이상과 같이 五行의 比和(비화)는 無妨(무방)하나 偏多者(편다자)는 反氣作用(반기작용)이 있다.

5) 五行[相生] [相剋] [比和]의 作用

0 五行相生의作用

木生火 - 감수성이 강하고 열정적이나 지구력이 부족하다. 愛憎(애증)이 극단으로 교우 관계가 넓지 않다.

火生土 - 온화하고 친절하여 사교성이 좋다. 단, 경제적으로 지출이 많고 저축이 적다.

土生金 - 온후 정직하나 소극적으로 활동력이 적다. 투기를 좋아하지 않는다.

金生水 - 명랑쾌활하고 기지가 있다. 사교성이 없고 이기적이다.

水生木 - 감수성이 강하고 열정적이며 이해력이 깊다. 환상적 경향으로 현실을 돌아보지 않는다.

0 五行相剋의 作用

木剋土 - 호기심이 강하고 새로운 것을 추구한다. 반복 하는 것을 싫어한다.

火剋金 - 의지가 견고하고 인내력이 있고 노력형이다. 강직하고 성급하다. 반발력이 강하다.

土剋水 - 현실적 유물사상으로 종교를 반대한다. 관찰천박하여 언행이 불쾌하다.

金剋木 - 다정중의하나 고집이 세다. 반발심이 강하고 활동적이다.

水剋火 - 투쟁심이 강하고 신경과민으로 불거성이다. 종교를 반대한다.

0. 五行比和의 作用

木比木 - 견실하고 도량이 좁으나 지모기략(智謀機略)으로 임기응변으로 재기가 있다.

火比火—열정적이며 노력형이다. 이기적이며 타산적이다.

土比土 - 소극적이며 내성적이고 임시방편적이다. 침착하고 온순하나 진취성이 부족이다.

金比金 - 외유내강이며 인연이 아주 좋다. 침착하고 과단하며 분투살벌하다.

水比水 - 타인을 반대하고 이설(異說)을 주장한다. 손기손인(損己損人)하며 불만이 쉽게 발생한다.

2. 五行(오행)과 五行配置關係(오행배치관계)

앞에 서술한 五行의 原理에 의하여 姓名의 天格을 제외한 사격부위(人, 地, 外, 總格)에 다 좋은 수리를 가져서도 비로써 단순히 좋은 이름이라 할 수 없다.

즉, 각격의 수리가 하여간 길수라도 기초운 또는 성공운의 삼재(天, 地, 人)오행의 배치가 결함이거나 또는 주운(人格部)과 부운(外格部)의 내외 운이 결함 자는 이상적이고 아름다운 이름이 아님은 물론, 도저히 성공행복이 불가능한 것이다. 그러므로 성명오행의 배치는 운명상, 절대적으로 가장 중요한 요소로서 특별히 유의하여야 한다.

天, 人, 地, 삼재의 融合(융합)이 갖추어 지지 않으면 우주환경의 법칙에 역행되는 것으로 오행의 상생상극은 자연히 운명의 길흉을 좌우하게 되며 오행배치의 順逆適否(순역적부)는 성명수리의 암시력에 영향을 주어 수리 이상의 강열한 유도력으로 사업상의 성패, 혹은 사회상의 지위, 또는 정신, 건강, 수명, 가정의 행, 불행 등에 중대한 관련이 있는 것이다.

이와 같이 오행의 순역, 생극 등의 이법을 응용하여 성명의 기초, 성공, 내외 운 관계의 준칙으로 하는 것이며 그 묘한 이치는 변화무궁하여 절대 가볍게 보아서는 안 될 것이다.

1) 五行相生關係(오행상생관계)의 例示(예시)

(9, 10)水 → (7, 8)金 → (5, 6)土→ (3, 4)火 →(1 ,2)木

위의 오행관계는 [木, 火, 土, 金, 水]의 순서로 下生上의 順位(순위)의 상생이다.

그러므로 木得水(목득수)로 伸(신), 火得木(화득목)으로 盛(성), 土得火(토득화)로 堅(견), 金得土(금득토)로 强, 水得金(수득금)으로 旺(왕)하는 이치로 대자연의 법칙에 調和(조화)하는 것이다.

姓名(성명)의 天, 人, 地, 三才配置(삼재배치)에 比順位(비순위)의 相生者(상생자)는 三才靈動(삼재영동)이 왕성하여 모든 일이 순조로우니 항상 발전이다.

(1, 2)木 → (3, 4)火 → (5, 6)土 → (7 ,8)金 → (9, 10)水

위의 오행관계는 [水 金 土 火 木]의 逆順(역순)으로 上生下(상생하), 즉 역위(逆位)의 相生(상생)이다.

단, 비록 역위(逆位)의 相生(상생)이라도 오행의 調和(조화)를 득한 것이니 基礎(기초)의 안정을 확보하고 長上(장상)의 惠澤(혜택)을 蒙(몽)하여 加得發展成功(가득발전성공)의 吉運(길운)이다.

2) 五行相剋關係(오행상극관계)의 例示(예시)

(5, 6)土 ← (1, 2)木 ← (7, 8)金 ← (3, 4)火 ← (9,10)水

위의 五行關係(오행관계)는 [水, 火, 金, 木, 土]의 순서로 →下剋上(하극상), 즉 順位(순위)의 相剋(상극)이다.

그러므로 水逢土(수봉토)하여 失力(실력), 火逢水(화봉수)하여 失勢(실세), 金逢火(금봉화)하여 失權(실권), 木逢金(목봉금)하여 失氣(실기), 土逢木(토봉목)하여 失令(실영)하는 理致(이치)로 대자연의 법칙에서 부조화 하는 것이다.

성명의 천, 인, 지, 삼재배치에 비순위의 상극자는 반드시 흉화가 있고 토는 기초불안, 심신이 힘들고 천수를 누리기 힘들다.

(9, 10)水→(3, 4)火→(7, 8)金→(1, 2)木→(5, 6)土

위의 오행관계는 [土, 木, 金, 火, 水]의 역순으로 상극하, 즉 逆位(역위)의 相剋(상극)이다.

그러므로 逆位(역위)의 相剋(상극)도 역시 順位(순위)의 相剋(상극)과 같아서 법칙에 조화가 빠져서 만사가 부자연하고 비록 잠시 편안하더라도 조만간에 반드시 함정에 빠지거나 불행, 불운으로 흉한 유도력을 발휘한다.

3. 先天運五行의 相生 相剋制化及喜忌調化
(선천운오행의 상생 상극제화급희기조화)

사람의 선천운(사주) 오행의 喜, 忌, 强, 弱(희기강약)을 比較熙量(비교희량)하여 성명(후천운)의 文字選擇(문자선택), 또는 各格數理五行配置(각격수리오행배치) 또는 音靈配合(음령배홥) 등에 꺼리는 것은 避(피)하고 좋은 것은 取(취)하며 강한 것은 抑制(억제)하고 약한 것은 扶助(부조)함으로써 선천운의 補救中和(보구중화)를 期(기)한다.

1) 육십갑자의 납음 오행 중의 특예는

相剋中(상극중), 相生(상생)의 官星制化(관성제화)의 묘법이다. 그러므로 하기년생(生干支)인은 성명 배합의 文字選擇(문자선택), 혹은 수리오행의 배치, 또는 음령 배합, 등의 일부에 가급적 해당 상생의 五行性(오행성)을 補救造化(보구조화)하면 용신작용으로 더욱 길하다.(四柱를 要熙量)

☆납음 오행☆

旬										
一旬	海中金 해중금		爐中火 노중화		大林木 대림목		路傍土 노방토		劍鋒金 검봉금	
	甲子	乙丑	丙寅	丁卯	戊辰	己巳	庚午	辛未	壬申	癸酉
二旬	山頭火 산두화		澗下水 간하수		城頭土 성두토		白蠟金 백납금		楊柳木 양유목	
	甲戌	乙亥	丙子	丁丑	戊寅	己卯	庚辰	辛巳	壬午	癸未
三旬	泉中水 천중수		屋上土 옥상토		霹靂火 벽력화		松柏木 송백목		長流水 장류수	
	甲申	乙酉	丙戌	丁亥	戊子	己丑	庚寅	辛卯	壬辰	癸巳
四旬	砂中金 사중금		山下火 산하화		平地木 평지목		壁上土 벽상토		金箔金 금박금	
	甲午	乙未	丙申	丁酉	戊戌	己亥	庚子	辛丑	壬寅	癸卯
五旬	覆燈火 복등화		天河水 천하수		大驛土 대역토		釵釧金 채천금		桑柘木 상자목	
	甲辰	乙巳	丙午	丁未	戊申	己酉	庚戌	辛亥	壬子	癸丑
六旬	大溪水 대계수		沙中土 사중토		天上火 천상화		石榴木 석류목		大海水 대해수	
	甲寅	乙卯	丙辰	丁巳	戊午	己未	庚申	辛酉	壬戌	癸亥

2) 각인의 생일(日辰)의 천간오행을 위주로 출생월의 계절에 依據(의거)하여

생일천간의 往, 相, 休, 因, 死(왕상휴인사) 등의 令(령)을 熙量(희량)하므로써 성명배합의 문자선택, 또는 各格數理五行配置及音靈配合(각격수리오행배치급음령배합) 등의 일부에 基喜忌性(기희기성)을 取捨調和(취사조화)하면 용신작용으로 더욱 길하다. 가령, 甲子日生으로 생월이 2월(春節)이면 生日天干, 甲은 木이니 즉[春木旺令]이며 喜性(희성)은 土, 金, 火 등이고 忌性(기성)은 木, 水 등이다.

○ 生日天干이 (木) ---- 正, 二, 三, 月(春)

春木旺令 - 漸漸生長(점점생장)이나 단, 餘寒(여한)으로 木性이 未堅(미견)이다.

喜性 - 土, 金, 火 忌性 - 木, 水

○ 生日天干이 (木) ---- 四, 五, 六, 月(夏)

夏木休令 - 根枯葉燥(근고엽조), 단 木性(목성)이 尙堅(상견)이다.

喜性 - 水, 土, 金 忌性 - 火, 木

○ 生日天干이 (木) ---- 七, 八, 九, 月(秋)

秋木死令 - 漸漸凋零(점점조령)하여 木勢(목세)가 枯弱(고약)이다.

喜性 - 火, 土, 水 忌性 - 金, 木

○ 生日天干이 (木) ---- 十, 十一, 十二, 月(冬)

冬木相令 - 木性이 虛濕(허습)하여 深藏在根(심장재근)이다.

喜性 - 火, 土, 金 忌性 - 水, 木

○ 生日天干이(火) —— 正, 二, 三 月(春)

春火相令 - 火挾木氣(화협목기)하여 火力이 漸允(점윤)하고 基氣가 益旺(익왕)하다.

喜性 - 金, 水, 土,　　忌性 - 木, 火

○ 生日天干이(火) —— 四, 五, 六, 月(夏)

夏火旺令 - 勢力當盛(세력당성)하여 其氣가 最旺(최왕)이다.

喜性 - 金, 水, 土,　　忌性 - 火, 木

○ 生日天干이(火) —— 七, 八, 九, 月(秋)

秋火因令 - 性息(성식)하여 體休(체휴)라 氣勢(기세)가 漸散(점산)하여 其性(기성)이 微弱(미약)하다.

喜性 - 木, 火, 水,　　忌性 - 金, 土

○ 生日天干이(火) —— 十, 十一, 十二, 月(冬)

冬火死令 - 形亡(형망), 體絶(체절)하여 火力이 微弱(미약)하다.

喜性 - 木, 火, 土,　　忌性 - 水, 金

○ 生日天干이(土) —— 正, 二, 三 月(春)

春土死令 - 土氣(토기)가 薄弱(박약)하여 氣勢(기세)가 最孤(최고)

喜性 - 火, 土, 金　　忌性 - 水, 木

○ 生日天干이(土) —— 四, 五, 六, 月(夏)

夏土相令 - 土氣(토기)가 正厚(정후)라 단 性(성)이 最燥(최조)하여 集裂(집렬)의 憂慮(우려)가 有하다.

喜性 - 水, 金, 木, 忌性 - 火, 土

○ 生日天干이(土) ─── 七, 八, 九, 月(秋)

秋土休令 - 子旺母衰(자왕모쇠)하여 토의 泄氣(설기)로 生機(생기)가 不暢(부창)하다.

喜性 - 土, 火, 木, 忌性 - 金, 水

○ 生日天干이(土) ─── 十, 十一, 十二, 月(冬)

冬土因令 - 土浸成泥(토침성니)하여 氣寒(기한)이니 但其性(단기성)이 外寒內濕(외한내습)이다.

喜性 - 火, 土, 木 忌性 - 金, 水

○ 生日天干이(金) ─── 正, 二, 三 月(春)

春金因令 - 體弱性柔(체약성유).

喜性 - 火, 土, 金 忌性 - 木, 水

○ 生日天干이(金) ─── 四, 五, 六, 月(夏)

夏金死令 - 金性(금성)이 微弱(미약)하여 形質(형질)이 未備(미비)하고 其機(기기)가 柔軟(유연)이다.

喜性 - 土, 金, 水 忌性 - 火, 木

○ 生日天干이(金) ─── 七, 八, 九, 月(秋)

秋金旺令 - 當權氣旺(당권기왕)하여 其性(기성)이 柔健(유건)이다.

喜性 - 火, 水, 木,　　忌性 - 金, 土

○ 生日天干이(金) ---- 十, 十一, 十二, 月(冬)

冬金休令 - 形寒性冷(형한성냉)하고 金沈水底(금침수저)하여 其力(기력)이 稀薄(희박)하다.

喜性 - 火, 土, 金,　　忌性 - 木, 水

○ 生日天干이(水) —— 正, 二, 三 月(春)

春水休令 - 性(성)이 滔滔(도도)하여 崩堤之勢(붕제지세)와 自溺之憂(자닉지우)가 有하다.

喜性 - 火, 土, 木,　　忌性 - 金, 水

○ 生日天干이(水) —— 四, 五, 六, 月(夏)

夏水因令 - 外實內虛(외실내허).

喜性 - 水, 土, 金,　　忌性 - 木, 火

○ 生日天干이(水) —— 七, 八, 九, 月(秋)

秋水相令 - 母旺子相(모왕자상)하여 氣勢(기세)가 旺盛(왕성)하다.

喜性 - 火, 木, 土,　　忌性 - 水, 金

○ 生日天干이(水) —— 十, 十一, 十二, 月(冬)

冬水旺令 - 基形(기형)이 得地(득지)하고 其勢(기세)가 得時(득시).

喜性 - 火, 土, 木,　　忌性 - 金, 水

※註

◉ 이상은 生日干의 오행을 위주로 生月의 季節五令(계절오령)을 查定(사정)하고 四柱의 各干支五行(각간지오행)을 참작하여 姓名數理及音靈等(성명수리급음령등)의 오행에 喜忌(희기)의 補救調和(보구조화)를 期(기)한다.

◉ 단, 五行의 土는 辰戌丑未의 四維之月(三, 六, 九, 十二月의 사계절)에 土旺이 散在(산재)하여 木火金水 등에 유한 專旺之時(전왕지시)와는 不以하므로 喜忌調和(희기조화)에 適宜參酌(적의참작)을 요함

◊ 參考例示(참고예시)

四柱	壬申──劍鋒金			生日天干이 壬水, 출생
時	日	月	年	五月(午月) 夏水因令으로
丙	壬	丙	壬	生日干이 弱한고로 姓名
午	寅	午	申	數 理及音靈에
火	水	火	水	喜 - 金, 水, 土
火	木	火	金	忌 - 火, 木
偏財		偏財	比肩	
正財	食神	正財	偏印	
胎	病	胎	長生	

蔡　弼　年　三才五行: 金水金　音靈五行:金水火

17　12　6　元亨利貞: 18, 29, 23, 35

4. 五行所屬 一覽表(오행소속일람표)

오행 속성	목	화	토	금	수
간지	甲寅:乙卯	丙巳:丁午	戊辰戌:己丑未	庚申:辛酉	壬亥:癸子
사 물 분 류	대림:초목 거목:화초 들보:세목 조목:분재 사목:생목	태양 : 달별 용광 : 초불 광화 : 조명 지열 : 온상 사화 : 활화	대지 : 뜰원 거산 : 동산 산성 : 논밭 평야 : 전원 광야 : 초야	고철 : 금은 검극 : 보석 강철 : 악기 광산 : 연장 대금 : 침봉	바다 : 냇물 호수 : 옥수 설호 : 온천 사수 : 생수 정자 : 난자
방향	동	남	중앙	서	북
오색	청	적	황	백	흑
계절	봄	여름	사계유	가을	겨울
한글	ㄱㅋ	ㄴㄷㄹㅌ	ㅇㅎ	ㅅㅈㅊ	ㅁㅂㅍ
수	1,2	3,4	5,6	7,8	9,10
가족	아버지	딸	조상	어머니	아들
오장	간장 : 쓸개 신경 : 머리	심장 : 소장 기 : 혈압	비장 : 위장 살 : 피부	폐장 : 대장 골격 : 치아	신장 : 방광 골수 :비뇨기
오교	유교	기독교	역무	선교	불교
오력	입력	기억	제어	출력	연산
오상	曲直 ㅣ	炎上 △	稼穡 ○	從革 □	潤下 0
오미	酸	苦	甘	辛	짠맛
육효	☴ ☳ 青龍 尊貴 喜悅 慶事	☲ 朱雀 多辯 口確 災殃	☷ ☶ 句陳螣蛇 蹇滯 虛驚 久厚	☰ ☱ 白虎 凶暴 急速 肅殺	☵ 玄武 秘密 吟味 盜憂
오상	仁	禮	信	義	智

5. 基 礎 運(기초운)

예

	天格9	人格11	地格13			
假成	金	大	容			
1	8	3	10	木	火---基礎運	

성명의 인격과 지격의 오행배치를 기초운이라 한다.

基礎運(기초운)---人格대 地格(人→ 地)

基礎(기초), 家庭(가정), 妻子(처자), 弟妹(제매), 部下(부하), 職業(직업), 健康(건강), 壽命(수명) 등의 基本土臺關係(기본토대관계)를 표시하는 운이다.

1). 相生誘導(상생유도)의 예시

○ 人格生地格(人, 木→ 地, 火)

자녀를 사랑으로 돌보고 부인과 아랫사람의 인연이 좋아서 조화를 유지함으로써 본인의 노력에 의하여 상당 정도로 평안하고 태평하다.

○ 地格生人格(人, 火 ←地, 木)

자녀가 효순하고 부인의 협조와 아랫사람의 협조를 얻어서 기초가 강고하여 본인의 능력을 충분히 발휘하며 활약이 두드러지다.

2). 相剋誘導(상극유도)의 예시

○ 人格剋地格(人, 水→ 地, 火)

처자의 인연이 박하고 아랫사람과 불화하고 기초가 불안하여 이동이 많으며 주거와 직업이 쉽게 변동되며 아랫사람과의 연루되어 흉재를 피하기 어려우며 건강을 해치거나 다치는 경우가 있고 또는 갑작스런 변화

와 갑작스런 화를 당하는 경우가 발생한다. (단 木剋土는 예외)

○ 地格剋人格(人, 火 ←地, 水)

자녀가 불효하고 반역하며 부인과 아랫사람이 극제하여 어리석게 당하고 갑작스런 화와 재앙 등이 유발한다.

6. 成功運(성공운)

	天格9	人格11	地格13		
假成	金	大	容		
1	8	3	10	水	木---成功運

姓名의 人格(인격)과 天格(천격)의 오행배합을 성공운이라 한다.

성공운--- 人格對天格(인격대천격) 天←人

선조, 부모, 장상, 형매, 부, 희망, 직업, 건강, 수명 등의 발전성공 관계를 표시하는 운이다.

1) 相生誘導(상생유도)의 예시

○ 人格生天格(天, 火 ← 人, 木)

부모, 장상에 孝順盡忠(효순진충), 향상 발전이 빠르며 순조롭게 성공한다.

○ 天格生人格(天, 木 →人, 火)

부모, 장상의 餘德(여덕)과 愛護(애호),혹은 귀인 협조 등을 得蒙(득몽)하여 상당 정도로 발전한다.

2) 相剋誘導(상극유도)의 예시

○ 人格剋天格(天, 火 ← 人, 水)

부모와 윗사람에 불효, 불충, 혹은 逆運(역운)으로 매사 성공하지 못하고 어려움에 빠진다.

○ 天格生人格(天, 水 →人, 火)

부모와 윗사람과의 不調和하고 인연이 희박하며 혹은 運命이 壓迫(압박)하고 徒榮無功(도영무공)하며, 심신과로, 성공하기 곤란하다. (단 희소하나 만년에 성공수가 있다.)

7. 內外運

예

天格9 人格11 地格13

假成	金	大	容	
1	8	3	10	내격11(木) 외격11木

내격(인격) 외격(가성+성명 끝자)

姓名의 人格對外格(인격대외격)의 五行配置(오행배치)를 內外運(내외운)이라 한다.

내외운---인격대외격(外 ← 人)

對內及對外的環境(대내급대외적환경), ∧配偶者姻緣關係(배우자인연관계), 社交(사교), 朋友(붕우), 同伴人(동반인), 交誼關係(교의관계) 등의 社交上(사교상), 出世上(출세상), 혹은 行運上(행운상)에 있어서 身上의 내, 외면의 변화에 중대관계를 표시하는 운이다. 그러므로 이운이 길하면 晚年(만년)까지 중단 없이 행운이 될 수 있으나 흉하면 중단되어 불운에 빠진다.

※三才配置(삼재배치)

이상과 같이 성명의 人格部를 중심으로 對地格運을 基礎運 對天格運을 成功運 對外格運을 內外運 등으로 구분하는데 基礎運과 성공의 天, 人, 地, 오행배치를 三才配置라 칭하여 內外運과 連結, 綜合하므로써 각격의 수리 길흉을 참작하여 운명의 吉凶禍福을 판단하는 최고 중요한 근본요소가 되는 것이다.

	成功運		基礎運		
	水	木	火 ——三才配置		
	天格9	人格11	地格13		
假成	金	大	容	總格21木	
1	8	3	10		
外格11木		人格11木 —— 內外運			

8. 基礎運及成功運 靈導 一覽表(기초운급성공운 영도 일람표)

○ 人格이 (木)時 對天格及地格關係(대천격급지격관계)

(天格)(人格)　　　成功運

木 木　　　大吉

외유내강이다. 타인의 도움을 얻는다. 순조롭게 성공하고 주위가 평안하며 희망에 도달한다.

火 木　　　大吉

의기양양하며 항상 발전한다. 일마다 뜻대로 이루니 목적 달성한다.

土 木　　　凶

외견상 좋으나 결과를 얻기 어렵고 성공운이 저조하고 가족과의 인연이 박하다. 위장병에 쉽게 걸린다.

金 木　　　　　　凶

의심이 많고 민감하다. 일을 하매 기교가 없고 성공하기 어렵다. 신경쇠약, 호흡기병, 정신병, 뇌일혈, 뇌졸중 등에 쉽게 걸린다.

水 木　　　　　　吉

먼저 힘들고 나중에 즐거움이 있다. 윗사람의 도움으로 항상 진보적이며 순조롭게 성공한다.

(人格)(地格)　　　　基礎運

木　木　　　　　　大吉

외유내강이며 노력 형이다. 기초가 편안하고 너그러워 다른 사람의 도움을 얻는다. 자녀 복이 있다.

木　火　　　　　　吉

무사평안하며 기초가 편안하고 너그러워 만년에 완성한다. 단 천격이 水이면 천지상극으로 변이흉조라.

木　土　　　　　　大吉

일생에 변동이 적고 기초 안전하여 모든 일이 순조롭게 성공한다. 타인의 존대를 받는다.

木　金　　　　　　凶

환경이 자주 바뀌고 박해를 받는다. 또 아랫사람이 불량하고 자녀가 불효자라. 항상 불안하고 폐병에 쉽게 걸린다.

木　水　　　　　　凶

일시적인 발전은 있으나 갑자기 전락하여 떠돌아다니며 망하는 수이다. 병약하다.

○ 人格이 (火)時 對天格及地格關係(대천격급지격관계)

(天格)(人格) 成功運

木 火 吉

윗사람의 도움으로 순조롭게 성공한다. 단 색란의 염려가 있다.

火 火 吉

호무지장으로 순조롭게 성공한다. 단 급진적 감정을 경계심이 필요하다. 또 지격이 土가 붙으면 선길 후흉격으로 일시성운이나 변위흉조.

土 火 吉

희망여의하고 성공양명이라. 단 타인의 원한의 경계심이 필요하다. 혹, 수리가 안 좋으면 불우한 운명이다.

金 火 凶

자화자찬하고 발전곤란하며 운로가 어느 정도의 정점에 도달하면 점차하강이라. 심신과로, 신경쇠약, 폐병 등의 병란이다. 이런 자는 발광, 변사한다.

水 火 大凶

사면초가로 성공불능이라. 급변, 급란이 있고 또 심장마비, 뇌출혈, 혹은 자살, 변사 등의 흉변이다.

(人格)(地格) 基礎運

火 木 大吉

환경이 완고하고 아랫사람의 협력을 얻는다. 지위, 재산이 안전하고 발전한다. 여자는 유화하고 매력이 있다.

火 火 半吉

일시성운이나 뿌리가 박약하여 내구력이 없어 성운이 중단될 수가 있다. 그러하나 대계 평안하다.

火 土 吉

기초가 견실하고 심신이 평안하다. 단 천격이 火이면 비운, 혹은 단명하다.

火　金　　　　　　凶

겉으로는 평안하나 안으로는 불안하다. 가정, 아랫사람 간에 분쟁이 생기고 정신과로, 호흡기병에 걸리기 쉽다.

火　水　　　　　　大凶

절대 불안정이다. 의외의 재화가 발생, 재산 혹은 생명을 잃을 수다. 또 아랫사람의 피해를 받는다.

○ 人格이 (土)時 對天格及地格關係(대천격급지격관계)

(天格)(人格)　　　　成功運

木　土　　　　　　凶

불평불만 격이다. 전반은 행, 중후는 액이라. 단 큰화는 없다. 위장, 또는 복부병증이 있다.

火　土　　　　　　大吉

조상의 여덕과 윗사람의 보호와 도움을 얻는다. 평안하고 순조 로와 장수한다. 간혹 중단수가 있다.

土　土　　　　　　吉

위 사람은 성실하고, 성격이 다소 순종하고 쉽게 친하고 쉽게 해어지며 성공운이 점점 좋아지며 대체로 행복하며 근심이 없다.

金　土　　　　　　大吉

성공 순조, 목적달성, 평안행복, 항상 발전이다. 가문이 융창하고 경사가 많다.

水　土　　　　　　半吉

이해심이 없고 타의 권고를 불청한다. 허영심이 있으며, 잘못을 인정하지 않는다. 장애가 중중하여 성공하기 어렵다. 단, 난관을 극복하면 성공할 수 있다. 먼저 행복하면 중도에 전락한다.

(人格)(地格) 基礎運

土 木 凶

환경이 불안하고 심중산만이라. 변동이 심하고 이사, 이동이 많고 아랫사람의 도움을 얻지 못하며 여자는 지위나 신분이 쉽게 변화한다. 위장병 조심.

土 火 大吉

아랫사람을 거느리며 안정하고 능히 재해를 막아 낼 수 있다. 선고후락으로 점점 발전한다. 또, 의외의 수확이 있다. 여자는 매력이 있다.

土 土 吉

평안하고 행복하다. 천격이 土일 때는 위인이 활발하지 않으며 용렬하고 난산무상하다. 여자는 정조관념이 없다.

土 金 半吉

다소 소극적이나 일을 할 때는 세밀하고 신용이 있으며 안정 발전한다. 중년 이후에 부부관계가 이혼수가 있다.

土 水 大凶

절대 불안정이다. 재화가 찾아오고 급변, 전락이다. 건강과 사업이 일조지간에 상실된다. 소화기병, 뇌출혈, 급변사의 애환이 있다.

○ 人格이 (金)時 對天格及地格關係(대천격급지격관계)

(天格)(人格) 成功運

木 金 凶

표정의 변화가 없으며 침묵하다. 한 번 어려움이 왔다가고 하여 힘들고 심신과로로 불우하고 불평이 있다. 노력 매진하는 자는 성공자도 있다.

火 金 凶

성공 운이 억압되어 불우 불만이다. 뇌병, 폐병, 발광자살이다. 단, 특별한 예로 혹 성공 자가 있다.

土 金 大吉

윗사람의 혜택이 있고 심신이 건강하여 노력 발전한다. 단, 즐거움이 극에 달하면 슬픔을 유발한다.

金　金　　　　　凶

과강, 완고하여 불화와 불측의 재화를 유발한다. 부부싸움, 비난, 조난, 병액 등의 흉화있다. 단, 지격이 土이면 흉이 복으로 바뀐다.

水　金　　　　　大吉

정신이 화창하고 만사여의, 쉽게 발전 성공한다. 단, 재혼수와 불의조난수가 있다.

(人格)(地格)　　　　　基礎運

金　木　　　　　凶

의심이 많고 민감하다. 외관은 안정이나 내실 변화 불안이다. 근신하지 않으면 고통이 따르고 전복수라. 신경쇠약, 폐병, 기관지 난치병에 쉽게 걸린다.

金　火　　　　　凶

환경이 불안정하고 아랫사람의 강박을 받는다. 또 본성이 착하여 생각이 변화한다. 급변 전복하여 자폭 자결하고 만년이 또다시 흉하다. 폐병, 뇌병, 신경쇠약에 쉽게 걸린다.

金　土　　　　　大吉

환경이 안정하고 심신건전하며 아랫사람의 협조를 얻어서 크게 성공한다. 여자도 이름을 떨친다. 천격이 水이면 더욱 길하다.

金　金　　　　　凶

재능지략이 우수하다. 다만 과강하고 동화력이 부족하여 불화, 조난, 고독, 비난 등의 액화라. 천격이 金이면 병과재액을 당한다. 천격이 土이면 흉변위길이다.

金　水　　　　　大凶

자승자박으로 일생이 평안하지 못하며 급변, 파란, 몰락 등의 슬픔의 연속이고 평온한 중에 불의의 흉조가 있다.

○ 人格이 (水)時 對天格及地格關係(대천격급지격관계)

(天格)(人格) 成功運

木 水 半吉

일면은 성공 순조하고 일면은 가정 운이 박하다. 반은 행복하고 반은 화를 당한다. 단 수리가 흉이면 조만간에 재화가 있다.

火 水 凶

수용성이 빠져있고 사회에서 악평을 받는다. 곤궁하고 급화, 병액으로 고생함. 혹 의지 완고하면 성공자도 있다.

土 水 凶

도로무공하고 재난과 조소를 받는다. 불평불만으로 원망을 하며, 급변 재화가 있다.

金 水 半吉

조상과 부모의 혜택과 의외의 협조를 얻는다. 가득 희망이나, 가정 불안, 혹은 병약하며 안 좋은 환경에 빠지는 수이다.

水 水 半吉

자기를 과신하고 범사에 자신능력을 초과하여 과분하게 행동을 한다. 대성공자가 있으나 변전무상하고 황망유패 한다. 지격이 木이면 가문을 일으키고 큰 부자가 된다.

(人格)(地格) 基礎運

水 木 半吉

안전하고 성공하나 물에 빠지거나 좌절수가 있다. 폐병, 신장병에 쉽게 걸린다.

水 火 大凶

민감하고 신경질적이다. 돌발의 액란, 급변, 급화의 대재앙이 있다.

단, 수리가 음수이면 생명은 염려가 없다. 심장병에 조심.

水　土　　　　　　　凶

자과자대(과대)하고 일생이 변전불안이라. 겉으로는 안정이나 내실불안이며 실망과 역경에 급변조가 있다.

水　金　　　　　　　半吉

기초가 완고하며 부자소리를 듣는다. 단 언행에 조심성이 부족하고 불평불만이 생기며 급패 또는 병액이 있다.

水　水　　　　　　　半吉

일시 성공하고 혹은 대 세력을 획득한다. 끝내는 고독과 병과 재앙에 빠져서 일장춘몽으로 타락한다. 혹 천격이 木이면 큰 부자가 된다.

9. 內外運 靈導 一覽表(내외운영도일람표)

人格 外格

木 木　　　　　　　吉

성품이 솔직하고 안정성이 있으며 인내심이 강하고 말없이 실행하며 노력을 하여 발전한다. 단, 시기심이 있으며 허세를 부리면 불리하다.

木 火　　　　　　　半吉

겉으로는 낙관이나 중심에 과로하여 노력한 것보다 공이 없다. 단 타격이 양호하면 대성공이다.

木 土　　　　　　　吉

말없이 행동으로 솔선수범하여 적은 노력으로 많이 얻으며 대성공한다. 단, 타인을 괄시하고 스스로 자기를 과시한다.

木 金　　　　　　　吉

겸손하고 예가 있으며 타인을 위하여 자신을 돌아보지 않으며 고생하고 어려움에 도움을 주고 희생적이며 타인의 신용을 득하여 발달 대성자가 있다.

木 水 大吉

기술과 예술방면에 특기가 있으며 그 기능으로 성공발달 한다. 의외의 도움으로 귀인의 협조를 받아 순조롭게 나가며 원하는 것을 이룬다.

火 木 半吉

쉽게 이성에 접근하여 동화한다. 겉으로는 태연하나 내면적으로는 노고가 많다. 실력과 행동이 빠진다. 단, 인격과 외격의 수리가 좋으면 귀인의 도움으로 흉이 길로 변한다. 혹 풍운아적 인물이 많이 나온다.

火 火 凶

성격이 급하여 타인과 불화하고 비난공격을 받는다. 자기 의견과 주장을 강행한다. 쉽게 이성에 접근하여 동화한다. 사주에 화가 필요하면 모르나 그 외는 부적합하다.

火 土 吉

성실하고 솔직해서 타인의 오해를 쉽게 받으나 결국 水淸魚現格(수청어현격)으로 해명이 된다. 상부상조를 얻어서 성공한다.

火 金 凶

쉽게 범죄에 노출되고 짧은 생각으로 실패한다. 매사에 정리가 무분별하고 허영심이 강하다. 일시 성공하더라도 종내에는 실패한다. 단 수리가 길하면 성공한다.

火 水 凶

내향성의 경향으로 타인과 어울리지 못하며 인고, 상심, 신환 등으로 종내는 암 등의 염려가 있다. 호색주하여 특히 색정에 필히 주의.

土 木 半吉

여자는 애교매력이 있고 남자는 고심이 많다. 불평불만이 발생하나 인의미덕이 있어 타인을 돌아본다. 단, 인격 외격의 수리가 길하면 상당 성공한다.

土 火 吉

연애를 잘하며 사회적 혜택을 받으며 성공 발전한다. 소극적인 게 단점이며 결단력이 부족하다.

土 土 吉

요령은 좋으나 의지가 약하고 결단력이 부족하다. 단 타격 수리와 삼재배치가 좋으면 상당히 성공한다.

土 金 凶

대인 친절하나 요령이 부족하여 타인의 호감을 얻지 못한다. 재산을 많이 날리고 속는다.

土 水 凶

가정과의 인연이 박하고 타인과 불화한다. 협력하고 화평하면 타인의 음해를 면할 것이다. 풍운아적 인물이 나온다.

金 木 凶

일을 하면서 이롭고 해가 됨을 돌보지 못하고 말을 함부로 하여 화상을 당하는 액이 있다. 부모에 자극적 불효자다.

金 火 凶

집착심이 강하며 타인과 화평불능으로 지탄을 받고 호감을 받지 못한다. 뇌병환자, 또는 급변조난으로 몰락한다. 인격 외격의 수리가 길하면 다소 평안하다.

金 土 吉

견고하고 침묵하며 활동력이 강하여 크게 발달한다. 단, 타협성이 없다.

金 金 凶

풍류적이며 분투심이 강하다. 가정과의 인연이 박하고 타인과 충돌하며 지탄을 받고 끝에는 고독에 몰입한다.

金 水 凶

희생정신이 없고 외환내허격이다. 헛된 말을 하며 끝에는 실패한다. 색난에 조심하라.

水 木　　　　　　大吉

언행이 견실하여 신용을 얻으며 어진 덕이 있고 매사에 심사숙고하여 행하며 안정되고 크게 되어 편안하다.

水 火　　　　　　吉

다소의 곤란이 있으나 능히 조치함으로써 고통을 이겨내고 萬難(만난)을 돌파하여 가득 성공발달이라. 이기심이 강하고 이타심이 적다.

水 土　　　　　　吉

담양이 작으나 보완하고 修身(수신)하여 사려가 주밀하고 이지가 풍부하여 근면성으로 발전 성공한다.

水 金　　　　　　吉

자기주장을 강행하여 타에 패함을 불원한다. 변론에 장기이며 설전을 좋아 한다. 다른 사람의 조언을 싫어하고 위에 있기를 점하려 한다. 성공가능하다.

水 水　　　　　　吉

내향성의 경향이나 가히 발전하며 재운이 있어 대부호가 나온다. 이기심이 강하며 수전가 이다.

10. 三才(天. 地. 人)配置靈導一覽表

木. 木. 木 —— 吉

신체가 건강하고 장수하게 되고 외유내강의 타입으로서 기초운이 튼튼하고 가정적으로는 원만하여 효도하는 자식을 두게 된다. 사업이나 관직 등의 분야로 나가면 성공한다. 특징적으로는 온건(생각과 행동이 사리에 맞고 건실함)착실, 總名機略(총명기략: 총명하며 슬기와 지혜가 있다), 인내력 강함, 단 약간 활발하지 않다.

총운 : 기초안정, 발전향상, 사업성공, 목적달성, 가문번창, 가정원만, 자녀 덕, 심신건전, 장수. 단 各格 수리가 凶者는 怨仇(원망, 원수)의 害數가 있다.

木. 木. 火 —— 吉

기반이 탄탄하고 매사가 순조로워 의지대로 성공하게 된다. 심신 모두 건강하며 감정이 풍부해 가정적으로도 착실한 유형인데 자상한 성격이 지나쳐 자녀들이 다소 불손해질 수도 있으므로 가정교육에 힘써야 한다. 總名機略(총명기략), 온건(생각과 행동이 사리에 맞고 건실함)착실, 외유내강. 도량이 약간 협소하다. 희노애락과 정감이 극단적이다.

총운 : 기초가 安泰(안정되고 크다), 일이 순조롭다. 발달 성공한다. 행복번영. 단 자녀를 지나치게 사랑하는 성품이니 가정교육에 치중을 요한다. 심신건강 장수한다.

木. 木. 土 —— 吉

기초운이 튼튼하고 신용 있는 성품으로 근면성실함으로 순조롭게 성공하게 된다. 보통 무병장수의 유형이 많으며 가정운, 배우자운도 길하다. 온건(생각과 행동이 사리에 맞고 건실함)착실, 인내력이 강하다. 총명재주 지략, 외유내강, 온화 친절, 사교성이 좋아 신용이 두터워 타인의 기쁜 마음을 얻는다.

총운 : 기초가 안정되고 크다. 성공이 순조롭다. 크게 발전하며 행복평안 가정이 화목하며 자녀복이 있고 심신건강 장수한다.

木. 木. 金 —— 凶

환경적인 변동수가 많아서 성공이 불확실하며 직장의 이동, 거주지 변동이 잦다. 호흡기 계통의 질환을 주의해야 하며 가정적으로도 남편은 아내의 덕이 없으나 아내 입장이라면 온화한 마음씨의 남편을 만난다. 정직하며 친절하고 의리를 중시, 단 완고(고집이 셈), 방약무인(곁에 사람이 없는 듯이 제멋대로 행동함), 사교성이 졸렬(서투르고 옹졸함), 태도가 지나치게 굳세어 타인의 반감이 매우 쉽게 발생한다.

총운 : 성공운은 있다. 변화가 많아 평안함을 구하기 어렵다. 핍박과 해로움을 항상 감수하고 또 아랫사람들의 위협을 받고, 운기가 불안, 자녀가 불효, 뇌, 흉부(가슴부분), 호흡기병에 매우 쉽게 질병에 걸린다.

木. 木. 水 —— 凶

신장질환 등으로 건강이 좋지 못하며 남녀 모두 배우자 운은 없으나, 가정적인 화목은 유지되는 가운데 주위 사람들의 도움으로 작은 성공을 이루게 된다. 온건(생각과 행동이 사리에 맞고 건실함)착실하며, 노력가이다. 감수성이 강하고, 열정적이다. 이해력이 깊다.

총운 : 일시적 성공발전이 순조로우나 겉으로는 안정이나 마침내 정처 없이 떠돌아다니다 실패한다. 가정 원만 자녀가 효순(효행이 있고 유순함), 뜻을 잃어 번민 중에 병약, 혹은 불안하여 유랑생활을 할 수 있다. 腎(신: 콩팥), 귀, 뼈 등의 질환이 염려된다.

木. 火. 木 —— 吉

윗사람들이나 동료, 후배의 도움이 있어 지위가 상승하고 재물을 모으게 된다. 신체 또한 건강한 가운데 색정(色情)에 탐닉할 가능이 크므로 주의해야 한다. 감수성이 예민, 喜努愛情(희노애정)이 극단적이고, 친절하며, 여자는 부드럽고 온화하며 매력적이다

총운 : 기초가 강하고 견고하고, 상하의 은혜를 도와주어 성공이 순조롭고 재산이 안전하다. 조상의 남겨 놓은 은덕이 있고, 자녀가 효순(효행이 있고 유순함), 심신이 강하고 장수한다. 단 색(色)에 주의를 요한다.

木. 火. 火 —— 中吉

가정으로는 원만하지만 성품이 다소 조급하여 인내력이 부족한 것이 흠이다. 그러나 윗사람의 원조가 있어 성공에서 의외의 행운이 있고, 심장질환에 유의하라. 감수성이 강하고 喜努愛情(희노애정)이 극단적이고, 용맹 과감(결단성이 있다)하다.

총운 : 윗사람의 은혜를 도와주어 덕을 받고, 성공발전이 순조롭다. 단 오래 견디는 힘이 약하여 고단하며, 괴롭고 고생스럽고 실패수가 있다. 가정 원만, 실의에 빠지며, 병약, 심장병, 고혈압 염려, 색(色)에 주의.

木. 火. 土 —— 吉

감정이 풍부하고 원만한 성품으로 친절하다. 부모의 덕과 상사의 도움으로 성공하며, 순종적인 자녀를 두게 되고 배우자운도 길하다. 대체로 무병장수한다. 감수성이 강하고 열정적이며 온화하며 친절하다. 사교성이 원만하여 예절을 잘 지킨다.

총운 : 기초가 견실하며, 윗사람의 은혜를 도와주어 덕을 받고, 성공발전이 순조롭다. 행복하며 부모의 덕이 있고, 자녀복이 있고, 심신이 강하며 장수한다.

木. 火. 金 —— 凶

외형상으로는 그럴 듯해 보이지만, 실속은 없는 일이 많다. 직장에서는 아랫사람으로 인해 괴로움을 당하게 되거나 압박감을 느끼게 되며, 성격은 허세가 심해 의지력이 약하다. 가정운은 좋지 않다. 喜努愛情(희노애정)이 극단적이고, 허영으로 가득차고 풍류로 실속이 없다.

총운 : 일시적으로 성공이 순조롭다. 기초가 불안정하여 겉으로 보기에 평온해 보여도 내부적으로 실속이 없다. 아랫사람에게 박해를 받고, 헛되이 애만 쓰고 아무런 보람이 없다. 가정불화, 자녀불행, 풍파가 쉴 틈이 없다. 정신이 과로하고, 심신이 피곤하며, 뇌, 호흡기병, 혹은 대장, 피부병에 매우 쉽게 걸린다.

木. 火. 水 —— 凶

기초운이 허약하여 만사가 여의치 않으며 일시적으로 성공의 기회가 온다하여도 의외의 재난이 닥쳐 패가망신할 염려가 있다. 아랫사람과의 관계가 특히 좋지 않아서 어려움을 겪게 되며, 가정적으로도 불화가 심하다. 대체로 진솔한 성품이지만 고집이 세서 지는 것을 싫어한다.

총운 : 일시적 성공. 단 기초가 불안정하여 윗사람의 혜택은 있으나 끝내 불안하다. 아랫사람과 투쟁 불화하며 의외의 급변 災禍(재화: 재앙과 화난), 급사, 심지어 생명과 재산을 잃는다. 자녀불화, 심장, 소장, 혹은 혈관경화증(피가 굳는 현상)이 염려된다.

木. 土. 木 —— 凶

호기심이 왕성하여 奇行(기이한 행동)을 보이거나 의지가 약하여 주거지나 직장의 변동이 심하다. 부모나 처자와의 인연도 박하고 가정에서도 화목을 이루지 못해 늘 소외감을 느끼면서 각종의 우환이나 질병에 시달리게 된다.

총운 : 환경이 불안하고 사업은 변화가 많고, 주거이동이 잦고, 부모 인연이 없다. 자녀 덕이 없고, 외롭고 고독하다. 위장병, 신경쇠약, 호흡기병, 기타 난치병 증세에 염려된다. 심지어 發狂(병으로 미친 증상이 일어남)한다.

木. 土. 火 —— 中吉

부모에게 물려받은 유산은 없으나 가정적으로는 부부간의 애정이 돈독하고 순종적인 자녀를 두게 된다. 특별한 성공은 기대하기 어렵고 인내력을 기르고 대인관계에 최선을 다하면 어느 정도의 복록은 얻을 수 있다. 호기심이 강하고 心志(심지)가 약하다. 단 인내력은 있다.

총운 : 약간 성공운은 있고, 불평불만의 생각이 끊이지 않고, 큰 재앙은 피하고(면하고) 평범한 운이다. 부모의 덕이 없고, 가정원만, 자녀의 효가 많고, 위장, 호흡기병, 고혈압 등 염려. 각격 수리가 양호한 자는 상당히 성공한다.

木. 土. 土 —— 凶 (變怪運 변괴운)

무게 중심이 잡힌, 매우 신중한 성품을 지니게 된다. 워낙 신중하여 일을 도모하는 추진력이 떨어지므로 큰 성공은 없으나 끈기를 잃지 않고 계속 노력하면 무난한 일생을 영위할 수 있다. 부모의 덕은 미약하지만 一家를 이루어 원만히 이끌어 나간다. 穩健(생각이나 행동 따위가 사리에 맞고 건실함)하고 신중하다. 內向性(내향성), 매우 쉽게 선동(남을 부추기어 일을 일으키게 함)을 받는다.

총운 : 성공발전이 억압받아 펴보지 못한다. 불편불만의 생각이 끊이

지 않고, 부모의 덕이 없고, 자녀의 효가 많다. 대체로 평안하고, 가정 불화 혹은 불행사가 발생. 위장, 호흡기, 눈병에 매우 쉽게 걸린다.

木. 土. 金 —— 凶

소심한 성격으로 내성적이라서 큰일을 도모하는 편은 못된다. 그저 무난하게 작은 행복을 알들이 가꾸면서 가정적인 안위에 만족한다. 위장질환에 주의 남녀 모두 색정에 탐닉할 우려가 있다. 세심하고, 담력이 없고 활발하지 않고 소극적이다. 복종하는 마음이 없다.

총운 : 대발전은 없으나, 대체로 안정하다. 단 환경이 불안하여 불평불만이 생긴다. 色難(자식이 늘 부드러운 얼굴빛으로 부모를 섬기기는 어려움을 이르는 말)을 주의, 부모의 덕이 없고, 자녀는 아름다우나 위장병의 염려가 있다.

木. 土. 水 —— 凶 (變怪運 변괴운)

보수적인 기질에 교제술이 없어서 샌님이라는 소리를 듣는다. 부모의 덕은 미약하지만 아주 없는 것은 아니며 매사에 불평불만이 많아서 큰 성공을 기대하기 어렵다. 위장이나 신장질환에 주의해야한다. 담력이 작고 사교성이 拙劣(졸렬: 서투르고 보잘것없음)하고 怨仇(원구: 원망(怨望)스러운 원수)를 얻는다. 운명이 기괴함

총운 : 성공이 어렵고 항상 불평불만, 급변하여 굴러 떨어진다. 혹 큰 재앙은 면해도 작은 액은 면하기 어렵다. 부모덕이 없고 자녀불행, 위장병, 복부병의 염려. 혹 뇌출혈, 심장마비 등이 갑자기 일어날 수 있다.

木. 金. 木 —— 凶 (變怪運 변괴운)

반항적이고 고집이 센 성격이며 감정이 예민한 사람과 전혀 감정이 없

는 것 같은 사람, 두 부류가 있다. 매사에 재난이 떠나지 않으므로 성공운은 좋지 않은 편이다. 가정적으로도 원만치 못하여 신경계통의 질환이 염려된다. 의협심, 친절, 인정미가 있다. 단 침묵, 말수가 적으며 민감, 의심이 많고 小氣하고 고집이 있다. 反動力이 강하고 사교성이 넓지 못하다.

총운 : 발전성이 희박하고 겉으로는 안정하나 내부적으로는 곤란이 있다. 가정 불행, 자녀에게는 엄하고, 심신이 피로(과로)하고 신경쇠약, 폐병, 근시안, 염려된다. 혹은 遭難(조난: 재난을 만남), 불구자의 위험이 있다.

木. 金. 火 —— 凶

인생의 후반부로 갈수록 재난이 더욱 많아지는 배합으로써 기초운도 불안하여 성공을 기대하기 어렵다. 배우자운도 불리하며 자식들도 걱정거리만 안겨주게 된다. 호흡기 질환에 조심해야 하며 자살이나 횡사 등도 우려되는 배합이다. 침묵성, 세상일에 불통, 스스로 헤아리지 못해 지나치게 과도한 행동과 말로서 일을 처리한다. 혹 저능인, 또는 자포자기가 있다.

총운 : 기초불안정, 심신피로, 만년에는 大凶이라. 자녀가 불효 덕이 없음이라. 신경쇠약 호흡기병, 콧병, 근시안 염려된다. 심지어 발광(미치는 병), 자살 혹은 變死(변사, 횡사)의 흉화.

木. 金. 土 —— 中凶 (變怪運 변괴운)

상당한 노력가로서 자수성가의 꿈을 이루게 된다. 침착하고 인내심이 강하여 가정적으로도 화목을 이루게 도며 자녀들도 온순하여 행복한 생활을 하게 된다. 다만 너무 일에 몰두하다가 건강을 해칠 수 있으므로 간질환이나 과로로 인한 질병에 주의해야 한다. 침묵, 말수가 적고 마음 속에 불평불만이 있다.

총운 : 환경이 안정하여 상당히 발전한다. 단 심신이 노고가 많아 성공운이 좋지 않아 불행을 초래한다. 가정화평, 자녀의 효가 많고 간병 근시안의 염려.

木. 金. 金 —— 凶

재능과 지략은 뛰어나지만 말수가 적고 비사교적이므로 주변 사람들과 원만한 관계를 유지하지 못하고 고독과 재난으로부터 벗어나기 힘들다. 가정적으로도 불화가 끊이니 않으므로 자신의 성격을 개선하도록 노력해야 하겠다. 機略(기략: 재치 있게 처리할 수 있는 슬기나 지혜)이 있다. 침묵과 말수가 적고 스스로 크고 높아 頑迷(완미: 완강(頑强)하여 사리(事理)에 어두움)하여 지나치게 강직하다.

총운 : 논쟁의 불화로 비난과 배척을 받는다. 재앙을 만나고 가정이 파란만장, 불행실패라. 부모와 불화 많은 언쟁이 있다. 심신이 과로하고 뇌병, 콧병, 근시안의 염려된다.

木. 金. 水 —— 凶

과묵하고 독단적인 기질인 데다가 매사에 근심과 걱정을 앞세우니 몸과 마음이 늘 불안하다. 노력에 비해 이루어지는 성과 또한 미미하거나 기대에 미치지 못하므로 세상만사가 뜻과 같지 않다고 느낄 것이다.

총운 : 번민과 불안, 困難(곤란)이 重重하다. 노력은 많지만 이루어짐은 적다. 발전 중도에 실패, 갑자기 몰락의 비운에 빠진다. 뇌출혈, 急症(급증: 아주 위급한 병) 또는 뜻밖에 재앙을 만나고 急死(급사) 등 재앙이 있다.

木. 水. 木 —— 吉

윗사람을 공대하고 성품이 어질어서 탄탄한 운세를 바탕으로 성공하게 된다. 주위 사람들의 신망도 두터워서 사업 면에서도 큰 도움을 얻을 수 있다. 다만 폐, 신장 등의 질환에 조심해야 한다. 온후하며 열정적, 윗사람을 공경 아랫사람에게 자애하다.

총운 : 환경이 안정, 순조롭게 성공, 각격 수리가 흉수이면 가정 불행, 번민, 질병으로 고생, 단명 한다. 수리가 모두 길한 자는 대성공, 부모 자녀가 노고가 많다. 폐, 신장, 방광, 귀, 뼈 등 질병이 염려된다.

木. 水. 火 —— 凶

예민한 성격에다가 기초운도 불안정하여 성공이 오는가 싶으면 곧 실패수가 뒤따라서 기복이 심하다. 따라서 성공의 시기에 자만하지 말고 후일을 대비하는 것이 상책이다. 가정운은 그다지 좋지 않다. 민감하고 신경질적이다.

총운 : 일시에 순조롭게 성공한다. 기초가 불안정하여 가정 불행, 갑자기 재앙이 닥치고 처자를 극하는 흉재에 자녀불행하다. 심장병, 기타 질병, 횡사의 흉액.

木. 水. 土 —— 凶

성공을 하더라도 기쁨의 순간은 일시적이고 곧 실패로 돌아간다. 스스로를 반성하지 않기에 남들에게 이기적이라는 소리를 듣게 된다. 심신은 항상 초조, 불안으로 안정하지 못하며 가정이 화목을 이루지 못한다. 거만하고 자신을 헤아리지 못해 비난, 배척을 받는다.

총운 : 일시적 성공. 겉으로는 안정하지만 내부적으로 재앙이 닥치고

점차 붕궤하여 실패한다. 자녀가 자애롭지 못하고 신장, 기타 질병으로 안심할 때가 없는 운명이다. 불의에 갑작스런 재앙이 있고 가정이 화목하지 않다. 신장 기타 질병에 유의.

木. 水. 金 ——中吉 (相生中 天地相剋 상생중천지상극)

기초운이 안정되어 비교적 순탄한 삶을 영위한다. 심성이 착하고 어질어서 주변 사람들에게 칭찬을 받지만 너무 좋은 게 흠이라고, 타인에게 이용당할 우려도 있다. 성명자의 수리(획수) 구성까지 길하다면 큰 명예를 얻는다. 주의력 결핍, 소홀하다.

총운 : 기초가 안정하고 재물과 명예를 얻는다. 단 각격 수리가 좋지 않으면 불평불만이 매우 쉽게 발생한다. 분에 넘치는 일을 하다 실패한다. 수리가 길한 자는 대성공한다. 가정원만, 자녀의 효가 많음이라. 신장병, 기타질병이 있다.

木. 水. 水 —— 中吉 (變怪運 변괴운)

이기적인 데다가 재물 욕심이 지나쳐서 인색하다는 소리를 듣는다. 일시적인 성공과 발전도 실패수가 겹치므로 모두 허망하게 끝나고 고위직에 있다가도 좌천당하게 된다. 부모운, 배우자운 모두 불리한 운세이다. 이기적이며 인색하고 재물에 대한 욕심이 크다.

총운 : 일시적 성공, 명예와 부를 얻는다. 단 破亂(파란)이 발생, 정처 없이 떠돌아다니다 실패의 悲運(비운)수가 있다. 가정 불행, 고독, 부모자식 간에 덕이 없고 독립생활이 좋다. 호흡기, 기타 질병에 주의. 혹 대부호로 장수하는 사람이 나온다.

火. 木. 木 —— 吉

외유내강한 성격으로 기초 운이 튼튼하여 환경조건이 유리하므로 나날이 상승, 발전하게 된다. 부모의 덕이 깊은데다가 의외의 귀인도 있어 어려움이 닥쳐도 무난히 해결된다. 가정운도 양호한 편이다. 매우 쉽게 싸움이 발생한다.

총운 : 기초가 편안하고 귀인의 도움을 얻어 상향 발전하여 매우 쉽게 성공한다. 부모의 덕이 있고 자녀의 효가 있음이라. 행복, 장수한다.

火. 木. 火 —— 吉

외강내유의 기질로 겉으로는 강해보여도 내심은 겁이 많고 약하다. 자존심 강해서 남에게 지지 않으려 노력하므로 큰 재난 없이 평안한 생활을 한다. 대단한 노력가로서 나날이 상승, 발전하게 된다. 노력, 다툼과 싸움이 많다.

총운 : 아무런 탈 없이 평안하며(無事平安), 상향 발전한다. 노력 성공한다. 근면한 가정이고 심신건강 장수한다.

火. 木. 土 —— 吉

초반 운세가 길하지만 후반으로 갈수록 어려워진다. 따라서 강한 운세가 지속되고 있는 중에도 후일을 대비한 계획이 있어야 하며 남자는 女難(여색으로 인한 근심과 재난)이 우려되므로 여색을 멀리 해야 큰 화를 피할 수 있다. 사교적이며 원만하다.

총운 : 기초가 견고하며 순조롭게 성공한다. 가정화목, 원만이라. 단 好色(호색)으로 破害數가 있다. 자신을 수양하고 심신이 건강하고 장수한다.

火. 木. 金 —— 凶

외유내강한 편이지만 신경이 지나치게 예민하여 큰일을 감당할 능력은 없다. 가정운도 불리, 심신이 불안정, 일시적인 성공이 끝까지 이어지지 않는다. 뇌질환 주의. 신경과민, 박력이 결핍, 시작은 있으나 끝이 없다.

총운 : 일시적 성공 발전한다. 부하의 박해를 받고, 환경이 불안정하여 실패한다. 가정 불행, 자녀의 효가 없고 가풍을 깨진다. 심신피로, 흉부질환, 뇌출혈 살상(사람을 죽이거나 상처를 입힘) 등 흉액이 있다.

火. 木. 水 —— 凶 변괴운. 상생중, 천지상극

대단한 노력가이며 자수성가의 유형, 내향적 성품으로 질투심이 많고 자존심이 강해 항상 근심, 걱정이 떠나지 않는다. 감정이 예리하여 정밀분야나 연구 분야로 나가면 성공할 수 있다. 신경질환에 주의해야 한다. 외유내강, 노력, 인내, 시기심이 강하고, 싸움과 다툼이 많다.

총운 : 일시적으로 약간 성공 발전한다. 결국에는 재앙이 발생하여 실패한다. 부모덕이 있고 자녀는 노고가 많다. 신장, 패혈증(세균이 혈액 속에 들어가 번식하는 병)이 염려된다. 혹은 급성으로 생명과 재산을 상실한다.

火. 火. 木 —— 吉

대인관계 원만, 주위의 도움으로 성공한다. 기초운도 튼튼하여 만사가 뜻대로 순조롭게 진행되며 가정적으로 인덕이 있는 아내, 남편을 만나서 자식들의 존경을 받으며 행복을 누리지만 간질환에 주의해야 한다. 여자는 매력적이다.

총운 : 기초가 견고하고 아랫사람의 도움으로 모든 일이 뜻대로 번창한다. 혹은 타인과 공동사업도 유리하다. 재산이 안정적이며 가정원만,

자녀의 효가 있고 심신건강, 장수한다. 간병, 불면증에 주의해야 한다.

火. 火. 火 —— 中吉

정열적이고 용맹무쌍하게 매사를 추진하며, 일시적으로 운세가 강해 대성할 수 있다. 그러나 운세와 성공의 결과가 오래 이어지지 않고 기초운이 약해 자칫 잘못하다가는 큰 禍(화)를 당할 수도 있다. 인내심이 결핍, 급하고 쉽게 폭발적이다.

총운 : 일시적 운이 강해 발전한다. 단 기초가 약해 말하고 행동하는 것이 신중하지 못하고 가볍다. 종내에는 실패한다. 가정 불만, 노고가 고단하며 심장, 소장, 혈관 등에 주의해야 한다.

火. 火. 土 —— 凶

다소 급한 편이지만 군자의 덕이 있어서 타인의 대한 관용과 선심이 유별하다. 하지만 운세는 吉凶相反(길흉상반)으로 노력을 계속한다면 명예를 얻기도 한다. 남녀가 색정으로 인한 실패수가 있으므로 자중 자애해야 한다. 온후하고 수양가, 先吉後凶(선길후흉)

총운 : 일시 성공 발전한다. 외면은 길하나 내면은 재난과 비운에 빠진다. 色難(자식이 늘 부드러운 얼굴빛으로 부모를 섬기기 어려움). 부모와의 인연이 없고, 일찍 독립 생활한다. 혹 단명이 염려된다.

火. 火. 金 —— 凶

풍류를 즐기고 허영심이 있고 실속이 없는 생활을 하며, 위아래 사람의 덕이 없어 이루어지는 일이 미미하다. 부하 직원에게 심리적 압력을 받거나 괴로움을 당하므로 직장의 잦은 이동도 염려된다. 가정에서는 배우자운이 없어 화목한 환경을 이루기 어렵다.

총운 : 일시적 성공, 겉으로는 평온 속으로는 자연스럽지 못함, 아랫사람에게 박해를 받고 항상 불안하여 실패한다. 가정불화, 다툼과 싸움이 있고, 처자를 극함. 심신이 피로하고 호흡기, 대장, 피부병 등이 염려된다.

火. 火. 水 —— 凶

급한 성격이며 타인을 용서하는 관용이 없어서 큰일을 도모하기 어렵다. 직업이나 사업 면 모두에서 일시적 부귀영달을 누릴 수 있으나 의외의 재난이 닥쳐 성공이 물거품처럼 흩어져 버린다. 고혈압 질환에 주의. 사물에 지나치게 세밀하다.

총운 : 일시 성공한다. 갑작스런 변화에 대처하지 못하며 의외의 재앙으로 생명과 재산을 잃는다. 가정불화, 뇌출혈, 심장병, 급사 등이 염려.

火. 土. 木 —— 中凶

온후하고 아량이 넓고 대인관계가 원만하다. 윗사람들의 도움으로 초반에 안정된 생활을 하지만 후반에 가면 실패와 재난이 겹쳐 불우한 말년을 보낸다. 배우자운도 불리, 위장질환이 염려된다.

총운 : 윗사람들의 은혜와 덕이 있어 일시 성공 발전한다. 단 환경의 변동이 많고 귀하게 됐다가도 천하게 되며 재산을 잃는다. 가정에 勞苦(노고)가 많고 복부병, 위장병 등이 염려된다.

火. 土. 火 —— 吉

운세가 순조롭고 육친의 덕이 있으며 상하간의 도움이 있어서 일생동안 큰 재난을 만나지 않고 살게 되므로 심신이 화평, 무병장수, 가정 화목하여 안팎으로 기쁨이 충만하다. 온후하며 雅量(아량 : 남을 베풀 줄 아는 마음)이 있고 친절 공손하다.

총운 : 윗사람의 은혜와 덕이 있어 기초가 안정하며 의외의 성공을 얻는다. 가정 화목, 원만, 심신이 건강하고 장수한다.

火. 土. 土 —— 吉

성실, 노력형으로 주변 사람들로부터 인정을 받게 된다. 투기나 모험을 꺼리므로 큰 재물을 모으지 못할지라도 일생동안 경제적인 어려움을 받지 않으며 부모의 유산상속, 귀중품 등을 물려받아서 탄탄한 기반을 갖추게 된다. 의리와 신념으로 人和(인화 : 여러 사람이 서로 화합함)를 얻는다.

총운 : 윗사람의 은혜와 덕이 있고 경이적인 대성공은 없으나 상당발전하며 행복은 있다. 가정화평, 심신건강하며 장수한다.

火. 土. 金 —— 中凶 변괴운 . 상생중, 천지상극

원만한 성격으로 성실하며, 소극적 기질이 있어 큰일을 감당할 능력은 없다. 육친과 조상의 덕으로 경제적으로 안정을 이루어 평탄한 생활을 한다. 가정적으로는 배우자의 파탄수가 있고 부부간의 재난을 피해야 하며 신장, 위장, 뇌 질환이 염려된다.

총운 : 윗사람의 은혜와 덕이 있고 상당히 안전하게 성공 발전한다. 소극적 경향으로 심신이 피로하고 병으로 인한 고생과 처자를 극하며 가정 불행, 특히 중년이후 色難(색난)으로 위기가 발생, 파탄의 조짐이 있다. 위, 복부병의 염려가 된다.

火. 土. 水 —— 凶

수단이 좋아서 한 때의 성공은 할 수 있다. 능숙한 처세술과 부모와 조상의 음덕, 상사의 신망으로 상승, 발전하지만 흉사가 겹치므로 그 기쁨이 오래가지 못한다. 가정 불안, 소화기계통, 심장마비 등이 우려되므로 주의. 허영과 가식으로 교묘히 희롱하며 인정이 없다.

총운 : 조상의 은혜를 받고, 일시 성공 발전한다. 단 불안정하여 흉운이 닥쳐온다. 갑작스럽게 몰락하며, 부모의 덕이 있고 자녀의 덕은 없다. 위장, 뇌출혈, 심장병, 급사 등이 염려된다.

火. 金. 木 —— 凶

민감, 의심이 많고 도량이 좁다. 특히 강한 자에 약하고 약한 자에게 강한 성격으로 상사에게 아부를 잘하여 일시 성공하더라도 결국 얻은 것을 모두 잃게 된다. 평소 자신을 되돌아 봐서 덕을 쌓도록 노력해야 하며 신경쇠약, 폐 질환에 유의해야 한다.

총운 : 겉으로는 안정해 보이나 내부는 실속이 없다. 좋은 기회를 만나지 못하여 보람이 없다. 가정불화, 자녀불행, 처자이별, 신경쇠약, 폐병, 불구자, 심지어 미치는 병, 자살, 횡사의 흉액.

火. 金. 火 —— 凶

성격이 단순하여 경거망동하기 쉽고 자포자기하여 기회를 잃는다. 운세가 불리하여 성공이 어렵고 사업의 손실이 있다. 월급쟁이로 생활하는 것이 최선의 방책이며 가정운도 불리, 고독과 파란이 우려된다. 신경계, 호흡기 질환에 주의해야 한다. *惹火燒身*(야화소신 : 자신의 몸을 불사르다)

총운 : 일생이 불안정, 만년은 다시 흉이다. 가정에 인연이 없고 고독하며 의지할 곳이 없고, 뇌, 호흡기, 심지어 미치는 병, 자살, 횡사의 흉액.

火. 金. 土 —— 凶

자만심으로 가득하여 비평과 시비를 좋아하고 의심이 많아 매사에 신중하다. 큰 성공은 아니더라도 생활 기반은 튼튼하다. 부모와의 인연이 박하고 동기간 불화, 배우자복은 있어도 자식복은 없다. 늘 심신이 피로하고 공허하다. 뇌출혈, 호흡기 질환에 주의해야한다.

총운 : 환경이 일시적으로 의외의 발전이 있다. 성공하지 못하며 번민, 곤란, 재난, 가정불화, 불효와 타인의 경멸을 받는다. 심신과로, 폐, 기타 질병에 염려된다.

火. 金. 金 —— 凶

재능이 출중하지만 주위에서 인정받지 못해 사회를 등지고 혼자서 孤高(고고)하게 살아가려는 염세적 성향을 지녔다. 주위 사람들과 함께 어울리지 못하는 성격을 자만심이라고 치부하고 비난을 하기도 한다. 때문에 공동으로 하는 일이 아닌 직업을 선택해야 한다. 動悸(동계 : 가슴이 울렁거리는)나 뇌 질환에 주의해야 한다.

총운 : 지나치게 강하고 견고하여 불화 평탄하지 않으며 성공하기 어렵다. 고독, 자녀를 잃는 재앙, 가정 불행, 호흡기병, 뇌 질환.

火. 金. 水 —— 凶

감정이 예민하고 의심이 많아 시비가 잦은 편이다. 또한 성격이 편파적이여 싫고 좋음이 극과 극에 이른다. 운세가 불안하여 성공이 어려우며 급변몰락의 재난수도 있으므로 흉운을 대비하는 자세로 생활을 계획해야 하겠다. 가정적으로도 적막하고 고독한 상이며 폐질환과 정신병, 자살 등이 우려된다. 비평을 좋아한다.

총운 : 성공하지 못한다. 또 급변 몰락의 조짐이 있고 파란과 흉액이 많다. 가정이 적막하고 고독하며 의지할 곳이 없다. 재난을 만나고 부상, 폐병, 뇌출혈, 심장마비, 심지어 발광(미친병), 자살, 횡사의 흉액.

火. 水. 木 —— 凶

불성실하고 책임감이 결여되어 중심이 없는 사람이라고 업신여김을 받는다. 본심이 아니지만 실생활의 결과가 그러므로 자신의 일에 신중한 계획, 실천이 뒤따라야 하겠다. 운세가 약하며 매사에 장애가 많고 급변, 급난의 불상사도 있는 상이지만 우연히 뜻밖의 성공을 거둔다. 세밀하며 복종심이 없고 품행불량.

총운 : 곤란, 급변, 재앙발생, 자녀의 노력이 많고 多病, 신체가 허약, 폐, 신장, 심장, 혈관 등의 질병이라. 혹 이상 성공자가 있다.

火. 水. 火 —— 凶

예민하고 신경질적인 성격으로 운세가 대흉으로 급변, 급난이 닥쳐와 사업은 실패로 끝나고 가정적으로도 생리사별의 고통이 암시된다. 건강운도 불리하여 질병이 떠나지 않고 신체적으로도 허약하다. 민감, 복종심이 없고 거칠고 난폭하다.

총운 : 큰 재앙이 빈번하게 발생하여 풍전등화의 운명이다. 처자와 흩어지고 떨어져 살며 생리사별, 갑작스런 재앙을 만나고 뇌출혈, 심장마비, 심지어 발광(미치는 병), 자살 등의 흉액.

火. 水. 土 —— 凶

자존심과 자만심이 강해 남들의 비평에 아랑곳하지 않으므로 겉으로는 대범한 듯 보여도 내심으로는 불안과 근심이 떠나지 않는다. 盛衰(성쇠)

가 심하여 생활이 안정되지 않고 가족과의 인연도 희박, 고독하다. 위장, 심장, 뇌 질환을 주의해야 한다. 거만, 복종심이 없고 타인의 악평을 받는다.

총운 : 겉으로는 안정하나 속으로는 불안하다. 고민, 번뇌, 곤란, 急變急禍(갑작스런 재앙), 몰락의 운명이라. 가정과 인연이 없고 자녀불화, 허약하고 병이 많다. 위장, 신장, 심장병의 질환조심, 혹 횡사, 단명의 염려가 있다.

火. 水. 金 —— 凶 변괴운

성공 운이 약하고 의외의 재난이 겹쳐서 극도로 불안정한 삶을 영위하게 된다. 성격이 원만하지 못하고 이상 또한 허황하여 적절한 기회가 찾아와도 성공으로 연결시키지 못하고 대인관계도 좋지 않다. 질병이 끊이지 않는 배합이다. 복종심이 없고 스스로 크고 높다 생각한다.

총운 : 불평불만, 고민, 번뇌, 재난이 많이 발생하여 불안한 운명이다. 부모자녀 인연이 없고, 가정 불행, 병으로 인한 재앙이 빈번하게 발생한다, 혹은 횡사의 염려가 있다.

火. 水. 水 —— 凶

두뇌가 명석한 만큼 워낙 자부심이 강하여 남 앞에 나서기를 좋아하므로 인간관계가 원만하지 못하다. 간혹 성공운이 있어 명예를 누리다가도 뜻밖의 재난으로 물거품이 되며 가정운도 불리하여 고독한 가운데 건강운은 그나마 대체로 吉하다.

총운 : 일시 성공한다. 단 곤란, 급변, 急禍(급화), 질병, 혹은 급사의 불행이라. 부모의 덕이 없고 자녀불행, 혹 이상성공자가 있다.

土. 木. 木 —— 中吉 변괴운

매사 신중하며 성실히 노력하는 현실주의자, 외유내강형 대인관계로 원만하다. 운세는 무난하며 흉운도 있어서 큰 재물을 모으기 어렵다. 직장에서 심리적 고민을 많이 한다. 발전의 속도가 더디고 미약하여 부모와의 인연이 적고 자녀로 인한 근심이 염려된다. 복종심이 없다.

총운 : 평안하고 태평하나, 겉으로는 길하나 내부는 흉이라 발전이 늦다. 고민, 번뇌, 부모와 인연이 박하고 자녀의 노고가 많다. 위장, 신경통의 질병.

土. 木. 火 ---- 中吉

패기와 자신감으로 끊임없이 노력하여 마침내 무언가를 이루어 내는 유형이다. 발전 속도가 더디고 어려운 난관이 닥쳐도 좌절하지 않고 앞으로 나아가 결국 부귀를 누리게 된다. 가정화목, 위장질환 등이 염려된다. 적극노력가이다.

총운 : 성공운이 비교적 늦고 괴로움과 번민이 있다. 단 근면 성실하여 발전을 얻을 수 있고 평안하다. 자녀의 효가 많다. 위장, 筋骨(근골: 근육과 뼈대)질환.

土. 木. 土 ---- 中凶

주관이 뚜렷하여 허영심 투기와는 거리가 멀다. 현실적인 노력가로 운세에 장애가 많아도 점진적인 발전을 이룬다. 방심하면 성공이 실패로 끝나고 우환이 겹치므로 평소 신중하게 계획하고 실천하도록 노력해야한다. 가정적으로는 대체로 무난하고 평탄한 운세이다. 관념이 정확하며 노력가이다.

총운 : 기초가 견고하나 성공이 늦다. 능력은 있으나 때를 만나지 못함. 곤란, 번민. 대체로 평안하다. 신경쇠약, 위장병, 기타 질병의 염

려. 혹 방향을 전환하면 일시 성공수.

土. 木. 金 —— 凶

그저 안일하게 일생을 보내려다가 패가망신하게 되는 상이다. 더구나 싫은 소리를 듣지 않으려 하므로 직장을 자주 바꾸고 주변 도움이 미약하여 생활이 안정되지 않는다. 가정적으로도 불화가 심하여 폐, 호흡기 질환에 우려.

총운 : 약간 성공희망은 있다. 단 환경 변동이 많고 아랫사람의 박해, 반역을 받는다. 노력에 고심하고 불안하여 종내 실패한다. 가정에 인연이 없고 소홀하며, 폐, 신경쇠약, 위장병 질환에 주의.

土. 木. 水 —— 凶

노력만으로 안 되는 것이 있다면 운명이라 하겠다. 강직하고 성실하며 열정적으로 일을 도모하나 일이 잘 되어가다가도 장애발생, 좌절, 근심, 절망감만 커진다. 대체로 신체가 허약하고 가정운도 불리하다. 정직하고 뜻이 있고 노력가이다.

총운 : 약간 성공희망은 있다. 단 능력은 있으나 때를 만나지 못함이라. 겉으로는 길하지만 실속이 없다. 일이 순조롭더라도 파란, 번민, 노고가 많고 실패한다. 부모자녀는 덕이 없고 병 때문에 겪는 어려움과 고생이 있다. 혹은 재앙으로 생명 재산을 상실한다.

土. 火. 木 —— 吉 상생중 천지상극

운세가 강해 적극적으로 일을 도모하여 추진하면 성공과 발전으로 이어진다. 사업을 하게 되면 운기가 강하여 부하나 아랫사람의 큰 협력을 얻어 大成(대성)하게 되고 관직으로 나가도 출세가 순조롭다. 일생동안 무병장수, 가정화목 한다. 적극상향 전진한다. 여자는 온유함.

총운 : 기초가 견고하며 아랫사람의 도움을 얻는다. 희망하는 일이 뜻대로 된다. 공명 성취, 명예와 부를 얻고, 자녀가 효행이 있고 유순함, 심신불안, 장수한다. 단 뇌병이 염려된다.

土. 火. 火 —— 中吉

여자에게 유리한 배합이다. 명랑하고 활동적인 기질이 있어 주변의 도움으로 크게 성공하게 된다. 다만 내부적으로 변덕, 변태의 작용이 있어 중간에 자포자기한다. 건강상으로 과음, 여색으로 인한 질환이 염려된다. 남자는 괴이한 버릇이 있다.

총운 : 일시에 매우 쉽게 성공한다. 단 기초가 약해 인내력 결핍, 고독하며 뜻을 잃어 실패한다. 가정과 인연이 없고 독립생활이 가장 좋다. 酒色주의 혹 타인의 도움을 받으면 대성공자가 된다.

土. 火. 土 —— 吉

성실하며 원만한 성품이기 때문에 상하 간에 존경과 사랑을 받는다. 기초운이 강하며 재물, 학식, 모든 분야에서 의지대로 성공을 거둔다. 배우자운은 좋지만 자녀운은 불리하다. 관직으로 출세 사업상의 번창이 있다. 적극노력, 대인 친절함.

총운 : 기초가 견실하며 희망하는 대로 심신이 편안하고 공명 성취한다. 자녀의 고생이 많고, 혹 고혈압에 주의.

土. 火. 金 —— 凶

강직하고 조급한 성격이며 적극적 기질이 있어서 안 되는 일도 된다는 신념으로 밀고 나간다. 그러나 운세가 불안정하여 실패수가 겹치고 상하관계에 인덕과 협력자를 만나지 못한다. 과로로 인한 병, 가정에는 큰 불화는 없으나 행복한 편은 아니다.

총운 : 일시 성공, 겉으로는 편안해 보이나 내실은 자연스럽지 못하다. 가정불화, 아랫사람과 다투고 심신이 피로 병약하며 불행에 빠진다. 정신과로, 폐병, 피부병 등의 질환.

土. 火. 水 —— 吉

의지가 박약한 편으로 일시 성공이 와도 생각이 자주 변동하여 제대로 마무리 되는 일이 없다. 가정불화와 반목, 손재수 급변, 급사 등이 우려, 여자는 이성의 유혹에 약해 주의해야 한다. 수리(획수)배합까지 흉하다면 돌발적인 사고와 재산상의 문제가 발생된다. 신경과민,

총운 : 일시적 성공, 단 불안정하여 의외의 급변, 생명과 재산을 상실한다. 가정불화, 불행, 뇌출혈, 심장마비, 재난을 만남, 횡사, 급사 등의 위험이 있다.

土. 土. 木 —— 凶 변괴운

본심은 선량하나 다소 잘난척하는 기질이 있고 친밀관계가 수시로 변한다. 운세가 불안, 성공과 실패가 자주 반복되며 거주지 직장 등의 이동이 많아 정착생활이 힘들다. 다만 시련을 견디고 나면 말년에는 성공에 도달하는 사람도 있으나 가정에는 운세가 불리하다. 정직, 남자는 거만하고, 여자는 매력이 있다.

총운 : 일시 성공 발전한다. 불안정하여 변화이동이 발생, 단 말년 성공 자가 있다. 자녀의 노고가 많고 투쟁이 많이 발생, 신경쇠약, 위장병, 복부질환이 염려.

土. 土. 火 —— 吉

감정이 다소 무디고 정직하며 매사에 노력을 신조로 생활하기 때문에 성공의 시기가 더디더라도 끈기와 집념을 버리지 않으므로 결과는 명예, 재물운을 만나 부귀영달을 누린다. 온화한 성품으로 가정화목, 건강하며 장수. 정직, 노력가, 여자는 매력이 있다.

총운 : 성공운이 약간 늦다. 단 많은 어려움을 이겨내고 성공 발전한다. 명예와 부를 얻는다. 가정화목, 자녀가 효행(孝行)이 있고 유순함, 심신이 건강하고 장수한다.

土. 土. 土 —— 吉

대체로 무난하여 점진적인 발전을 보이다가 말년에 이르러 확고한 위치에 오르게 된다. 고지식하여 융통성이 없는 편이다. 남녀 모두 가정이 화목하며 건강하다. 여자는 이성의 유혹에 약하다. 융통성 결핍, 활발하지 않고, 庸劣(용렬: 어리석다), 變怪性(변괴성: 괴이하다)

총운 : 성공운이 늦고, 대체로 행복하다. 걸음이 견고하고, 노익장(나이는 들었으나 기력은 더욱 좋아짐). 가정행복, 평안, 각격 수리가 부족한자는 고난을 면하기 어렵다.

土. 土. 金 —— 吉

소극적, 기초운은 튼튼하여 일을 도모함에 막힘이 없어 순조롭게 성취한다. 발전의 속도가 더디기는 하지만 느긋한 마음이어서 문제가 되지 않는다. 남녀 모두 色難에 주의해야 하며 가정운은 길하고 무병장수한다. 정직하며, 여자는 정조관념 결핍.

총운 : 성공운이 늦고 안정발전 한다. 가정행복, 평안하다. 심신건강,

장수한다. 단 色難에 주의.

土. 土. 水 ---- 凶

사람과의 의리를 소중히 여기고 자기 주관이 확실한 성격을 지녔다. 언변이 탁월하지만 자기주장이 강해 타인의 의견을 수용하지 않는다. 그러나 운세가 약해 재난, 급변이 자주 발생하여 일시 성공하나 중도 좌절할 확률이 높다. 건강운, 가정운 모두 불리하다. 언변이 좋다.

총운 : 일시 성공한다. 단 불안정하여 재앙과 흉운이 빈번하게 오고 붕괘, 실패한다. 갑작스런 재앙이 닥쳐 생명과 재산을 상실한다. 가정불화, 불행, 뇌출혈, 심장마비, 위장병, 혹은 횡사의 질환이 있다.

土. 金. 木 ---- 凶

한마디로 다소 치졸한 성향이며 감정이 예민하지만 상사에게 아부하고 아랫사람에게 냉정한 타입으로 출세 지향적인 성품이다. 일시적인 성공운을 만나지만 의외의 재난이 거듭되어 모두 잃게 된다. 부모덕은 있으나 자녀를 편애하며 불화를 가중시킨다.

총운 : 윗사람의 혜택을 얻는다. 일시 성공발전 한다. 겉으로는 안정해 보이나 기초가 약해 의외의 어려움을 만나 전복된다. 부모덕은 있으나 자녀는 불행하다. 처자를 극하며 신경쇠약, 폐병, 기타 질병에 염려.

土. 金. 火 ---- 凶

편견이 심하고 자기중심적, 무모한 일을 추진하고 인간관계가 원만하지 않다. 출세를 위해 상사나 고위직의 사람에게는 헌신적이므로 그들의 신임을 얻어서 일시적으로 성공발전 한다. 그러나 운세가 불안하여 중도 좌절하게 되며 가정운도 좋지 않다. 자신을 헤아리지 못해 과도한 일을 한다.

총운 : 윗사람의 은혜와 도움을 얻는다. 일시 성공발전 한다. 단 환경이 불안정하여 가정파란, 자녀불효, 호흡기병의 염려.

土. 金. 土 —— 吉

운세가 길하여 성공이 순탄하다. 성격이 원만하고 사람을 대하는 태도가 깍듯하여 주변과의 관계는 양호하며 그들에게 많은 도움을 받는다. 약간 소극적, 성실하고 운세가 길하여 부귀영화를 누리며 무병장수, 행복하다. 온후하며 화평하다. 약간 소극적이다.

총운 : 기초가 견고하며 상하의 혜택을 받는다. 매우 쉽게 성공발전 한다. 행복, 부모의 덕이 있고 자녀의 효가 많음. 가정 원만, 심신건강, 장수한다.

土. 金. 金 —— 吉

자부심이 강하여 남 앞에 나서기를 좋아하지만 내심은 도량이 좁고 겁도 많은 성격이다. 그러나 운세는 비교적 양호, 목적 성취한다. 이름자의 수리까지 길하다면 간혹 만나게 될 재난도 소멸된다. 심성을 바르게 하고 마음을 넓게 갖는다면 가일층 성공의 속도가 빨라진다. 독선을 버려야 한다. 스스로 자부심이 크고, 협소한 성품이다.

총운 : 목적달성, 성공발전 한다. 각격 수리가 양호하고 타인과 친목을 얻은 자는 대성공이다. 단 頑迷(완미: 완강하여 사리에 어두움), 지나치게 강하여 말과 행동이 없어서 비난을 받고 불화, 혹은 고독에 빠져들고 결국에 실패수가 있으니 화목과 친목을 지켜야 한다. 가정불화, 논쟁이 많다. 호흡기 질환의 염려.

土. 金. 水 —— 凶 상생중 천지상극

이 배합 역시 상사에게는 아부, 부하직원에게는 폭군적으로 군림하려는 유형이 된다. 그러나 운세가 불안하여 흉운이 계속되므로 난관에 봉착한다. 가정적으로도 적막하고 불화가 심하다. 그러나 상사의 도움으로 의외의 성공을 거두기도 하며 건강운은 좋다. 자부심이 크고 거만하다.

총운 : 윗사람의 은혜와 도움을 받는다. 성공발전 한다. 단 의외의 재난과 급변 몰락의 비운을 맞게 된다. 가정이 적막하고 고독하다. 혹은 재난을 만나고 外傷(외상), 급사 등의 불행. 단 각격 수리가 모두 길한 자는 대성공.

土. 水. 木 —— 凶

재능, 지략이 뛰어나나 현실 실행력이 결여되어 있다. 재능이 있으나 운세가 약하여 성공이 힘들고 곤궁한 생활을 하게 된다. 배우자운은 길하지만 육친과 자식운은 불리하며 폐, 신장 등의 질환을 주의해야 한다. 온후하며 침작함, 재주가 있고, 단 생활력 결핍.

총운 : 성공운이 억압되어 펼쳐보지 못한다. 실력은 있으나 徒勞無功(도로무공: 애만 쓰고 보람이 없음), 항시 불평불만, 남의 비웃음을 받는다. 급변재난, 가정 불행하고 심지어 단명, 폐병, 신장, 패혈증 등의 질환.

土. 水. 火 —— 凶

재능은 있으나 운이 따르지 않아 관직으로 나가기 힘들고 사업자금이 마련되지 않으며 그 밖에서도 성과가 없다. 따라서 불운을 탓하며 신경만 날카로워진다. 가정적으로도 불우하고 신장질환 등의 우려가 있다.

활동력이 결핍.

총운 : 재주는 있으나 때를 만나지 못함. 파란변동이 생기고 돌발 급변재난이 발생, 부모덕이 없고 자녀불행, 처자를 극하고, 심지어 급변으로 생명, 재산을 상실한다. 순환기 계통의 질환.

土. 水. 土 —— 凶 변괴운

자부심이 강하고 두뇌를 이용하는 일에 재능이 탁월하다. 그러나 실행력이 없고 나태하여 성공운도 미약하여 일생동안 盛衰(성쇠)의 기복이 심하다. 부모의 덕이 없고 배우자운과 자녀운도 불리하다. 신장 등의 질환이 염려되며 수리까지 불리할 경우 의외의 사고를 당할 수도 있다.

총운 : 겉으로는 안정하나 결국에는 불안에 빠져든다. 불안정하여 徒勞無功(도로무공: 애만 쓰고 보람이 없음), 변동이 많고 의외의 급변, 큰 재난이 있으니 부모의 덕이 없고, 자식복도 없다. 뇌출혈, 심장마비, 신장병 등의 질환, 혹은 급변사의 흉액.

土. 水. 金 —— 凶

영리하고 재주도 많지만 전반적으로 보았을 때, 재능이나 노력을 들인 만큼 결과가 나타나지 않으므로 운세 상으로는 吉(길)보다 凶(흉)이 크다고 하겠다. 부모의 덕이 없고 배우자운은 그다지 좋지 않으나, 자식복은 좋은 배합이다. 불평불만, 거만하다.

총운 : 급하게 성공, 급하게 실패한다. 환경이 약간 안정하고 노력은 많으며 공은 적으니 불평불만이 많다. 병으로 인한 재난, 가정 생리사별, 급변재앙이 있다. 병이 많고 골절에 주의.

土. 水. 水 —— 凶 변괴운

감정이 섬세하고 동작은 민첩한 편으로 일생을 분주하게 노력 위주의 생활을 하게 된다. 그러나 노력을 들인 만큼, 성공의 결과는 미약하므로 실망할 때도 있다. 일시적인 성공이 있어도 급변, 급난으로 인해 모두 물거품이 되기도 하며 가정적으로 불화와 반목으로 흉운이 겹친다. 부상의 염려가 있다. 민첩하고 수완이 있다.

총운 : 일시 성공발전 한다. 단 재주는 있으나 때를 만나지 못하여 노력을 한만큼 얻는 것이 없고, 파란 변동이 많고 급변 재앙이 있다. 가정불화, 고독, 비운에 빠진다. 질병, 부상의 염려. 특히 여자는 백대증(白帶症)의 염려. 혹 이상성공자가 있음.

金. 木. 木 ―― 凶

환경적 조건이 유리하고 도와주는 사람도 있으나 운세가 흉하여 중도좌절되고 성공이 어렵다. 예민하고 신중하며 의심이 많고 까다롭다. 간, 신경계, 호흡기 질환에 주의해야 하며 가정 생이별로 살아갈 암시가 있다. 외유내강, 노력가.

총운 : 기초가 안정하고 도움을 얻으나 만족스러운 성공이 어렵다. 가정이 생이별하고 떨어져 산다. 신경쇠약, 간, 근시, 호흡기병의 염려. 재앙을 만나 반신불수의 위험이 있다.

金. 木. 火 ―― 凶

감정이 섬세하고 자기 확신이 강해 윗사람의 말을 듣지 않는다. 아랫사람에게는 다정다감하며 별다른 재난 없이 평탄한 삶을 살아가나 만족감을 느끼지 못하고 산다. 꿈은 크나 불만이 많아 배우자 사이에 의견이 맞지 않아 불화가 심화된다. 의심이 많고, 민감함, 복종심이 없다.

총운 : 겉으로는 무사안일하다. 만족스러운 성공이 어렵다. 부부가 화

목하지 않고 불행하다. 뇌, 신경쇠약, 호흡기병의 염려, 혹 발광(미친는 병), 횡사, 단명의 흉액.

金. 木. 土 —— 凶 변괴운

손윗사람에게는 반항적이나 아랫사람에게는 다정다감하다. 대체로 평탄한 운세이나 내면의 기대가 크고 만족을 느끼지 못한다. 배우자운, 자식운, 모두 吉길하며 건강상으로는 신경쇠약에 주의해야 한다. 의심이 많고, 민감함, 복종심이 없다.

총운 : 겉으로는 무사태평하나 만족스러운 성공이 어렵다. 심신피로하고 때를 만나지 못 한다. 가정원만, 신경쇠약, 호흡기 질환. 단 가정은 다소간 안정적인 운.

金. 木. 金 —— 凶 변괴운

다정다감, 섬세하고 의심이 많다. 특히 정을 주고 주지 않고의 차이가 심해 편애의 기질이 있다. 운세는 불안하여 매사 중도좌절하며 불평불만이 떠나지 않는다. 가정적으로 불우하다.

총운 : 환경의 변화가 많고 항상 불평불만이 많고 박해를 받아 정신건강을 어지럽게 한다. 파란이 많고 가정의 인연이 없다. 배우자와 이별수가 있고 급변 재앙이 있다. 신경쇠약, 폐병의 염려. 발광(미치는 병), 횡사 등의 흉액이 있고, 일시 성공 자가 있다.

金. 木. 水 —— 凶 변괴운

타고난 의지력과 인내심이 후반 인생의 길운으로 이어져 중년 이후에는 점차적으로 성공하게 된다. 또 인생의 중간 중간에 세상이 깜짝 놀랄 일을 도모하여 명예를 떨치기도 한다. 그러나 급변, 급난의 재난이 의외로 돌출되어 일시에 모든 것을 무너뜨릴 수도 있으므로 이에 대한 대비책을 세워두는 것이 바람직하다. 뇌질환이나 신경쇠약 등의 우려도 있다. 노력가, 의심이 많고 민감함.

총운 : 일시 대성공한다. 단 결국에는 실패한다. 역경을 딛고 일어나는 때를 못 만나 일어서지 못한다. 처자와의 인연이 없고 별거한다. 신경쇠약, 호흡기병, 기타 난치병, 혹 단명.

金. 火. 木 —— 凶

대인관계가 원만하고 여자는 성품이 따뜻하고 풍류의 기질이 있어 이성을 끄는 매력이 있다. 실패와 성공이 극단적이고 생활이 불안정하므로 계획된 생활로 후환을 대비해야 한다. 과로로 인한 질병이 염려된다. 친절하며 약간 거만함.

총운 : 기초가 안정하며 아랫사람의 도움이 있다. 일시 성공 발전한다. 지위, 재산이 견고함. 단 점차 하강하여 도로무공(노력에 비해 결과가 없음)이다. 가정 불행, 정신피로, 신경쇠약, 폐병의 염려. 심지어 발광(미치는 병), 횡사, 자살, 또는 단명의 불상사.

金. 火. 火 —— 凶

허영심이 있고 남 앞에 나서기를 좋아한다. 횡재를 기대하여 크게 손해를 보기도 한다. 계속 뭔가를 위해 분주히 생활하나 얻는 것은 없고 파란곡절만 가중되어 성과가 없다. 계획된 생활을 하면 큰 곤란은 없겠다. 가정 원만함. 거만함, 허영심, 교묘히 실속 없이 꾸미기만 함.

총운 : 일시 운이 좋으나 인내력이 약하여 고단하며 불만, 심신피로, 결국 실패한다. 가정원만, 신경쇠약, 폐병의 염려, 심지어 발광(미치는 병), 횡사, 흉액.

金. 火. 土 ─── 凶

타고난 환경조건이 유복하여 초반운세는 길하다. 작은 일에 무시하여 재물과 명예에만 집중되므로 실속 없는 생활을 하다가 나머지 재산을 모두 잃을 수 있다. 잘난척하는 성격을 고쳐야 한다. 신경쇠약, 폐질환 등이 염려되며, 배우자운은 불리하다. 거만하며, 교언영색(아첨하는 말과 알랑거리는).

총운 : 기초가 견실, 환경이 약간 안정하지만 심신이 고단하고 곤란만 가중, 실속이 없다. 결국에는 실패한다. 부부불화, 가정 불행, 신경쇠약, 폐병, 심지어 발광(미치는 병), 횡사 또는 단명이다.

金. 火. 金 ─── 凶

자만심이 지나쳐 불손해 보이고 여자는 풍류기질이 있어 현실을 망각한다. 겉으로는 화려하나 실상은 번민과 갈등 불화가 많다. 성공운이 미약하여 발전이 어렵고 가정 불행, 수리까지 흉하면 정신이상, 횡사 등이 우려된다. 거만, 교만.

총운 : 겉으로는 편안하고 온화하다. 단 불만족하여 심신이 피로하고 싸움과 다툼이 많고 원만하지가 않다. 가정불화, 처자를 극하니 불행하다. 신경쇠약, 폐, 심지어 발광(미치는 병), 횡사, 자살의 재앙.

金. 火. 水 ─── 凶

자기 고집이 강하고 품위와 원만한 대인관계로 외유내강형이다. 운세는 급변, 재난 등의 암시되어 몹시 불안정하다. 배우자운과 자녀운은 모두 흉하며 부상의 염려가 있다. 행동이 우아하다.

총운 : 운세가 불안정하여 곤란이 있다. 의외의 횡사 재난으로 생명과

재산을 상실한다. 가정 행복이 원만하나 계속 이어지지 못함이다. 신경쇠약, 뇌출혈의 염려. 부상, 발광(미치는 병), 횡사의 위험.

金. 土. 木 —— 凶

타고난 환경은 유복하게 자랐으나, 자부심이 강해 매사를 쉽게 처리하는 경향으로 재난과 실패가 겹쳐 후반 운은 불리해진다. 길흉상반의 운세이나 부모의 덕이 있고 가정은 원만한 부부관계를 유지하며, 위장질환 등이 우려된다. 풍자적 기질, 복종심이 없고 자존심이 강하다.

총운 : 초년은 성공이 순조로워 목적달성 한다. 단 환경이 불안정하여 길흉의 변화가 발생하는 운이다. 부모의 덕은 있으나 자녀의 효가 없음이라. 위장 또는 외상의 염려.

金. 土. 火 —— 中吉 변괴운 상생중 천지상극

이중적인 성격으로 강자에게 약하고 약자에게 강한 소인배 기질이 있다. 윗사람에게 아부근성으로 출세는 빠르나 간혹 재난이 닥쳐서 모두 잃을 수도 있다. 건강하여 부모운, 배우자운, 자식운은 길하다. 수완이 교묘하다. 아랫사람에게는 독하게 대한다.

총운 : 기초가 견고하여 의외의 성공 발전하여 명예와 부를 얻는다. 단 불안정하여 災禍(재화) 흉운이 들이 닥친다. 급변 몰락수가 있다. 뇌출혈, 심장마비, 급사 등의 불행수

金. 土. 土 —— 吉

강직한 성품으로 자기 주관으로 밀고 나가는 노력가이다. 운세가 매사 순조로워 성공 발전하게 되며 재물, 명예를 모두 얻는다. 상사의 도움을 많이 받는다. 무병장수, 가정의 행복이 가득하다.

총운 : 순조로이 발전하고 명예와 부를 얻어 평안하고 행복하다. 윗사람의 은혜와 덕을 받고 자녀가 화평하며 심신건강, 장수한다.

金. 土. 金 ─── 吉

원만한 성격이나 다소 유약하고 소극적 기질이 있다. 자신의 명예를 소중히 생각하는데 운세도 순조로워 별다른 재난 없이 성공, 발전하게 되고 건강운도 양호하다. 부모의 덕이 있고 화목한 집안 분위기가 유지된다.

총운 : 목적달성 한다. 명예와 부를 얻고 융성하여 경사가 있다. 가정원만, 화평, 심신건강, 장수한다. 중년 이후에 결혼의 변화가 있다.

金. 土. 水 ─── 凶 변괴운

소견이 좁고 내성적이며 대인관계가 원활하지 않다. 의지력도 약해서 일시 상승운으로 성공하나 그것을 지키지 못하고 중도좌절하게 된다. 처자의 덕이 없고 가정이 불우하며 外傷(외상)의 우려가 있으므로 주의해야 한다. 자신을 헤아리지 못하는 성격.

총운 : 일시성공, 명예와 부를 얻으나 점차 붕궤하여 돌발 재앙으로 실패한다. 처자에 덕이 없고 外傷(외상), 급사 등의 흉액.

金. 金. 木 ─── 凶

성격이 강하고 의심이 많으며 민감하여 대인관계가 좋지 않다. 주관이 확고하며 외형적으로 생활이 안정되어 보이나 자신이 이룬 성공과 명예에 대해서 내심으로 불안해하며 고민이 끊이지 않는다. 가정불화, 신경쇠약, 폐질환을 조심해야 한다. 강직하나 헤아림이 적고, 민감,

총운 : 상당 성공 발전한다. 겉으로는 안정하나 내실은 불안하다. 의

외의 재난으로 실패한다. 부부불화, 자녀불행, 혹은 처자를 잃는다. 신경쇠약, 폐병, 또는 반신불수의 위험이 있다.

金. 金. 火 —— 凶

소심하고 자부심이 강해 타인과 쉽게 융화되지 못한다. 운세가 불안하여 의외의 난관이 겹쳐서 일시적인 성공도 실패하게 된다. 심신이 지치고 자포자기, 흉운이 심화돼 일생의 곤궁을 면하기 어렵다. 가정이 불우하다. 강직하나 편협하다. 불화, 과도한 언행.

총운 : 일시 성공 발달한다. 불안정하여 의외의 재난으로 실패한다. 심신이 피로, 부부불화, 자녀의 효가 없고 뇌출혈, 호흡기질병의 염려.

金. 金. 土 —— 吉

자기 주장이 강하고 타인에 대한 관용과 아량이 미미해서 남들로부터 소외당하기도 한다. 그러나 성공운이 길하여 재물과 명예를 누리며 상승의 운기를 만난다. 만약 수리(획수)가 흉하면 그나마 성공도 어려워지고 가정의 불화를 겪게 된다.

총운 : 매우 쉽게 성공한다. 각격 수리가 흉이면 의외의 재난이 발생, 가정불화, 불행, 호흡기질병의 재앙.

金. 金. 金 —— 凶

두뇌가 영특하고 재주가 많아 고매한 성품을 지녔지만 뭇사람들을 다소 깔보는 경향이 있어 타인과의 융화가 어렵다. 고독하나 성공하여 명예와 재물을 얻어 유복하지만 부부관계가 멀어지므로 상호 고독을 느낀다. 항상 언행에 신경을 써야만 주위 비난을 면할 수 있다. 지혜가 있고, 자부심, 여자는 매력적이다.

총운 : 성공발전의 운이 있고, 굳세고 완고하여 논쟁이 많고 재앙을 만난다. 부부불화, 고독, 가정 생이별 수에 폐병의 염려.

金. 金. 水 —— 凶 변괴운

외유내강으로 자부심이 강하고 주변의 의견을 무시하는 기질이 있다. 운세는 성공운이 있어 발전이 기대되지만 항상 타인의 의견을 청취하여 자신을 돌아봐야 한다. 그렇지 않으면 禍(화)로 모두 잃어버릴 수 있다. 가정 불우. 편협하다. 자부심이 강함.

총운 : 성공 발전한다. 단 급변하여 몰락의 위험이 있다. 가정불화, 자녀의 노고가 많고 부상 혹은 재난을 만난다.

金. 水. 木 —— 凶 상생중 천지상극

성격이 어질고 재능은 있지만 실행력은 부족하다. 여자는 급하고 다소 괴팍한 기질도 있다. 부모와 조상의 덕이 있고 손윗사람의 협력으로 큰 어려움을 겪지 않고 성공 발전한다. 신체적으로 허약한 편이며 가정은 원만하다. 온후하고 재주와 슬기가 있다. 활동력의 결핍이라. 여자는 조급하고 괴팍하다.

총운 : 조상의 은혜와 덕이 있다. 의외의 성공 발달이 있다. 단 가정이 불안, 병약, 단명의 위험이 있다. 폐, 신장, 태아유산 등의 위험이 있다.

金. 水. 火 —— 凶 변괴운

책임감이 강하고 노력가형으로서 신경이 예민하다. 부모와 조상대의 풍족함이 전수되고 손윗사람의 협력으로 초반 운세는 순조로우나 중년에는 실패와 성공이 교차되므로 심리적인 불안이 커진다. 가정적으로 부부불화, 자녀는 엄한 부모의 성격에 반발한다.

총운 : 조상의 은혜와 덕이 있다. 일시 대성공 발전한다. 돌발 급변의 재앙이 있다. 일생 중에 반복해서 성공과 실패를 한다. 처자를 극하고 가정 불행, 심장병, 급사, 횡사의 염려.

金. 水. 土 —— 凶 변괴운

고집이 강하고 오만하여 타인과 화합이 어렵고 특히 남에게 지기 싫어한다. 손윗사람의 도움으로 일시적인 성공을 거두지만 시간이 흐르면서 운이 쇠약해진다. 부모의 덕은 있으나 배우자 자녀운은 불리하다.

총운 : 윗사람의 은혜와 도움이 있다. 일시 성공 발전한다. 점점 붕궤한다. 겉으로는 안정해 보여도 내심으로는 불안하다. 급변 재난을 만난다. 부모의 덕이 있고 자녀의 효가 없고 신장질환.

金. 水. 金 —— 吉

재치가 있고 명랑한 성격으로 사교술에 능하다. 부모의 덕이 있고 운세도 순조로워 명예와 재물이 승승장구하여 大成(대성)하게 된다. 남녀 외모가 수려하고 가정도 화목하지만 성명자의 수리 구성이 흉이면 병 질환이 따른다. 명랑, 쾌할, 슬기와 지혜가 있다.

총운 : 조상의 은혜와 덕이 있다. 의외의 대성공이다. 가정이 평안하다. 병약, 혹은 기타의 재난이 염려된다.

金. 水. 水 —— 凶 변괴운

부모와 조상의 덕과 윗사람의 협력으로 운세가 순조롭게 열린다. 명랑하고 재치가 있으며 처세술에 능하다. 다만 인생의 후반부에 심각한 재난이 한 번쯤 찾아 올 수도 있으므로 의외의 재난에 자포자기하지 말고 인내력을 가지고 견뎌 나가야 하겠다. 여자는 배우자운이 좋으나 남자는 좋지 않다. 슬기, 지혜가 있고 사교성이 좋아서 재물에 욕심이 강하다.

총운 : 조상과 윗사람의 은혜와 덕이 있다. 일시 대성공 발전한다. 단 변동이 많고 고독하며 비운에 빠진다. 구사일생의 운로다. 가정 불행, 병약, 단명 혹 이상 성공자가 있다.

水. 木. 木 —— 吉

초반운세는 흉하지만, 후반운세는 점차 향상, 노력한 만큼 성공이 따른다. 손윗사람들이나 부모의 덕이 있어 어려움이 있을 때마다 도움을 받는다. 선량한 심성이지만 다소 의지가 약하여 누군가에게 기대려고 하는 심리도 있다. 가정적으로 건강하고 매우 길한 운세이다. 외유내강, 노력가, 의지력이 있다.

총운 : 조상과 윗사람의 은혜와 덕이 있다. 처음은 고통스러우나 후반은 즐거움이 있다. 어려움을 이겨내고 성공한다. 가정행복, 발전 번영한다. 심신이 건강, 장수한다.

水. 木. 火 —— 中吉

감수성이 예민하고 사물을 이해하고 응용하는 능력이 뛰어나다. 겉으로는 인자한 성품이나 내면은 음험하여 이중성향을 지닌다. 초반운은 길하나 후반운은 재난이 있을 수 있으므로 평소 대비하는 생활을 해야 한다. 부모나 손윗사람의 덕이 있으며 부부관계도 원만한 편이다. 감수성이 강하고, 이해력이 깊다. 겉으로는 인자하나, 내면은 음험하다.

총운 : 조상과 손윗사람의 덕이 있어 성공 발달한다. 평안하고 처음은 편안하나 후반은 고생하여 결국에는 실패한다. 파란이 많고, 晩年(만년)에는 몰락한다. 가정 불행, 자녀불화, 신체가 허약하고 병이 많다.

水. 木. 土 —— 吉

성격이 온순하고 감수성이 풍부해서 사물을 관찰하고 받아들이는 이해력이 뛰어나서 창의적인 일에 재능이 있다. 손윗사람의 도움을 받아 운세가 길하여 성공 운이 열려 있다. 대체로 건강하고 배우자운, 자녀운 모두 양호하다. 감수성이 강하고, 이해력이 깊다. 온화하며 공손하고 재주와 모략이 있다.

총운 : 조상과 손윗사람의 덕이 있다. 순조롭게 성공한다. 가정원만, 심신건강, 장수한다.

水. 木. 金 —— 凶

타인을 배려하는 희생, 봉사정신이 투철하고 감정이 풍부하여 신경이 예민하다. 유약하며 운세는 처음은 길하나 나중은 흉한 암시가 있어 하락하는 운기에 대비하여 생활해야 한다. 부모의 덕은 있으나, 배우자, 자녀운은 불리하다. 타인에 대한 배려가 없고 배은망덕한 결과를 가져와 재난의 근거가 되기도 한다. 유순하고 유약하다. 신경과민.

총운 : 일시적 성공부귀하나 변동, 재난이 발생, 점점 하강하여 결국에는 실패한다. 부모의 덕은 있으나 자녀의 고생이 많다. 심신이 피로하고 폐병, 혹은 外傷(외상), 流血(류혈), 殺傷厄(살상액) 등의 재난이 있다.

水. 木. 水 —— 凶

끊임없이 무언가를 구상하며 목표를 향하여 질주하는 노력형이다. 거기에 두뇌가 명석하고 사태를 직시하는 판단력이 뛰어나므로 초년의 곤란을 딛고 중년 이후에는 성공하게 된다. 상하 간의 도움도 커서 공력을 들인 만큼 결과가 맺어진다. 건강상으로 허약하여 단명의 우려가 있으며 부부관계가 원만하지 못한 것이 흠이다. 감수성이 강하고 두뇌가 명민하다.

총운 : 초기에는 힘들고 고생이나 중년 이후 노력으로 성공하고 일시에 순조롭게 발전한다. 변동과 곤란이 발생하여 실패한다. 가정원만하나 병약하고 단명의 염려가 된다.

水. 火. 木 —— 凶 변괴운

성격이 급하고 날카롭지만 대인 관계에서는 친절한 편이다. 여자는 매력적이고 따뜻한 성품이 있고 출생 환경이 좋고 운세가 안정되어 발전을 보이지만 의외의 역경을 만나 중도 좌절할 수 있으므로 늘 대비해야 한다. 가정화목. 친절, 조급, 민감하다. 여자는 부드럽고 매력적이다.

총운 : 환경이 튼튼하여 안정적으로 상당 발전한다. 단 중도좌절, 불행에 빠짐이라. 가정은 대체로 행복하다. 뇌출혈, 심장마비, 급사, 혹은 자살의 위험.

水. 火. 火 —— 凶

감정이 솔직하고 다소 급해서 무모한 행동을 하여 실패를 자초하기도 한다. 운세도 약하고 재난이 겹쳐 매사 중도 좌절하는 경우가 많다. 급한 성격을 개선하고 인내력을 기른다면 어느 정도 안정된 생활을 할 수 있다. 가정운 부모운도 불리한 편이다. 정직, 조급, 민감하며 사려가 없는 행동을 한다.

총운 : 일시적으로 운이 좋다. 단 급변 재앙으로 실패한다. 일생 중에 반반 성패가 있다. 파란이 많고 육친의 덕은 없다. 혹 처자를 잃을 수가

있고, 뇌출혈, 심장마비, 殺傷(살상), 횡사, 자살 단명 등의 흉액.

水. 火. 土 ── 凶

성격이 급하고 날카로워 성질을 잘 내지만 담력도 없고 겁도 많다. 출생 환경은 유복하고 배우자나 자녀운이 길하지만 성공운이 약하고 인덕이 없어서 의외의 횡액이 닥쳐서 큰 곤란을 겪을 수 있다. 시련을 견디어 내면 예전의 복록을 다시 누릴 수 있다.

총운 : 기초는 견실하나 성공이 어렵다. 불행 불만이 많고 돌발 급변의 재앙이 있다. 가정은 대체로 행복하나 질병으로 단명의 염려있고, 심장마비, 뇌출혈, 심지어 급사, 자살, 혹 절처봉생으로 안정이 있다.

水. 火. 金 ── 凶

급하고 날카로운 기질이지만 본심은 선량하다. 외형적으로는 안정되어 보이나 내심은 번민이 많고 발전이 더디다. 아랫사람과 마찰이 생겨 실패수가 겹치고 장애가 발생한다. 부모 배우자, 자녀운이 불길하여 고독하며 과로로 인한 질환이 염려된다. 조급, 민감, 담력이 작다.

총운 : 겉으로는 안정하나 갑자기 어려움이 닥친다. 심신과로, 싸움과 다툼이 끊이지 않고 육친과 인연이 없고 고독, 처자를 극한다. 심장마비, 뇌출혈, 호흡기병, 심지어 발광(미치는 병), 횡사, 자살. 혹 풍운아적 인물이 출생함.

水. 火. 水 ── 凶

자만심이 지나쳐 타인의 의견을 받아들이지 못하고 자기 고집을 끝까지 밀고 나간다. 운세가 흉하여 재난이 겹쳐서 잘못하면 돌발사고 생명을 잃을 수도 있다. 수리(획수)까지 불리하면 흉작용이 더하여 가정불화

水厄(수액)의 우려가 있으므로 가급적 피해야 한다.

총운 : 운세가 불안정하여 의외의 급변하여 생명과 재산을 상실한다. 가정 불행, 혹은 이혼파탄수,뇌출혈, 심장마비, 발광(미치는 병), 살상, 횡사, 자살, 등의 불상사라. 혹은 水厄(수액), 익사 등 주의해야 한다.

水. 土. 木 —— 凶 변괴운

자기 과신이 심하고 편협한 성품이므로 오만불손해지기 쉽다. 특히 상사나 윗사람의 명령이나 충고는 절대 사양하는 편이므로 직장의 이동이 잦다. 운세가 불리하여 장애와 재난이 겹쳐 불안정한 일생으로 파란, 불안의 연속이라. 가정에 인연이 없고 뇌 질환, 위 질환에 주의.

총운 : 환경이 불안정하여 수차례 변화 이동한다. 장애가 빈번하게 발생, 성공하지 못한다. 때를 못 만나 파란이 많고, 가정에 인연이 없다. 자녀의 불행이라. 위장, 폐, 또는 단명의 염려가 있고, 풍운아적 인물이 출생한다.

水. 土. 火 —— 凶 변괴운

타인의 간섭을 싫어하고 허영심리가 다분하며 매사에 지는 것을 견디지 못하므로 승부근성이 강하다. 초반 운세는 길하여 약간의 성공을 거두지만 중간에 횡액이 닥쳐서 실패로 끝날 수도 있다. 그때의 시련을 견디면 다시 일어설 수 있다. 가정은 불행, 단명의 우려가 있다.

총운 : 기초가 안정하여 장애를 딛고 성공 발전한다. 단 고통과 곤란이 많아 지키기가 어렵다. 가정 불행, 단명의 염려. 뇌병, 신장병의 질환.

水. 土. 土 —— 凶

승부근성이 강하고 비현실적인 일에 힘을 쓰는 허황된 성격을 지녔다.

대체로 어려움이 많은 운세이나 의외의 길운으로 횡재를 하기도 한다. 후반 운세는 안정되어 부모덕은 없으나 처자의 복이 많아서 화목한 생활을 한다. 신장, 腸(장) 질환에 유의해야 한다. 허영심, 복종심이 없고 활발하지 않으며 庸劣(용렬: 어리석다)함.

총운 : 곤란을 극복하고 성공 발전하나, 대체로 행복하다. 장애와 고민이 많아 결국에는 붕괴한다. 혹 급변 재난이 있고 신장병, 腸(장), 귀 등의 질환.

水. 土. 金 ----- 凶

내성적, 소극적 성격이다. 자존심이 강하고 감정이 섬세하며 대인관계가 너무 날카롭게 느껴질 수도 있다. 일을 추진할 때 워낙 신중하므로 정신적인 피로가 심하지만 일단 결심하면 불굴의 의지로 실행하므로 큰 발전은 아니더라도 무난한 일생을 영위할 수 있다. 배우자운은 길하나 건강운은 허약체질일 확률이 높다. 신용이 있고 세밀하다. 소극적이며 자존심이 강하고 복종심이 없다.

총운 : 대체로 안정 발전한다. 목적달성을 이루기가 어렵고 가정화평, 불의의 재난이 들이 닥친다. 심신과로, 병약하며 복부 병의 질환.

水. 土. 水 ----- 凶

허영심이 다분하여 이기적인 성격이지만 두뇌는 명석한 편이다. 운세는 불안정하여 일생동안 재난을 면하기 어렵다. 큰 것을 탐하지 말고 작은 행복이라도 소중히 하며 현실적인 노력을 계속한다면 경제면에서 무난한 생활은 가능하다. 부부 사이가 냉랭하므로 상대에 대한 배려가 필요하다.

총운 : 운세가 불안정하여 곤란과 장애가 빈번하게 발생한다. 급변 몰

락으로 재난이 있고 가정 불안, 소화기 난치병의 질환, 급사, 횡사 등의 위험.

水. 金. 木 —— 凶

섬세한 감정과 타인을 믿지 못하는 심리를 가졌고 성격은 다소 급하다. 가정적으로 부친과 조기 사별할 확률이 높고 배우자와도원만하지가 않다. 초반 운세는 길하여 순탄하게 발전하지만 후반 운세는 재난이 닥쳐 성패의 기복이 심하다. 민감하며 의심이 많고 협소하며 매우 쉽게 분노한다. 신경쇠약이 염려된다.

총운 : 초반은 순조롭게 성공 발전한다. 단 변동이 발생하여 풍파가 끊이지 않고 결국 顚覆(전복: 뒤엎다)한다. 부모 중 일찍 이별수가 있다. 또는 처자를 극하고 신경쇠약, 폐병의 염려된다. 혹은 재난을 만나 반신불수의 위험.

水. 金. 火 —— 凶

자포자기의 경향이 있고 언행이 신중하지 못해서 주위로부터 신임을 얻지 못한다. 그러나 악한 성격이 아니므로 주변의 충고가 있으면 곧 반성한다. 초반 운세는 길하여 성공을 거두지만 인생의 말년에는 흉운이 닥쳐서 불우한 노년을 보낼 수 있다. 부모와 인연이 없고 말썽 많은 자녀를 두게 된다. 자신을 헤아리지 못해 과도한 언행을 한다.

총운 : 초기는 만사 뜻대로 목적 달성한다. 후반은 불안정하여 흉운이 닥친다. 자녀의 불효, 심신피로, 폐, 급사.

水. 金. 土 —— 吉

두뇌가 총명하고 성실하며 진취적인 기상이 있어 지도자격으로 신망을 얻는다. 운세도 순조로워 만사가 뜻대로 이루어져 부귀영달을 누리며 수리까지 길하면 크게 성공하는 운세이므로 이름을 떨치고 많은 사람들을 거느리게 되고 무병장수하며 가정적으로 화평하다. 총명하고 노력 발전한다.

총운 : 평범한 일도 뜻하는 대로 발전 대성공한다. 가정은 평안하고 행복하니 심신 건강하고 장수한다. 불의의 재난을 만나 外傷(외상 : 부상)이 있고 여자는 재혼수가 있다.

水. 金. 金 ----- 凶

의지가 굳고 재능이 특출하며 다소 비현실적인 면에 이상을 품고 재능을 십분 발휘하여 성공의 대열에 들어선다. 그러나 비현실적인 기질로 인해 타인과의 융화가 어려워 고독하다. 가정불화, 자신의 완고한 성격을 반성하고 개선하는 것이 바람직하다. 재주와 슬기, 지혜가 출중하고 자부심이 강하다

총운 : 승승장구 발전하여 성공을 얻는다. 논쟁이 안정하지 않고 비난과 배척을 받는다. 고독, 불행에 빠져 들어간다. 자녀의 불화 질병이 많고 각격 수리가 길한 자는 가히 안정을 얻는다.

水. 金. 水 ----- 凶

온화한 성품으로 예절바르고 검소한 생활을 한다. 여자는 온순하고 덕이 있어 현모양처로서 가정의 행복을 소중히 가꾼다. 상하간의 존경과 사랑을 받으므로 길한 운세이나 자신의 실익은 적은 편이다. 가정은 화목하며 건강은 다소 약한 편으로 잔병치레에 주의해야 한다. 온화하며 공손하다.

총운 : 초기에는 평범한 일도 뜻하는 대로 발전 성공한다. 단 의외의

재앙이 발생, 급변 몰락의 비운이 온다. 가정에는 인연이 없고 병약하며 혹 대성공자가 있다.

水. 水. 木 ―― 凶 변괴운

꿈이 원대하여 지나치게 큰일을 도모하거나 허황된 일에 심력을 쏟아 실패로 끝날 수 있다. 자기 자신과 큰 욕심을 버리고 현실적인 일에 정성을 다한다면 총명한 두뇌와 지혜로움을 바탕으로 안팎으로 안정된 생활을 하게 된다. 부부간의 애정은 깊지 않으며 분위기가 냉랭하다. 자신을 너무 믿는 성향이며 혹 방탕하다.

총운 : 대성공자가 있다. 물거품과 같은 허황함이 있어 실패한다. 일장춘몽이라. 파란과 변동이 많고 혹 병약하며 단명의 비운. 폐, 신장질환, 혹은 환경이 안정하면 이상성공자가 있다.

水. 水. 火 ―― 凶

재능은 있으나 덕이 없고 운세가 약하여 현실적으로 이루는 것이 미약하므로 일생동안 세상을 원망하며 비관적인 생각을 하게 된다. 그러나 큰 성공에만 목표를 두지 말고 작은 일에 뜻을 두고 매진한다면 재난도 경감될 것이다. 가정불화, 부상의 우려가 있으므로 주의해야 한다. 자신을 너무 믿는 성향, 민감하며, 신경질적, 혹은 방탕하다.

총운 : 평소의 행실이 올곧게 하지 못해 허황된 꿈을 꾸어 실패를 한다. 일생이 불안하고 파란이 많고 돌발 재앙이 있다. 처자를 잃고 고독하며 비운을 맞는다. 혹은 병약하며 단명. 심장병, 재앙을 만나 부상의 위험.

水. 水. 土 ―― 凶 변괴운

예지가 있고 총명하여 자기 주장과 자부심이 강하다. 그러나 인생을 개척하는 면에서는 의존적이고 우유부단하여 좋은 시기를 놓칠 수도 있다. 도전의식과 용기를 기르며 적극적 노력을 하면 경제적인 안정을 찾을 수 있다. 심신이 허약함. 부모덕이 있고 부부관계 자녀운은 불리하다. 총명, 거만. 자신을 너무 믿는 성향이 있고, 방탕하다.

총운 : 일시 성공 발전한다. 단 불시에 재난이 닥치고 허황된 꿈을 꾸어 실패를 한다. 가정 불행, 자녀불화, 병약하며 단명. 신장, 하복부질환이 염려된다.

水. 水. 金 —— 凶

재능이 있고 지혜를 갖추었다. 그러나 자신의 지략만 믿고 큰일을 도모하여 의외의 재난을 초래하기도 한다. 운세 상으로는 길하며 재물운, 명예운 모두 왕성하므로 부귀영화를 누릴 수 있다. 다만 무리하게 욕심을 가져 허욕과 방심으로 흐르게 된다면 성공의 기반이 무너질 수 있음을 명심해야 한다. 가정적으로는 화목한 편이며 중년 이후의 건강에 신경을 써야 한다. 노력가이며 자신을 너무 지나치게 믿는 편이다.

총운 : 대성공한다. 명예와 부를 얻는 운세이다. 단 허망하게 잃어버리고 실패를 한다. 가정이 적막하고 병약하다. 단명의 운. 중년 이후에 큰 질병이 있고 단 수리가 모두 길하면 대성공을 한다.

水. 水. 水 —— 凶 변괴운

자기 확신이 강하고 이해타산적인 성향이므로 타인들에게 좋지 않은 평가를 받을 수도 있다. 초반의 운세가 길하고 자신의 재능이 있으므로 처음엔 성공을 거두게 된다. 그러나 자만심과 의외의 횡액이 겹쳐 운세가 불안정해질 수 있으므로 계획적인 생활을 유지하는 것이 합리적이다.

가정적으로는 불화가 심하여 불우한 말년을 보낼 수 있으며 자신을 너무 자랑하며 지나치게 믿는 편이다.

총운 : 일시 대성공이 있다. 큰 노력으로 발전하지만, 단 점차 비운으로 흘러 때를 만나지 못함이라. 고독하며 실패를 한다. 길흉이 극단적으로 치우쳐 일시에 들이 닥치는 운명이다. 가정 불안, 혹은 일시에 가정의 離脫(이탈), 또는 병약하며 단명의 운이다. 이상성공자가 발생한다. 부호가, 장수하는 사람이 있다.

※비고

1.삼재배합이 길하면 각격 수리의 흉수를 상당정도로 완화 하게 되는 것이고, 또 각격 수리가 설령, 배길 이라도 삼재배합이 흉이면 성공 행복이 어려울 것이다. 이와 같아서 삼재배합의 좋고, 안 좋고는 일생의 성공, 실패를 좌우하는 것이며 혹은 수리이상의 강력한 영동을 하는 중 대작용을 하게 되는 것이므로 성명감정에 제하여 십분, 유의를 필요하다는 것을 다시 말하는 바이다.

2.삼재상생 중, 천지상극의 배치 등은 각격(人, 地, 外總)의 수리가 서로도와 주는 길수이면 해당 길한 영동이 강하지만 단, 각격 수리 중에 흉수가 있거나 혹은 선천운 오행희기의 조화를 실(失)한 환경에는 변화하여 해당 흉한 영동이 강하게 작용하는 점을 필히 유의함.

예시)

	天	地	相	剋 (天, 金 ← 地 ,火)
	金	土	火	
	7	15	23	
1	6	9	14	외격15土 총격29
가성	安	柾	源	[名富雙受運)

3. 삼재배치 중의 {변괴운} 등은 각격의 수리상부의 조화, 또는 배합

여하에 의하여 극히 희소하게 변화적 작용으로 일시적 대성운이 유하는 점을 필히 유의함.

예시)

	金	水	水 -(變怪運)
	7	10	20
1	6	4	16 외격17金 총격26
가성	安	升	曄

[波蘭經過後로 大成功]파란경과후 대성공

제2장. 音靈及陰陽配置(음령급음양배치)

1. 音 靈 配 合(음령배합)

성명의 呼音靈動(호음영동)은 특히 生理學的根據(생리학적근거)에서 運命開拓上(운명개탁상) 관련이 至大하다. 즉 인간의 음성은 입으로부터 나와서 귀로 들어가는 것으로 이 소리의 영동은 뇌신경계통 정신과 육체 조직에 자극하여 생리적 반응으로 성격, 혹은 사고 면에 변화를 생성하게 되는 것으로 성명 부르는 음이 자연적 조화를 잃어버려서 괴상한 소리이거나 음질의 단단함과 부드러움, 강약, 조밀, 완급 등의 한쪽으로 치우치면 역시 운명에 영향을 주는 것이다.

그러므로 문자의 음령 선택에 제하여 신중을 요하는 바이다. 원래 數(수)는 우주만물생성의 絶對因素(절대인소)이며 영리학적근거에서 萬古不變(만고불변), 悠久不變(유구불변)의 大哲理(대철리)이다. 音의 발생 역시 非人爲的(비인위적)인 것이며 宇宙自然的存在(우주자연적존재)에 속하는 것으로 天地自然的聲韻(천지자연적성운)에 합치 조화된 것이다.

소위 음의 自然的聲韻(자연적성운)은 비단 인간에 한 것보다도 비유컨대 潺潺(잔잔)한 川流(천류)는 미묘한 響聲(향성)이 있고 颯颯(삽삽)한 風韻(풍운)은 靈妙(영묘)한 響調(향조)가 있으며 鬱鬱蒼蒼松林中(울울창창송림중)의 松籟聲(송뢰성), 萬頃蒼波大海(만경창파대해)의 波濤聲(파도성)은 自然的聲韻(자연적성운)이며 禽獸虫魚(금수충어), 역시 自然的聲調(자연적성조)가 名有(명유)한 것이다.

그러므로 인간의 언어발음도 자연적 법칙에 조화하여 四聲五音(사성오음)으로 구분하며 姓名學上(성명학상), 五音(오음)을 姓名字(성명자)의 각 [頭音두음]의 발음에 의하여 구별하고 그 音靈(음령), 五行(오행), 性能(성능) 등을 아래와 같이 열거한다.

1) 四聲의 區別 (사성의구별)

○ 陽平(양평)---춘기---음이 平調(평조)하고 저음이다.

○ 上聲(상성)---하기---음이 猛烈(맹렬)하고 고음이다.

○ 去聲(거성)---추기---음이 분명하고 衰遠(쇠원)하다.

○ 陰平(음평)---동기---음이 短(단)하여 急收(급수)한다

2) 五音(오음)의 五行(오행), 音靈(음령)性能(성능)의 구별

○ 木性(목성) - 牙音(아음), 東方(동방)

角音(각음), 仁性(인성) ㄱ, ㅋ,

音質(음질)이 단단함과 부드러움의 정도에 의하여 대인 감정상 친화적, 관용적기분이 발생한다. 양기발현하고 지략이 풍부하여 발전성인 반면에 야심적인 경향이 있다. 여자는 남성적 경향이다.

○ 火性(화성) - 舌音(설음), 南方(남방)

徵音(치음), 禮性(예성) ㄴ ,ㄷ ,ㄹ ,ㅌ

音調(음조)가 불꽃과 같아서 酷烈(혹열) 急燥(급조)의 감이 발생한다. 활기왕성하고 자신감이 있어서 剛情(강정)하고 의리를 중시한다. 단, 쉽게 불화를 초래한다.

○ 토성(토성) - 喉音(후음) 中央(중앙)

宮音(궁음) 信性(신성) ㅇ ,ㅎ

音韻(음운)이 厚重(후중), 대지와 같아서 변화가 없고 중후하고 可親的感覺(가친적감각)이 발생한다. 온후하나 진취기상이 부족하고 기가 약한 편으로 타인으로부터 손실을 초래한다.

○ 金性(금성) - 齒音(치음), 西方(서방)

商音(상음), 義性(의성) ㅅ, ㅈ, ㅊ

音調(음조)가 금속물의 마찰과 같아서 알력 급박, 격열, 냉담, 불친의 감이 발생한다. 냉정, 과묵하나 단, 약간 苛酷氣質(가혹기질)로서 쉽게 爭鬪(쟁투)가 발생한다.

○ 水性(수성) - 脣音(순음), 北方(북방)

羽音(우음), 智性(지성) ㅁ, ㅂ, ㅍ

聲調(성조)가 담담한 물과 같아서 명랑, 창달의 감이 발생한다. 才智優秀(재지우수)하고 담백하여 근면이나 단, 內向的氣質(내향적기질)로 파괴성이 있다.

3) 音五行配合(음오행배합)

예)

	木	火	土
	김	대	용
	天格	人格	地格
假成	金	大	容

○ 配合本位(배합본의)

天格部(천격부)를 구성하는 性(성)의 문자의 頭音(두음)

[김]은 ㄱ, 행음으로 木性

人格部(인격부)를 구성하는 名(명)의 문자의 頭音(두음)

[대]는 ㄷ, 행음으로 火性[용]은 ㅇ, 행음으로 土性

土	水	火	土
황	보	도	일
	天格	人格	地格
皇	甫	道	一

[황]은 ㅎ, 행음으로 土性

天格部(천격부)를 구성하는 姓(성)의 문자의 頭音(두음)

[보]는 ㅂ, 행성으로 水性

人格部(인격부)를 구성하는 名(명)의 문자의 頭音(두음)

[도]는 ㄷ, 행음으로 火性

[일]은 ㅇ, 행음으로 土性

성명의 音五行(음오행)은 天格部(천격부)를 구성하는 姓(성)의 문자의 두음과 人格部(인격부)를 구성하는 名(명)의 문자의 두음으로 [音五行配合이 重要本位]로 한다.

天格部構成字頭音五行(천격부구성자두음오행)과 人格部構成頭音五行(인격부구성자두음오행)의 相生關係(상생관계)에 중점을 둔다.

흉한 배치

천격부 구성자두음		인격부 구성자두음
水(ㅁ,ㅂ,ㅍ)	----	火(ㄴ, ㄷ, ㄹ, ㅌ)
火(ㄴ, ㄷ, ㄹ, ㅌ)	----	金(ㅅ, ㅈ, ㅊ,)
土(ㅇ, ㅎ)	----	水(ㅁ,ㅂ)

이상, 삼종의 상극배치만은 절대 피해야만 한다.

길한 배치

천격부 구성자두음		인격부 구성자두음
木(ㄱ, ㅋ)	——	水(ㅁ,ㅂ,ㅍ)
木(ㄱ, ㅋ)	——	火(ㄴ, ㄷ, ㄹ, ㅌ)
火(ㄴ, ㄷ, ㄹ, ㅌ)	——	土(ㅇ, ㅎ)
火(ㄴ, ㄷ, ㄹ, ㅌ)	——	木(ㄱ, ㅋ)
土(ㅇ, ㅎ)	——	金(ㅅ, ㅈ, ㅊ,)
土(ㅇ, ㅎ)	——	火(ㄴ, ㄷ, ㄹ, ㅌ)
金(ㅅ, ㅈ, ㅊ,)	——	水(ㅁ,ㅂ,ㅍ)
金(ㅅ, ㅈ, ㅊ,)	——	土(ㅇ, ㅎ)
水(ㅁ,ㅂ,ㅍ)	——	木(ㄱ, ㅋ)
水(ㅁ,ㅂ,ㅍ)	——	金(ㅅ, ㅈ, ㅊ,)

이상 배합은 온순하고 유화하고 재능이 있다.

姓名音五行(성명음오행)흉한배치

二字姓名(두자성명) · · · · · 木 木

三字姓名(삼자성명) · · · · · 木 木 木

四字姓名(사자성명) · · · · · 木 木 木 木

五字姓名(오자성명) · · · · · 木 木 木 木 木

이상 姓名音五行(성명음오행)의 예시와 같이 동성음의 문자가 연속적으로 (連相比) 편기한 배합은 나쁘다.

四字姓名(사자성명) · · · · · 木 木 木 火

五字姓名(오자성명) · · · · · 木 木 木 木 火

이상 姓名音五行(성명음오행)의 예시와 같이 동성음의 문자가 삼자이상 연속적으로 (連相比) 편기한 배합은 나쁘다.

五字姓名(오자성명) · · · · · 木 木 火 木 木

六字姓名(육자성명) · · · · · 木 木 火 火 木 木

이상 姓名音五行(성명음오행)의 예시와 같이 동성음의 문자중간에 타성음문자(他姓音文字)가 일자협재(一字挾在)한것은 나쁘다.

성명음 오행배합에 있어 이상의 諸不吉例示(제불길예시)이외의 배합은 길운으로 되는 것이나 단 전반적인 결론으로 일방편기가 없고 사성오행의 자연적 조화를 득하여 음의 반응이 명랑하면 길운으로 유도한다.

가령, 姜康吉(강강길)이라는 삼자성명이라면 음오행도 木木∧木 으로 불호하려니와 聲韻(성운)이 조화를 얻지 못하여 음의 발음이 명랑하지 못함으로써 대인관계에 호감을 얻지 못하고 결과적으로 불운으로 유도하게 되는 자연적 법칙이라 할 것이다. 그러므로 성명 음오행은 전술한 천격부구성자두음과 인격부구성자두음의 상호관계에 중점을 직하고 기타는 상식적으로 판단하여 명랑하고 일방편기성이 없도록 앞의 예시를 참조하여 결정하면 된다.

※ 음령배합에 절대피해야할 三例(水- 火 . 土-水 . 火-金)

天格(水)	人格(木)	地格(土)				
9	21	25		水	火	金
1	8	13	12	명	남	선
假成	明	楠	善	外格-13火	總格33	

天格-人格--- 音領水.火---不吉

天格(金)	人格(土)	地格(金)				
8	15	18		土	水	木
1	7	8	10	오	명	근
假成	吳	明	根	外格-11木	總格25	

天格-人格--- 音領土.水---不吉

天格(水)	人格(木)	地格(土)				
10	21	16		火	金	土
1	9	12	4	남	철	원
假成	南	喆	元	外格-5火	總格25	

天格-人格--- 音領火.金---不吉

4) [한글]의 母音(모음)과子音(자음)

조선 4대 세종대왕, 서기 1446년 丙寅年 陰曆 九月初 十日 訓民正音(훈민정음) 頒布(반포), 반포 초기에는 홀소리 11자 닿소리 17자

※한글날--- 양력 10월 9일, 그 후, 한글 탐구의 석학 周時經(주시경) 선생이 [한글]이라 개정하였다.

○ 모음(홀소리)---- 제 홀로 나는 소리.

아, 야, 어, 여, 오 ,요, 우, 유, 으, 이

ㅏ, ㅑ, ㅓ, ㅕ, ㅗ, ㅛ, ㅜ, ㅠ, ㅡ, ㅣ...10자

○ 자음(닿소리) - 소리를 낼 때, 홀소리에 닿아서 나는 소리.

기역, 니은, 디귿, 리을, 미음, 비읍, 시옷, 이응, 지읒, 치읓

ㄱ, ㄴ, ㄷ, ㄹ, ㅁ, ㅂ, ㅅ, ㅇ, ㅈ, ㅊ

키읔, 티읕, 피읖, 히읗

ㅋ, ㅌ, ㅍ, ㅎ ... 14자

○ **子音五行(자음오행) -** (성명각문자의 두음으로 정함)

木性(목성)----ㄱ, ㅋ行音

火性(화성)----ㄴ, ㄷ, ㄹ, ㅌ行音

土性(토성)----ㅇ, ㅎ行音

金性(금성)----ㅅ, ㅈ, ㅊ行音

水性(수성)——ㅁ,ㅂ,ㅍ行音

○ **字劃數(자획수) ——** (모음자획수는 該筆劃(해필획)으로 정함)

ㄱ,	ㄴ,	ㄷ,	ㄹ,	ㅁ,	ㅂ,	ㅅ,	ㅇ,	ㅈ,	ㅊ	ㅋ,	ㅌ,	ㅍ,	ㅎ
1,	1,	2,	3,	3,	4,	2,	1,	3,	4	2,	3,	4,	3

한글이름, 한글상호 제품이름, 영어상호 등에 적용한다.

2. 陰 陽 調 節(음양조절)

陰陽(음양)은 대자연의 正理(정리)이며 법칙임과 동시에 음양이 조화됨으로써 만물이 생성한다.

易理學上(역리학상)으로는 만물의 구성원리가 되고 우주의 본체가 되는 것을 태극이라 칭하며 태극은 음, 양으로 구분되고 음양은 다시 태양, 소양, 태음, 소음의 사상으로 화하며 사상은 乾, 兌, 離, 震, 巽, 坎, 艮, 坤의 八卦로 성립되는 순서로써 만물이 구성되는 것이다.

성명을 구성하는 문자는 만물생성의 근원인 수리가 함축되어 있는 것으로서 各個文字(각개문자)의 획수는 그자체가 우주만물의 理法(이법)을 표현한 것이므로 역시 음양조화의 正理(정리)와 消長(소장)의 법칙이 존재한 것은 당연한 이치이며 그理法에 순응한자는 興하고 역리한 자는 敗한다.

그러므로 성명 상의 음양조절은 운명에 영향을 주는 것이다. 성명의 각개문자의 획수는 홀수(奇數)와 짝수(偶數)의 분별이 있어 홀수는 양이요, 짝수는 음을 대표한다.

홀수(奇數기수) ---- 1 ,3 ,5 ,7 ,9 陽 표시

짝수(偶數우수) ---- 2, 4, 6, 8, 10 陰 표시

10수 이상도 동일한 이치이다.

1) 陽性(양성)과 陰性(음성)의 특징

① 陽性(양성)의 특징

명랑하고 희망이 충만하여 활기가 있으며 심리가 동적으로 왕성, 화려하여 성공이 신속하다.

그러므로 陽數過多者(양수과다자)는 剛情(강정), 自尊(자존), 樂天的(낙천적), 空想的(공상적)이며 反省(반성)이 없고 思慮(사려)가 없는 기질이다. 그러므로 孤陽卽不長(고양즉불장)이다.

② 陰性(음성)의 특징

陰慘(음참)하고 自貴自虐(자귀자학)하여 萎縮(위축}하며 심리가 靜的(정적)으로 穩靜素朴(온정소박)하여 성공이 느리다. 그러므로 陰數過多者(음수과다자)는 厭世厭人(염세염인)에 심사숙고하며 과하게 反省的(반성적)이며 暗淡(암담)하고 살벌한 기질이다. 고로 [獨陰郞不生독음랑불생)]이다,

이상과 같이 姓名陰陽調節(성명음양조절)에 있어 姓名各個字數(성명각개자수)의 陰陽配合(음양배합) 또는 姓名五格數(성명오격수)의 陰陽調節(음양조절)은 자연적인 理法(이법)에 조화되도록 一方的偏倚(일방적편의)를 피할 것이며 相互調節(상호조절)을 득함으로써 길운으로 유도하게 되는 것이다.

2) 不吉陰陽配置例示(불길음양배치예시)

陰	陰	陰
8	10	6
金	哲	圭

성명의 각개자수가 음으로 일방편의 하여 좋지 않다.

陽	陽	陽
3	3	5
千	大	玄

성명 각개자수가 양으로 일방편의 하여 좋지 않다.

	○	○	○	○	○
	천격9	인격11	지격13	총격21	외격11
1	8	3	10		
假成	金	三	根		

성명의 천, 지, 인, 외, 총의 오격수가 양으로 일방편의 하여 부조화이고 음도 역시 부조화이다.

※ 삼격(天, 人, 地)수의 음양조절과 삼재오행의 관련예시

◊ 상생배치

土	火	木	金	土	火	土	火	木	金	土	火
○	○	●	○	○	●	○	●	●	○	●	○

이상의 배치는 천, 지상극의 삼재오행이나 단, 천, 인, 격이 상생으로 綏和(수화)되고 또 인격의 양화, 양토는 역량이 왕성하여 화려한 성공이다. 또, 인격의 음화, 음토는 활동력이 약간 소극적이나 점차적으로 발전하여 역시 성공한다.

◇ **상극배치**

水	火	水	水	火	水	水	火	水	水	火	水
○	○	○	○	○	●	●	○	○	●	○	●
水	火	水	水	火	水	水	火	水	水	火	水
○	●	○	○	●	●	●	●	○	●	●	●

이상의 배치로 인격부위가 전체적인 양화는 활기 왕성하여 天地相戰(천지상전)을 도발하고 혹 일시 성공이라도 급변을 초래해서 위험하다. 인격부가 전체적인 음화는 활동기질이 비교적 약하여 지구력이 있으며 급변시기가 약간遲緩(지완)할 따름이다.

단, 양성은 적극, 급속성으로 急成(급성), 또는 急敗(급패)하며 음성은 소극, 지완성으로 晩成(만성), 또는 晩敗(만패) 차이가 있는 것이니 문자선택, 수리 등의 음양을 상호조절하고 수리, 기타의 강약에 따라서 일방적이지 않도록 조화를 얻으면 길한 것이다.

제3장 姓名과 疾病及 面貌關係(성명과 질병급면모관계)

1. 人體의 五行所屬發生病原 (인체의 오행소속발생병원)

성명의 수리와 삼재오행배치는 신체의 병환과 관련이 중대하다. 본래, 인체 각부의 구성은 木, 火, 土, 金, 水 오행에 배속된 것이며 인체오행의 근원은 오장으로서 오행의 조화를 실한 자는 당연히 질병이 발생한다. 즉 오장육부가 무시불단으로 활동하는 것과 같이 수리오행, 역시 시시각각으로 영동 유도하여 변화작용을 하는 것이다.

성명학상의 병원도 [음양지기와 원신이 쇠약하고 오행이 상극이면 병사다.]는 이치와 상통하여 사운격(人, 地, 外, 總)의 수리와 삼재배치의 득실로 그 질병이 발생한다.

즉, 상극 자는 해요, 상생 자는 구하며 병약이 균등하게 배치되면 가하다. 고로 병에 약이 있으면 생이오. 병에 약이 없으면 사하니 이는 천지자연의 이법이다. 고로 성명수리, 오행배치가 양호하여 그 질병에 도와주는 글자가 있으면 길하나 도와주는 글자가 없으면 즉시 개명하여 保求(보구)할 것 이고, 또 선명 시에 특별유의를 필요로 하는 이치이다.

※인체의 오행소속병원은 별표와 같다.

水	金	土	火	木	五行
9 · 10	7 · 8	5 · 6	3 · 4	2 · 1	數
腎신	肺폐	脾비	心심	肝간	五臟
신장 아랫배 임신병	호흡기 눈 성병	늑골 아랫배 자궁병	심장 눈 뇌	위장 간장	病根
방광 자궁 변 허리 신장 귀 다리 요도 국부	대장 폐 머리 골격 이 위 코 호흡기 눈 늑막	위장 피부 가슴 허리 비위 근육 자궁 입술	소장 어깨 인후 이 얼굴 심장 가슴 머리 눈	머리 담 수족 위장 간 혈관 눈 신경계	病源
신장염 뇌출혈 귓병 각기 근시안 임질병 부인병 복만증 무활기	폐렴 천식 늑막염 기관지 폐결핵 치질 산증 축농증 눈병 다잡념	위장병 위확장 위경련 위궤양 위암 치통 창독 건망증 무기력	심장병 폐혈증 관절염 중풍 각기 뇌일혈 안질 다한증	신장염 담석증 황달 산증 신경쇠약 두통 뇌염 눈병 우울증	病症

2. 姓名五行相剋發生疾病(오행상극발생질병)

金剋木--肝臟關係(간장관계)-神經器官病(신경기관병)

神經衰弱(신경쇠약), 頭痛(두통), 肝臟病(간장병), 疝症(산증), 腦炎(뇌염), 近視眼(근시안), 梅毒(매독), 黃疸(황달), 膽石症(담석증), 外傷(외상), 痲痺(마비), 過勞(과로)

水剋火 -- 心臟關係(심장관계)-循環器官病(순환기관병)

關節炎(관절염), 眼病(안병), 中風(중풍), 脚氣(각기), 心炎(심염), 腦溢血(뇌일혈), 敗血症(패혈증), 驚風(경풍), 冷傷(냉상), 急症(급증), 凶病(흉병)

木剋土 - 脾臟關係(비장관계)-消火器官炳(소화기관병)(단, 人格木→地格土 자는 무방)

胃腸病(위장병), 胃擴張(위확장), 胃癌(위암), 胃酸過多(위산과다), 胃潰瘍(위궤양), 腦溢血(뇌일혈), 齒痛(치통), 瘡毒(창독), 食傷(식상), 中毒(중독)

火剋金 -- 肺臟關係(폐장관계)-呼吸器官病(호흡기관병)

肺病(폐병), 肺炎(폐염), 喘息(천식), 結核(결핵), 氣管支炎(기관지염), 近視眼(근시안), 痔疾(치질), 蓄膿症(축농증), 肋膜炎(늑막염), 疝症(산증)

土剋水 -- 腎臟關係(신장관계)-生殖器官病(생식기관병)

婦人病(부인병), 近視眼(근시안), 腦溢血(뇌일혈), 腎臟炎(신장염), 遺精(유정), 淋病(임병), 耳病(이병), 腹病(복병)

金比金 — 外傷(외상), 打撲(타박), 吐血(토혈), 流血(유혈)(단, 삼재배치 중에 土가 있는 사람은 무방)

水生木 — 排泄器官病(배설기관병), 嘔吐(구토), 泄瀉(설사), 痢疾(이질)

3. 三才配置發生病症一覽表(삼재배치발생병증일람표)

(天, 人, 地) - (發生 病症)

木火水 - 신경과민

木土木 - 만성위병, 발광, 신경쇠약, 호흡기병, 난치병

水土水 - 급성위병, 뇌일혈, 심장마비, 급변

火土水 - 급성위병, 뇌일혈, 심장마비, 급변

火金火 - 발광, 신경쇠약, 폐병

火金水 - 부상, 조난, 타상, 유혈

火金木 - 외상, 토혈, 조난

火水火 - 뇌출혈, 심장마비, 자살, 급변, 급사

土火水 - 뇌출혈, 심장마비, 자살, 급변, 급사

土土水 - 뇌일혈, 심장마비, 자살, 변사, 위장병

土水土 - 뇌일혈, 심장마비, 변사, 급변

土水水 - 외상, 조난, 살상, 타상

金木金 - 신경쇠약, 발광, 폐병, 난치병, 근골통, 뇌병

金火金 - 신경쇠약, 발광, 폐병, 난치병

金火水 - 외상, 조난, 살상, 타상

金土水 - 외상, 조난, 타상, 유혈

金金水 - 외상, 조난, 살상, 타상, 유혈

水火土 - 맹목, 급변

水火水 - 뇌일혈, 심장마비, 자살, 변사

水土水 - 급성맹장, 급성뇌병, 안병, 순환기급증, 급변

水水火 - 외상, 조난, 타상, 유혈

水水土 - 뇌일혈, 급성소화기병, 심장마비, 급변, 급사

4. 各生月人의 先天運的疾病(각생월인의 선천운적질병)

각 생월인의 선천적으로 대계 쉽게 발생할 수 있는 질병을 참고로 아래와 같이 표시하니 각 해당 질병에 평소 유의 절제하고, 또 좋은 이름으로 報仇하여 醫治와 겸행하면 반드시 건강 가득하고 행복한다.

1月(寅月) 생의 사람 : 담병, 관절염, 근맥병, 만성신경계통질환
2月(卯月) 생의 사람 : 간장병, 근맥병, 신경쇠약, 불면증, 수지장해
3月(辰月) 생의 사람 : 소화기계통질환, 척수병, 피부병
4月(巳月) 생의 사람 : 인후병, 감기, 치통, 치아손상
5月(午月) 생의 사람 : 심장허약, 시각고장, 미각장해
6月(未月) 생의 사람 : 소화기병, 비장장해, 건망증, 권태감, 진, 완(콩팥)에 지장
7月(申月) 생의 사람 : 호흡기병, 폐약, 대장병, 또 질병에 이환하면, 장환의 경향
8月(酉月) 생의 사람 : 하혈, 토혈, 뇌일혈, 소장질환, 신장병
9月(戌月) 생의 사람 : 하반신부질병, 여자는 자궁병, 남자는 치질, 각, 퇴부부자유
10月(亥月) 생의 사람 : 배설기관병, 신장염, 요도염
11月(子月) 생의 사람 : 생식기병, 방광염, 요도염, 청각고장
12月(丑月) 생의 사람 : 흉부질환, 늑막염, 위병, 비장병, 각부질환

生年이나 生日의 天干에

甲. 乙의 사람은----肝臟系統疾患간장계통질환
丙. 丁의 사람은----心臟系統疾患심장계통질환
戊. 己의 사람은----脾臟系統疾患비장계통질환
庚. 辛의 사람은----肺臟系統疾患폐장계통질환
壬. 癸의 사람은----腎臟系統疾患신장계통질환

5. 姓名과 觀相과의 關聯性

성명사격(人, 地, 外, 總)의 수리와 삼재(天, 地 ,人) 오행배치의 영도력은 인체의 오관에 영향을 주며 개인의 성격과 관상에 밀접한 관련이 있으며 일생의 운명을 지배하는 것이니 그러므로 성명으로, 혹은 개명 등으로 대게 그 사람의 성격, 얼굴에 상당 정도의 변화가 발생하는 이치이다.

즉, 성명의 지격이 길 수리이면 耳廓部(이랑부)가 풍요하고 아름다우며, 인격이 양호수이면 天庭部(천정부)가 수려하고 광활하며 외격이 양호인은 眼部(안부) 광채가 나고 위엄이 있으며 총격이 양호인은 鼻隆高肥(비륭고비 : 코가 높고 양쪽 코에 살이 있으며)하며 水星有氣(수성유기)하고 地閣(지각)이 풍만하다.

그러므로 각격 중 흉 암시의 사람은 해당 부분이 무기력하여 寂寞感(적막감)이 있는 것이다.

이상과 같이 성명은 인체의 건강, 질병, 또는 성품, 관상(얼굴) 등에 지대한 작용을 하는 것이다.

특히 질병관계에 있어 다시 말하는 것은 현재 질병으로 고통 중인 사람은 성명의 호악을 감별하여 만약 불길한 이름의 환경에는 속히 양명으로 개명하여 질병에 保求(보구)하고 상조함으로써 의치와 병행하면 필히 건강회복하게 될 것이고 또 안 좋은 이름의 사람으로 현재, 설혹 무병의 상태일지라도 그미묘한 흉적 영도력으로 인하여 조만간에 해당 질환의 우려가 농후한 것이니 가볍게 볼 수 없는 것이다.

제4장 數의 靈意(수의 영의)

1. 數意 眞理 (수의 진리)

수는 대자연 중에서 발생한 것으로 천지음양지간과 오행지내에서 출생한 것이다. 그런고로 수리 중에는 千變萬化(천변만화)의 암시가 내장되어 天地萬有(천지만유)의 근원은 수에 있는 것이며 수는 우주이다. 천체의 운행으로부터 미물에 이르기까지 수의 현묘한 법칙에서 벋어날 수 없으며 과학 역시 수를 벗어나서 존재할 수 없는 것이다. [모든 수는 1로 돌아간다] 수는 1에서 시작하여 10에서 마치며 다시 돌아서 1로 시작하며, 순환무궁하고 영겁무량하여 순서가 일정하니 이는 대우주의 진리이다.

2. 기본수의 수리

기본수 1~10의 수리는 다음과 같다.

1 甲 木 陽

하늘수, 어린수, 적극수, 0零 + 1特 = 1---奇(기)

零中所生(영중소생)의 特殊觀念的奇數(특수관념적기수) 0 + 1合數(합수) 태극수, 천지만유시원의 수 始(시), 收(수), 聚(취), 靈意(영의), 자연 시초, 독립, 단행, 건전, 발달, 부귀, 신장 등의 암시력.

2 乙 木 陰

땅수, 어린수, 적극수, 特(특)+異(이) = 2---偶(우)

特殊觀念以外(특수관념이외)의 相對觀念所生偶數(상대관념소생우), 1 + 1합수, 爲地爲母(위지위모)라.

혼합, 집산, 불구, 불전, 不徵底數(불징저수), 분리 등의 암시력.

3 丙 火 陽

하늘수, 어린수, 적극수, 奇+偶 = 3---合(합)

음양포합의 수 1+2합수, 만물성형의 수 爲子(위자)라

(다수, 産數(산수), 성대, 풍부, 권위, 才軒(재헌), 理智(이지), 集濟(집제), 교환, 성공, 부귀 등의 암시력.

4 丁 火 陰

땅수, 어린수, 적극수, 偶 + 偶 = 4---化(화)

변화관념의 수, 死數(사수), 司數(사수), 嗣數(사수) 2 + 2합수 混合未定(혼합미정)의 결합, 파괴, 멸망, 쇠약, 변동, 因離(인리), 辛苦(신고), 등의 암시력.

5 戊 土 陽

중간수, 中軒變化數(중헌변화수), 偶 + 合 = 5---成(성)

完成濟備(완성제비)의 수 [1 ~ 9기수의 중간수] 2 + 3합수 중앙의 토덕수(1 ~ 5중의 양극, 양덕이 완비수)

走動(주동), 進取(진취), 心身健全(심신건전), 立身發達(입신발달), 重厚圓滿(중후원만), 自得名譽(자득명예) 등의 암시력.

6　　　　己　　　　土　　　　陰

땅수, 老數(노수), 소극수. 合 + 合 = 6---會(회)

會合의 수, 3 + 3합수, 또는 2 + 4합수, 양의 합수 중에 음을 함유한 합수(正陰 - 6 ~ 10중의 초음, 음덕이 다시 시작 하는 수) 소위 天德地祥(천덕지상)의 樂數(낙수), 단 즐거움이 다하면 슬픔이 온다는 이치가 유함, 收(수), 合(합), 績(적)의 靈意(영의), 怪奇變態(괴기변태), 등의 암시력.

7　　　　庚　　　　金　　　　陽

하늘수, 老數(노수), 소극수, 合 + 化 = 7----劫(겁)

破怯(파겁)의 수 同伴中(동반중)에 有破(유파)하니 必有劫(필유겁)이라 (5의 盟運에 配合 2의 破數), 또는 3의 抱合에 配合 4의 변화수, 怪亂(괴란), 頑迷(완미), 不和(불화), 權威(권위), 單行(단행), 萬難突破(만난돌파) 등의 암시력.

8　　　　辛　　　　金　　　　陰

땅수, 老數(노수), 소극수, 化 + 化 = 8----逢(봉)

奇數(기수)가 相逢(상봉) - 3 + 5 합수하니 爲忠이라. 우수가 결합 - 4 + 4 합수, 또는 2×4 積數(적수)하니 爲奸(위간)이라. 천신만고, 分開(분개), 발달, 勇力(용력), 인내, 銳猛(예맹) 등의 암시력.

9　　　　壬　　　　水　　　　陽

하늘수, 老數(노수), 소극수 成 + 化 = 9----別(별)

死數(사수), 終局(종국), 奇數最後(기수최후)의 數(수) 3 × 3 積數(적수) 智力(지력), 재능, 활동, 財利(재리) 등의 뜻이 있음. 단 고독 窮迫(궁박), 漂流(표류) 등의 암시력.

10 癸 水 陰

공허, 終極數(종극수) 成 + 成 = 0 (零空)영공의 수,

萬事空虛(만사공허), 往來死滅(왕래사멸), 悲哀(비애), 慘劇(참극), 損失(손실), 消耗(소모), 破滅(파멸), 顚覆(전복) 등의 뜻이 있다.

단 공허 중에서 사물의 시초가 실재한다. 사멸은 탄생의 시작이라는 자연의 순서이다. 그러므로 10數(수)가 중복된 자는 예측불능의 일이 발생하는 암시력.

3. 81수의 靈意(영의)

수의 변화는 신속무궁하며, 또 그 쓰는 방법이 각각 다르지만 그 이법은 하나이며 수는 과학적인 면이나 철학적인 면에서 우주 대자연의 심오한 이법이 함축되어 있는 것이다. 사람의 영혼을 [命]이라 칭한바 소위 命數(명수)는 인생 일도의 길흉을 좌우하는 것으로 성명학 상에도 이 수리를 벗어날 수 없는 것이다.

그러므로 성명 글자를 표시하는 수(數理)는 10을 盈(영), 즉 零(○)으로 하고 九乘九(9 × 9)로 81수로 한다. 이는 8괘 十干(십간)으로 배합하여 성수한 것이며 8괘 대표는 10위수이고 십간 대표는 個位數(개위

수)로써 미완성된 80수에 連環元(연환원) 1수를 합하여 81수로 成數(성수)하모로써 비수의 내포된 靈動誘導力(영동유도력)으로 길흉을 판단하는 것이다.

참고로 부언하는 것은 [天地萬有의 根元은 수에 존재한다.]는 것으로 수의 본원은 [○]-(零)이며 [○]은 [靈]에 통한다. 즉 [○]은 우주공간의 본체상징이다. 그 본체인 공간 이동하여 [一]-(대극수)이라는 시간표현이 발생함으로써 제반 현상은 그로부터 개시하는 것이며 1, 2, 3, 4, 5, 6, 7, 8, 9의 數理道程(수리도정)을 경유하여 10이라는 [零]위로 다시 돌아온다. 여전히 다시 돌아오는 이치는 수만, 수억이라도 1에서 9까지의 기수의 집산인 것으로 우주만유는 9와 9의 交錯(교착)인 81수의 理法靈界中(이법영계중)에 포함되어 있는 것이다.

고대중국의 夏禹王(하우왕), 치수시대에 낙수에서 神龜(신구)가 등에 자획점수를 浮刻(부각)하고 출하였다는 소위, [낙서]의 전설이 유한바 그 전설은 원래의 천지운행의 순서와 자연적 수리의 표시에 불과한 것으로 즉, 천지자연, 우주창생의 대도를 의미한 것이며 일월성진의 운행으로부터 미물에 이르기까지 수리의 지배를 받는 것이고 또는 현대의 물리학, 천문학, 생리학, 기타 첨단과학도 역시 수리를 벗어나서 존재 할 수 없으며 탐구할 수도 없는 것임은 계지의 사실이다.

운명학의 근본도 역시 옛 성현이 확립한 소위[落書法의 原理]에 의한 것이며 수는 실로 영원불변의 철리로서 고서에 유한바 [數始於一而成十, 十復歸於一, 大而天萬億, 小而모모絲, 皆一十之分合, 以至無窮也]의 어구와 같이 수는 일상계산의 단순한 존재에 한한 것이 아니고 우주원칙의 무궁한 천리가 함유되어 있는 것이며 이수의 集積(집적)은 일사분란으로 有始有終인듯 無始無終인듯 基不可思議的(기불가사의적)인 변화는 대우주의 신비와 동일하여 괴기한 자태로 顯現(현현)하는 것으로서 지금도 도저히 완전 분해할 수 없다는 것이다.

河圖

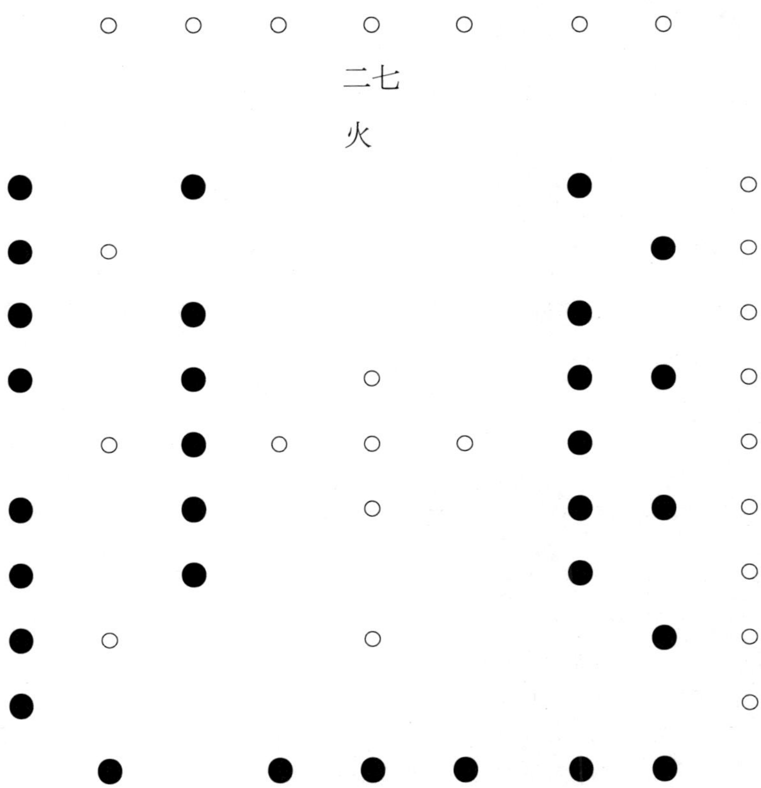

洛書

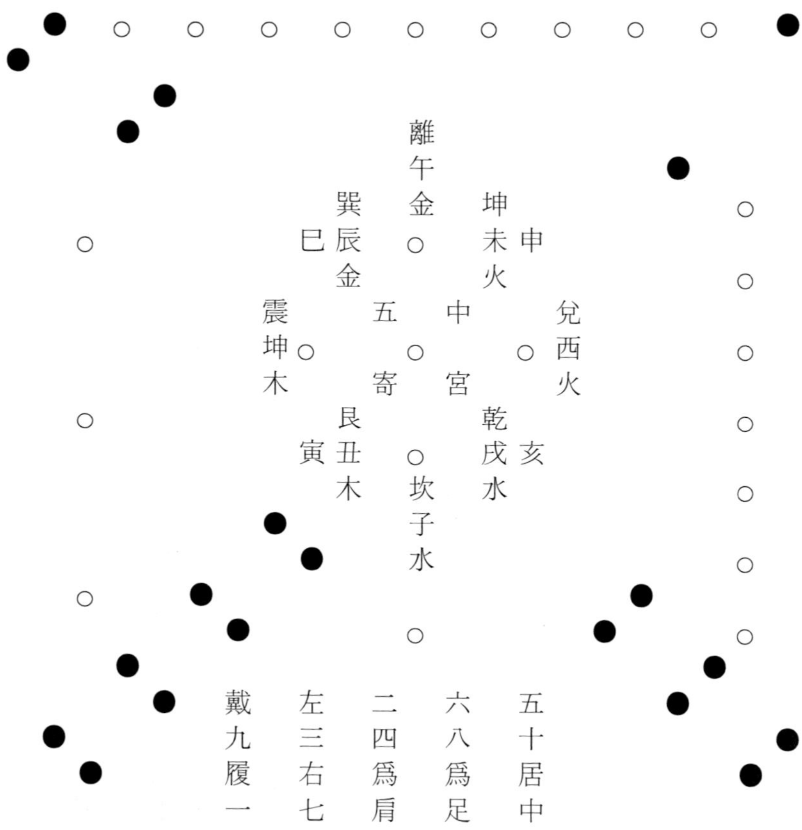

4. 수로 표시되는 사람의 품행성격

1) 인격(주운) 서수의 품행성격표시

성명의 성격표시의 부위는 인격부위다. 즉, 인격부의 수가 1에서 10까지의 단수 자는 기본수로써 看(간)하고 10수 이상자는 기10위수 이상을 제거하고 잔여 서수로써 看(간)한다.

(예시)

인격11

1　8　3　10

假成　金　大　容

즉 인격11수에서 10위수는 제거하고 나머지 수[1]로써 그 사람의 품행성격을 간한다.

인격(주운) 서수의 품행성격표시는 아래와 같다.

※인격(주운) 서수의 품행성격표시일람표

○ 성격은 운명을 좌우한다.

이름(姓名)은 몸(肉體)을 표현하며 몸은 성격을 조작하고 성격은 운명을 조작한다. 즉 이름은 성격을 조작하고 또 성격을 변화시킨다. 고로 성격의 변화는 운명을 전환시킨다.

1數 - [陽木]

① 森林中(삼림중)에 雜木(잡목)이 亭亭繁茂(형형번무)함과 같은 氣象(기상)이다. [水分은 不可缺이라]

② 性格(성격)이 靜穩(정온)하고 溫和多情(온화다정)이나 不屈不撓(불굴불요)의 氣質(기질)이 있다.

③ 穩健着實(온건착실)하고 勤儉節約家(근검절약가)이며 理智性(이지성)이 豊富(풍부)하고 실력과 計謀(계모)가 있다.

④ 강직하며 사고가 원대하고 덕망을 중시한다. 猜忌心(시기심)과 嫉妬心(질투심)이강하고 財利(재리)를 좋아한다.

2數 - [陰木]

① 地下樹根(지하수근)이 雜石(잡석)과 혹은 硬土(경토)의 방해에도 불구하고 彎曲(만곡)하게 深入(심입)하여 營營不斷(영영불단), 滋養分(자양분)을 吸收(흡수)함과 같은 기상이다.[茶湯을 好飮한다]

② 隱忍不動(은인불동)하고 苦難(고난)을 善耐(선내)한다.

③ 固執傾向(고집경향)이며 變怪偏屈性(변괴편굴성)이 있다. 겉으로는 온화하나 안으로는 노여운 기색을 품고 있다. 靜思性(정사성)이며 금전욕이 執拗(집요)하다. 질투심이 강하며 이성을 좋아한다.

④ 건강상해가 용이하니 항상 유의할 것이다.

⑤ 단 인격부가 32수리 자는 가정행복이다.

3數 - [陽火]

① 염열의 태양과 같은 기상이다. [술을 좋아한다.]

② 성격이 급진적이고 활기가 洋溢(양일)하다. 壯麗果敢(장려과감)하고 智謀英材(지모영재)이다. 敏腕達識(민완달식)이며 쾌활하고 名利心(명리심)이 강하며 활동력이 있다. 단 인내심이 없으며 쉽게 노하여 暴怒性(폭노성)이 있다. 激情的(격정적)이고 輕騷(경소)하다. 가급적 평화을 구득하면 성공한다.

③ 단 인격부에 33수리 자는 중도 실패한다.

4數 - [陰火]

① 火燒中(화소중)의 濕木(습목)과 동일하여 煙氣(연기)가 계속나니 成火(성화)가 不能格(불능격)이다. 폭발의 기를 내포하여 폭죽성향과 같은 기상이다. (흡연을 좋아한다.)

② 겉으로는 고요하나 안으로는 폭발 기분이라. 지혜의 힘이 있으며 민첩하고 급진적이다. 언변이 좋고 好色(호색)이다.

③ 진중하고 온유하며 후의하다. 혹 왕왕 자기 심사를 억제하고 속마

음을 밖으로 나타내지 않는다. 表裏不同(표리부동)하고 기중에는 虛僞假作(허위가작)하고 曲折(곡절)이 많다. 쉽게 열 내고. 쉽게 냉하여 榮多功少(영다공소)하며 항상 심리가 불안하다. 병약, 불행, 혹은 단명이다.

④ 단 인격부가 24수리 자는 幸福財富(행복재부)한다.

5數 - [陽土]

① 耕地良田(경지양전)의 토양이 오곡을 기르는 것과 같은 기상이다. [靑菜類(청채류)를 好食(호식)한다.]

② 대인 동정심이 있고 아량이 많으며 온유침착하다. 덕스러움과 동화력이 강하여 상하의 신망을 터득한다.

③ 情理(정리)를 중시하고 자신감이 있고 이론가이다. 명예심이 강하고 이성을 좋아한다.

④ 겉으로는 온화하나 속으로는 剛情(강정), 尊倣(존방)하고 약간 질투심이 있다. 친밀감이 있는 반면에 疎冷(소냉)이 쉬운 점이 결점이 있다.

⑤ 단 인격부에 25수리 자는 往往怪性癖(왕왕괴성벽)으로 타인과 쉽게 불화한다.

6數 - [陰土]

① 未開墾(미개간)의 原野(원야)로 不耕硬土(불경경토)와 같은 기상이다.(이성을 좋아한다.)

② 이수는 본인의 수양 여하와 타격 수리의 좋고 안 좋고에 따라 변화 성격 발생한다.

③ 한편으로는 原野(원야)가 良田美圃(양전미포)로 成田(성전)함과 동일하여 剛健(강건) 敏腕(민완)의 傑出者(걸출자)이다.

④ 또 한편으로는 原野(원야)가 荒蕪廢虛(황무폐허)로 화함과 동일하여 愚蠢者(우준자)이다.

⑤ 대계 겉으로는 溫和沈着(온화침착)하고 重厚(중후)하나 내면에 剛

情(강정)을 含有(함유)한다. 명성을 좋아하나 庸劣(용렬)하며 약간 保守的傾向(보수적경향)이다.

⑥ 또 本心(본심)을 外面(외면)해 나타내지 않고 약간 질투심이 있다 대체적으로 權威(권위)가 있고 행복이 重厚(중후)하다 단 인격부에 26, 36. 46수리 자는 義俠心(의협심)이 강한 방면에 狂氣(광기), 嫉妬(질투) 不服從心(불복종심) 妄想(망상) 등이 있고 부침, 변동, 病難(병란) 등으로 일생이 불안하다. 단 가정생활은 이성을 좋아하여 원만하다

7수 - [陽金]

① 燦爛光輝(찬란광휘)하여 소위 打(타)하면 쟁쟁히 響音(향음)하는 鍛磨(단마)의 刀瑲(도창)과 같은 기상이다. [炸油物(작유물)을 애호한다]

② 剛氣銳利(강기예기)한 智力(지력)과 光彩的言動(광채적언동)으로 剛毅果斷(강의과단) 敏腕勇決(민완용결) 萬難排除(만란배제)의 기운이 있다.

③ 自我心(자아심)이 강하고 융통성이 결핍하여 권위를 애호하고 剛情不屈(강정불굴)하다. 集燥(집조), 不定(부정), 離合(이합), 空勇(공용)하며 自倣誇大(자방과대)하고 好爭鬪(호쟁투)하여 他意批難(타의비난)을 쉽게 招致(초치)한다.

④ 단 인격부에 27수리 자는 괴성벽으로 비난을 받는다 .

8 - [음금]

① 地中堀出(지중굴출)한 광석을 未經洗鍊(미경세련)함과 같은 기상이다. [酸鹽物(산고물)을 好食(호식)한다]

② 剛毅朴納(강의박납)하여 진취의 용기가 있다. 자존심이 過强(과강)하고 頑固如鐵(완고여철)하며 同化融合力(동화융합력)이 결핍이다. 意志堅固(의지견고)하여 素志(소지)를 貫倣(관방)하고 인내력이 강하다.

③ 이기적이고 好靜(호정)하고 寡言(과언)하며 권세를 좋아한다, 사교

상 圓滿不能(원만불능)이다.

④ 여자는 성격이 過强(과강)할 염려가 있다.

⑤ 단, 인격부에 28수리 자는 弄走他鄕(롱주타향)하고 波浪(파랑), 辛勞(신노), 이별, 病難(병난) 등의 염려가 있다.

9수 - [양수]

① 洪水大流(홍수대류)가 浸山遍野(침산편야)하고 擊岩移石(격암이석)하며 寸刻(촌각)의 靜止(정지)가 없어서 大海怒濤(대해노도)와 같은 기상이다. [乾燥類物(건조류물)을 好食(호식)한다.]

② 性(성)이 靜守不能(정수불능)으로 상당한 활동력이 있다. 財利(재리)와 명예를 수호하고 지략이 있으며 性情(성정)이 담백하다.

③ 이성이 발달하여 재략이 秀拔(수발)하고 深謀(심모), 寬仁(관인), 濃情(농정)이다. 또 일면 氣性(기성)이 不定(부정)하여 쉽게 노하고 쉽게 이해하고 불평불만과 放縱性(방종성)이 있으며 多支出(다지출)이다.

④ 혹 활동력이 강대자는 拔山蓋世(발산개세)의 기개) 있다. 단, 결국은 消耗精力(소모정력)으로 陷入不幸(함입불행)이 용이하다. 소위, 一回流過水(일회유과수)는 腹還不能(복환불능)함과 같이 流亡喪失性(유망상실성)이 있다.

⑤ 또 인격부에 29, 39수리 자는 容易逆境(용이역경)을 難免(난면)이다.

10數 - [陰水]

① 井水(경수)와 같으며 또 湖沼(호소)와 같아서 일정범위 내에 傢滯(경체)하여 蓄溜(축류) 沈滯(침체) 함과 같은 기상이다. [權勢를 愛好하고 財利를 蓄積한다.]

② 無血性(무혈성)이며 활동력이 결핍이다. 多儉(다검), 苦勞(고로)하다. 두뇌가 明敏(명민), 透徹(투철)하고 인내력과 才智(재지)가 있다. 단, 可惜(가석), 意氣(의기)가 결핍하여 대게 비굴한 성격이며 또 단기

이다.

③ 潔癖(결벽) 厚情(순정) 公益心(공익심)이 있다.

④ 운명이 不佳(불가)하여 가정이 불행하다.

⑤ 단 한번 충동을 받으면 無邊大動(무변대동)으로, 風雨(풍우)가 도래하여 狂亂(광란), 怒濤(노도)를 呼起(호기)함과 같아서 湖沼(호소)가 一變(일변)하여 大海로 成하는 格이다.

⑥ 怪傑(괴걸), 偉人(위인), 奇人(기인), 烈女(열녀), 혹은 富豪(부호), 怪人(괴인) 등이 比數에서 出者가 許多하다.

心性(심성)과 數理暗示靈動(수리암시영동)의 關聯(관련)

인간의 頭腦各部機關(두뇌각부기관)에는 소위[四十二心性]이 존재하여 각기 특수하고 특징적인 발달로서 일생의 운명을 지배하게 되는데 성명수리는 성격을 조작하는 원리에 따라(일례로서 가령, 성명인격부에 23수리 자는 자존, 명예, 혹은 강경 등의 심성이 발달하여 권세와 명예를 愛好하고 혹은 급진적인 성격) 성명이 各格(각격)[人, 地, 外, 總格] 數理(수리)의 暗示靈導(암시영도)와 관련하여 比等性情(비등성정)의 발달, 消長(소장)에 영향을 초래하는 것이다. 고로 성명학은 성리학과 통한다.

四十二心性(頭腦各部機關에서 作用하는 心性)

(言語언어, 諧謔해학, 計數계수, 秩序질서, 大小대소, 輕重경중, 音調음조, 色彩색채, 時間시간, 位置위치, 事實사실, 形狀형상, 個體개체, 比較비교, 鑑識감식, 推理추리, 調和조화, 模擬모의, 構造구조, 靈妙영묘, 美麗미려, 尊敬존경,崇拜숭배, 仁惠인혜, 冀望기망, 宏大굉대, 貯蓄저축, 飮食음식, 自尊자존, 强硬강경, 名譽명예, 正義정의, 警戒경계, 秘密비밀, 破壞파괴, 持續지속, 生命생명, 居住거주, 抵抗저항, 友愛우애, 自愛자애, 配偶배우, 男女남녀,)

5. 八十一數(팔십일수) 중 各個特殊運氣暗示(각개특수운기암시)

팔십일수는 各其運勢(각기운세)의 길흉암시가 있음은 물론이나 그 길흉수 중에는 각개적인 特殊運氣(특수운기)가 내포되어 성명의 各格運(각격운)의 三才五行(삼재오행), 등의 배치 여하에 의하여 比特殊運氣(비특수운기)가 현저히 靈動(영동)함으로써 運路(운로)에 각종 변화가 발생하는 것이니 鑑定(감정)상 유의를 요한다.

팔십일수 중의 각개 특수운기암시는 아래와 같다.

81수 중의 各特殊運氣一覽表(각특수운기일람표)

1) 吉凶數及行運上運數(길흉수급행운상운수)

① 吉數 - 건전, 행복, 번영, 명예 등 암시수.

1, 3, 5, 8, 11, 13, 15, 16, 21, 23, 24, 25, 31, 32, 33, 35, 37, 39, 41, 45, 47, 48, 52, 57, 63, 65, 67, 68, 81

② 中吉數 - 多少障碍波瀾이나 但得顯現의 吉運數(다소장애파란이나 단득현현의 길운수)

6, 7, 17, 18, 27, 29, 30, 36, 38, 40, 51, 53, 55, 58, 61, 71, 73, 75

③ 凶數 - 逆境, 薄弱, 遭難, 浮沈, 病難, 非業, 等暗示數(역경, 박약, 조난, 부침, 병난, 비업, 등암시수)

2, 4, 9, 10, 12, 14, 19, 20, 22, 26, 28, 34, 42, 43, 44, 46, 49, 50, 54, 56, 59, 60, 62, 64, 66, 69, 70, 74, 76, 77, 78, 79, 80

④ 前運數 - 比較的中年以前에 强力靈動數(비교적중년이전에 강력영동수)

1, 3, 5, 6, 11, 13, 15, 16, 23, 24, 25, 31, 32, 33, 45, 52, 61, 63, 81

⑤ 後運數 - 比較的中年以後에 强力靈動數(비교적중년이후에 강력영동수)

7, 8, 17, 29, 37, 39, 41, 47, 48, 57, 58, 67, 68

⑥ 前後合運數 - 一生均等(일생균등)하게 靈動數(영동수)

2 ,4, 9, 10, 12, 14, 18, 19, 20, 21, 22, 26, 27, 28, 30, 34, 35, 36, 38, 40, 42, 43, 44, 46, 49, 50, 51, 53, 54, 55, 56, 59, 60, 62, 64, 65, 66, 69, 70, 71, 72, 73, 74, 75, 76, 77, 78, 79, 80

⑦ 自動運數 - 幸福(행복)이 自然循來(자연순래). 不勞容易捕捉機會(불로용이포착기회) 得容易成功數(득용이성공수)

1, 13, 31, 37, 48, 52, 57, 67, 81

⑧ 他動運數 - 得機會(득기회)로 自己努力(자기노력)과 小勞苦程度(소노고정도)로 獲得大小成功數(획득대소성공수).

3, 5, 6, 7, 8, 15, 16, 24, 32, 35, 39, 41, 45, 47, 58, 68

2) 體質及健康上運數(체질급건강상운수)

① 美貌(미모)[男.女] - 面貌美麗(면모미려) 風采優雅(풍채우아)

4, 12, 14, 22, 24, 31, 37, 41

② 妖嬌(요교) - 愛嬌魅力(애교매력)

15, 19, 24, 25, 28, 32, 33, 42

③ 容易罹患胃病((용이이환위병) -

12, 20

④ 病弱(병약) - 多病虛弱(다병허약), 又는 不意病厄侵(불의병액침입)

2, 4, 9, 10, 12, 14, 19, 20, 22, 26, 30, 34, 36, 40, 42, 44, 46, 54, 55, 60, 69, 70, 80,

⑤ 短命(단명) - 不幸夭折(불행요절), 禍劫臨身(화겁임신)

4, 9, 10, 14, 19, 20, 26, 34, 40, 44, 54, 60, 69, 70, 80,

3) 性格上運數(성격상운수)

① 溫和(온화) - 性順良和平(성순량화평), 集上下信望(집상하신망), 圓滿之中權威輝煌(원만지중권위휘황)

5, 6, 11, 15, 16, 24, 31, 32, 35.

② 剛情(강정) - 性質過剛(성질과강), 他人不容易親睦(타인불용이친목), 頑固(완고), 怪癖(괴벽), 心理不正常(심리불정상)

7, 17, 18, 25, 27, 37, 47.

③ 執拗(집요), 猜忌心(시기심), 變屈性(변굴성) -

2, 12, 22, 42.

④ 好水湯(호수탕) - 水分茶湯好飮(수분다탕호음)

11, 21, 22, 31, 32, 41.

⑤ 好吸煙(호흡연) -

14, 24, 33, 52.

⑥ 桃花(도화) - 男女好酒色(남녀호주색), 風流(풍류), 奢侈(사치), 遊蕩(유탕), 淫亂(음란)

4, 12, 14, 15, 16, 24, 26, 28, 35, 37, 45.

⑦ 好酒色(호주색) - 男女性慾强大(남녀성욕강대) 放蕩性(방탕성)

17, 23, 24, 33, 37, 43, 52, 62.

⑧ 男或品行不良(남혹품행불량) -

20, 36, 40.

⑨ 大膽力(대담력) -

36, 40.

⑩ 敏腕(민완), 雄辯(웅변), 但虛僞假裝性(단허위가장성) -

4, 14, 24, 34, 44

4) 素質及氣質上運數(소질급기질상운수)

1 - ① 義俠利他(의협이타) - 俠氣義理心(협기의리심), 捨己成仁(사기성인)

26, 36.

1 - ② 自私利己(자사이기) - 利己心(이기심), 利慾(이욕)

13, 45.

1 - ③ 理想主義(이상주의) -

35, 38, 42.

1 - ④ 現實主義(현실주의) -

23, 33, 45

1 - ⑤ 有始無終(유시무종) - 始初雖好(시초수호) 終末不完(종말불완)

9, 19, 27, 59.

1 - ⑥ 有始有終(유시유종) - 可得有終之美(가득유종지미)

8, 18, 37, 48.

1 - ⑦ 男性女化(남성여화) - 男性女性的(남성여성적)

5, 6, 15, 16, 35, 43.

1 - ⑧ 女性男化(여성남화) - 女子男性的(여자남성적)

7, 17, 29, 33, 39.

1 - ⑨ 傍若無人(방약무인) - 自尊(자존), 不屈人下(불굴인하)

1, 7, 17, 18, 25, 27.

1 - ⑩ 圓滿和合(원만화합) - 同化力(동화력)

5, 6, 11, 15, 16, 21.

2 - ① 不通世情(불통세정) - 世俗不通幼稚(세속불통유치)

10, 11.

2 - ② 精通世情(정통세정) - 先見之明(선견지명), 無不通知(무불통지)

42, 52.

2 - ③ 冒險投機(모험투기) - 好投機心(호투기심)

30, 40, 52.

2 - ④ 漸進穩取(점진온취) - 堅實穩健(견실온건)

21, 24, 31.

2 - ⑤ 表硬內脆(표경내취) - 表面强情(표면강정), 內心柔弱 (내심유약)

7, 8, 17, 18.

2 - ⑥ 表柔內剛(표유내강) - 表面柔弱(표면유약), 內心强情(내심강정)

12, 14, 22, 32.

2 - ⑦ 華麗積極(화려적극) - 急進的(급진적)

17, 23, 27, 33, 39

2 - ⑧ 暮色消極(모색소극) - 消極的(소극적)

12, 14, 19, 22, 24.

⑨ 迫力遂行(박력수행) - 有氣魄(유기백)

17, 18, 21, 23, 33, 39.

2 - ⑩ 薄弱挫折(박약좌절) - 意志弱(의지약)

4, 12, 14, 22, 24, 56.

2 - ⑪ 理智發達(이지발달) -

3, 13, 21, 23, 24, 25, 29, 31 33, 35, 38, 39, 41, 45, 48, 52, 63, 67, 68.

2 - ⑫ 情感濃厚(정감농후) -

1, 3, 5, 6, 11, 15, 16, 21, 23, 32, 33.

2 - ⑬ 意志堅靭(의지견인) -

7, 8, 11, 17, 18, 21, 25, 31, 37, 41, 47.

5) 才能運數(재능운수)

① 發明(발명)---奇妙才能(기묘재능), 參謀才能(참모재능), 新發明智力(신발명지력)

24, 25, 68.

② 藝能(예능) - 文學(문학), 美術(미술), 技術(기술), 藝道(예도), 등에 有上發達力(유상발달력)

13, 14, 26, 29, 33, 35, 36, 38, 42, 68.

6) 職能運數(직능운수)

① 頭領(두령) - 智仁勇(지인용), 三德俱有(삼덕구유), 上位(상위)에 立(입)하여 統率衆人之能力(통솔 중인지능력)

3, 16, 21, 23, 31, 33, 39.

② 學者(학자) 技師(기사) -

3, 13, 21, 23, 24, 25, 29,31, 33, 35, 38, 39, 41, 45, 48, 52, 63, 67, 68.

③ 宗教人(종교인), 藝術家(예술가) -

1, 3, 5, 6, 11, 15, 16, 21, 23, 32, 33.

④ 政治家(정치가), 社業家(사업가) -

7, 8, 11, 17, 18, 21, 25, 31, 32, 37, 41, 47.

7) 夫婦(부부), 家庭(가정), 環境上運數(환경상운수)

① 夫妻爭端不和(부처쟁단불화)[男, 女] -

1, 7, 8, 17, 18, 20, 25, 27, 28, 33.

② 晩婚(만혼)[男, 女] - 早婚不利(조혼불리), 或有破綻生 離死別(혹유파탄생이사별)

9, 10, 12, 17, 22, 28, 34, 35, 38, 43.

③ 遲婚(지혼)[女] - 女子晩婚(여자만혼)

16.

④ 初婚難成(초혼난성)[男,女] - 初婚容易破綻(초혼용이파탄)

18.

⑤ 易傷配偶(이상배우)[男, 女] - 配偶者容易喪失(배우자용이상실)

9, 10, 19, 20, 26, 28, 30, 34, 76.

⑥ 双妻(쌍처)[男] - 或取妾(혹취첩), 或有生難死別(혹유생난사별)

5, 6, 11, 15, 16, 32, 39.

⑦ 剋父(극부)[女] - 父의 發展運氣打破(발전운기타파) 或有生難死別(혹유생난사별)

9, 10, 12, 14, 17, 19, 20, 21, 23, 26, 27, 28, 29, 30, 33, 34, 36, 42, 43.

⑧ 寡婦(과부)[女] - 頭領寡婦數(두령과부수),妻一方必早死亡(부처일방필조사망)

21, 23, 33, 39.

⑨ 備有婦德[女] -

5, 6, 15, 16, 35.

⑩ 易成娼妓(이성창기) 或娼婦性格(창부성격)[女] -

9, 10, 19, 20.

⑪ 風波離別(풍파이별) 容易年齡(용이년령)[女] -

28세, 29세 32세, 33세.

⑫ 婚姻不可年齡(혼인불가년령)[男] -

25세, 42세, 61세.

⑬ 婚姻不可年齡(혼인불가년령)[女] -

19세, 33세, 37세.

⑭ 剋子(극자) - 晩子(만자), 失子(실자), 缺字(결자), 子孫狼敗(자손낭패), 僞子女多勞 苦(위자녀다노고)

9, 10, 14, 19, 20, 26, 28, 30, 34, 76.

⑮ 孤獨(고독) - 家族子女父母(가족자녀부모), 夫婦緣薄(부부연박),

或心勞煩悶不絶(혹심노번민부절), 舊基皁離(구기조리), 遍廻他鄕及或外國(편회타향급혹외국)

4, 10, 12, 14, 22, 28, 34, 40, 46, 54.

⑯ 養子(양자) - 或僞養子(혹위양자), 或他業餘惠繼受(혹타업여혜계수), 또는 地格(지격) 혹人格(인격)에 有此數者(유차수자)는 大凡(대범), 長男(장남), 長女(장녀)의 位置(위치)를 占함

11, 13, 39, 41.

⑰ 破滅(파멸) - 雖財帛豊足(수재백풍족), 또는 外交手腕 優秀(외교수완우수)라도 但難免家庭破滅(단난면가정파멸)

34.

8) 財富運數(재부운수)

① 豊財(풍재) -

15, 16, 41, 52.

② 財源廣進(재원광진) -

24.

③ 摑取財力(괵취재력) -

29.

④ 財帛裕足(재백유족) -

33.

⑤ 意外奇利(의외기리) -

32

⑥ 蔭家(음가) - 興家立業(흥가입업)

3, 5, 6, 11, 13, 15, 16, 24, 31, 32, 35.

9) 破財運數(파재운수) - 雖一時盛運(수일시성운), 散財敗家(산재패가), 中途挫折(중도좌절)

① 破壞(파괴) -

14, 20, 36, 40, 50, 80.

② 敗家(패가) -

2, 4, 9, 10, 12, 14, 19, 20, 22, 26, 27, 36.

10) 災厄及急禍運數(재액급급화운수) - 此數(차수)가 有二格以上者(유이격이상자)는 特(특)히危險.

① 災難(재난) -

4, 8, 9, 10, 12, 14, 18, 19, 20, 23, 26, 27, 33, ,34, 39, 40, 44, 45, 49, 53, 55, 56, 57, 58, 60, 69.

② 刑罰(형벌) - 或刑罪(혹형죄), 入獄(입옥)

9, 10, 14, 19, 27, 28, 34, 40, 46, 50, 54, 60, 61.

③ 遭難(조난) - 急禍(급화), 變死(변사), 疾厄(질액)

2, 9, 10, 14, 19, 20, 22, 28, 30, 34,44, 50, 53, 54, 56, 59, 60, 70.

④ 劍難(검난) - 凶器之下被害(흉기지하피해)

3, 4, 6, 8, 9, 10, 12, 14, 17, 18, 19, 20, 28.

⑤ 流血(유혈) - 殺傷(살상), 負傷(부상)

8, 17, 18, 19, 23, 27, 33, 34, 40, 44, 50, 60.

⑥ 自殺(자살) -

27.

⑦ 發狂(발광) -

4, 34, 44.

11) 變怪異奇的運數(변괴이기적운수)-逆境不安定(역경불안전), 一生波瀾(일생파란), 大變動之怪運(대변동지괴운), 惑有險過後成功(혹유험과후성공)

① 孝子(효자), 節婦(절부) -

4, 26, 44.

② 異才奇人(이재기인), 偉人怪傑(위인괴걸) -

4, 9, 19, 26, 30, 36, 38, 44.

③ 大富(대부) -

9, 19, 27.

④ 絶處奉生(절처봉생) - 極端(극단)에서 轉回成功(전회성공) -

10, 20, 30, 40.

12) 變化運數(변화운수)

① 化凶爲吉(화흉위길) - 他格數理及三才五行配置如(타격수리급삼재오행배치여하) 或有大成功(혹유대성공)

2, 4, 9, 10, 14, 19, 20, 22, 26, 27, 28, 30, 34, 36, 38, 40, 44, 46, 49 .

② 反吉爲凶(반길위흉) - 盛中合衰(성중합세), 或樂極生悲(혹락극생비), 他格數理及三才五行配置如何(타격수리급삼재오행배치여하) 或有大成敗(혹유대성패)

1, 6, 7, 8, 13, 17, 18, 23, 25, 32, 33, 37, 39, 45, 57, 77, 81.

③ 大成(대성) - 此數(차수)가 有二格以上者(유이격이자)는 或大成(혹대성)

1, 3, 5, 6, 7, 8, 11, 13, 15, 16, 17, 18, 21, 23, 25, 26, 27, 29, 30, 31, 33, 37, 39, 40, 41, 45, 47, 48, 52, 57.

13) 天官星及金與星數(천관성급금여성수) - 義節(의절), 奇妙才能(기묘재능), 面貌端正(면모단정), 有妻德(유처덕), 幸福繁榮(행복번영), 吉慶最大(길경최대), 但或有極盛極敗數(혹유극성극패수).

① 天官(천관) -

1, 8, 16, 17, 28, 29, 30, 33, 44, 45 ,52, 53, 67, 74, 81,

② 金與(금여) -

3, 4, 5, 18, 24, 26, 40, 51, 52, 68, 70, 79.

14) 文武性運數(문무성운수) - 數理撰擇時(수리선택시), 要參考(요참고)

① 文性(문성)[固定的數고정적수] -

5, 6, 11, 13, 15, 16, 21, 24, 32, 35, 41, 45, 48, 57, 61, 63, 65, 73.

② 武性(무성)[流動的數유동적수] -

7, 8, 17, 18, 23, 25, 31, 33, 37, 39, 47, 52, 67, 68, 81.

※ 註(주)

○ 이상의 各個特殊運數(각개특수운수)는 姓名四格(성명사격)[人, 地, 外, 總] 중, 何格在位(하격재위)를 莫論(막론)하고 該當運氣(해당운기)가 靈動(영동)한다. 단 人格과 總格(총격)에 在位時(재위시)는 더욱 强靈動(강영동)한다.

○ 各格數理(가격수리)의 調和及三才五行配置(조화급삼재오행배치) 內外運等(내외운등)이 適合侍(적합시) 此等特殊運氣中(차등특수운기중)[吉面]이 强靈動(강영동)하고 [凶面]은 相當緩和又(상당완화우)는 解消(해소)된다.

○ 姓名判斷(성명판단)의 要領說明(요령설명)을 再吟味(재음미)하고 數理와 五行等(오행등)의 相互連關(상호연간), 變化(변화)에 格別留意(격별유의)을 요한다. 특히 姓名學(성명학)은 細小(세소)한 點(점)과 一字一局(일자일국)이라도 疎忽取扱(소홀취급)은 불가하다.

6. 八十一數(팔십일수)의 運氣要訣(운기요결)

姓名判斷(성명판단)의 參考資料(참고자료)로 八十一數(팔십일수) 運氣要訣(운기요결)을 아래와 같이 첨가한다.

※이상—(○ 吉 △ 半吉 ×凶)

○ 1 - 前運數(전운수). 自動運數(자동운수). 天官數(천관수)

天地開端萬物成(천지개단만물성). 健全發達又威望(건전발달우위망).

首領名譽得富榮(수령명예득부영). 一生享福極貴珍(일생향복극귀진).

× 2 - 前後合運數(전후합운수). 怪運數(괴운수)

混沌未定動搖數(혼돈미정동요수). 破財不安兼難離(파재불안겸난리).

變動無常多遭難(변동무상다조난). 辛苦病弱又短命(신고병약우단명).

○ 3 - 前運數(전운수). 他動運數(타동운수). 金與數(금여수)

諸事如意富貴榮(제사여의부귀영). 智達明敏兼首領(지달명민겸수령).

功名壽福皆獲得(공명수복개획득). 增進繁榮無限量(증진번영무한량)

× 4 - 前後合運數(전후합운수). 怪運數(괴운수). 金與數(금여수)

破壞滅裂萬事止(파괴멸렬만사지). 逆境病難兼夭折(역경병난겸요절).

破家亡身且凶變(파가망신차흉변). 辛苦之中有孝傑(신고지중유효걸).

○ 5 - 前運數(전운수). 他動運數(타동운수). 金與數(금여수)

福祿壽全陰陽合(복록수전음양합). 功名順利富榮達(공명순리부영달).

家業中興福德運(가업중흥복덕운). 衣食豊富受敬愛(의식풍부수경애)

○ 6 - 前運數(전운수). 他動運數(타동운수).

富裕安穩福祿至(부유온복록지). 盛運幸福集一門(성운행복집일문).

天乙貴人守身邊(천을귀인수신변). 盛中含衰要謹愼(성중함쇠요근신).

○ 7 - 後運數(후운수). 他動運數(타동운수).

剛毅果斷排萬難(강의과단배만난). 獨立權威又俊敏(독립권위우준민).

涵養修身兼雅量(함양수신겸아량). 吉慶增進大榮達(길경증진대영달).

○ 8 - 後運數(후운수). 他動運數(타동운수). 天官數(천관수)

意志堅剛有始終(의지견강유시종). 勤勉發展成大業(근면발전성대업).

忍耐克己求和平(인내극기구화평). 前難後易得成功(전난후이득성공)

× 9 - 前後合運數(전후합운수). 怪運數(괴운수).

興盡凶始入不幸(흥진흉시입불행). 有始無終別親苦(유시무종별친고).

病弱短命又凶禍(병약단명우흉화). 剋子窮迫孤寡悲(극자궁박고과비).

× 10 - 前後合運數(전후합운수). 怪運數(괴운수).

日沒零暗萬事空(일몰영암만사공). 家破財散又失意(가파재산우실의).

病弱短命多災難(병약단명다재난). 剋夫刑妻別親苦(극부형처별친고).

○ 11 - 前運數(전운수).

春陽成育漸茂盛(춘양성육점무성). 挽回家運再興家(만회가운재흥가).

穩健着實富貴榮(온건착실부귀영). 順調發展得人望(순조발전득인망).

× 12 - 前後合運數(전후합운수). 怪運數(괴운수).

無理伸長不如意(무리신장불여의).中途挫折又災厄(중도좌절우재액).

家庭緣薄孤獨運(가정연박고독운). 守分自重保平安(수분자중보평안).

○ 13 - 前運數(전운수). 自動運數(자동운수).

智慧充滿多藝能(지혜충만다예능). 能忍能柔善處事(능인능유선처사).

好奇過信要謹愼(호기과신요근신). 功業成就得富榮(공업성취득부영).

× 14 - 前後合運數(전후합운수). 怪運數(괴운수).

興敗無常別親告(흥패무상별친고). 家族緣薄孤獨命(가족연박고독명).

失意煩悶多災厄(실의번민다재액). 徒勞無功不如意(도로무공불여의).

○ 15 - 前運數(전운수). 他動運數(타동운수).

福壽圓滿德望高(수복원만덕망고). 立身興家成大業(입신흥가성대업).

財子壽全貴人助(재자수전귀인조). 富貴繁榮有餘慶 (부귀번영유여경).

○ 16 - 前運數(전운수). 他動運數(타동운수). 天官數(천관수)

貴人得助富榮達(귀인득조부영달). 初困後成爲首領(초곤후성위수령).
逢凶化吉事業成(봉흉화길사업성). 不可貪色倨慢心 (불가탐색거만심).

○ 17 - 後運數(후운수). 天官數(천관수)
剛情不屈權威高(강정불굴권위고). 健全暢達除萬難(건전창달제만난).
須事勤愼守溫和(수사근신수온화). 終得榮達大業成(종득영달대업성).

○ 18 - 前後合運數(전후합운수). 金與數(금여수)
智謀發展克難關(지모발전극난관). 立志必成事皆通(입지필성사개통).
過剛遭難養柔德(과강조난양유덕). 功名成就得榮達(공명성취득영달).

× 19 - 前後合運數(전후합운수). 怪運數(괴운수).
有始無終成事難(유시무종성사난). 風雲蔽月受挫折(풍운폐월수좌절).
辛苦夭折多遭難(신고요절다조난). 孤寡失子寂寞運(고과실자적막운)

× 20 - 前後合運數(전후합운수). 怪運數(괴운수).
破運別親災禍重(파운별친재화중). 百事不全不如意(백사불전불여의).
病弱短命孤寡愁(병약단명고과수). 一生不安陷逆境(일생불안함역경).

○ 21 - 前後合運數(전후합운수).
光風霽月權威高(광풍제월권위고). 立身興家富貴榮(입신흥가부귀영).
男子頭領得顯達(남자두령득현달). 女子剋夫終不幸(여자극부종불행).

× 22 - 前後合運數(전후합운수). 怪運數(괴운수).
秋草逢霜中折運(추초봉상중절운). 逆境困難不如意(역경곤란불여의).
孤愁病弱難得安(고수병약난득안). 晚運凋落心身苦(만운조락심신고).

○ 23 - 前運數(전운수).
凱旋將軍勢壯麗(개선장군세장려). 功名榮達大志成(공명영달대지성).
猛虎添翼過急進(맹호첨익과급진). 男子首領女寡婦(남자수령여과부).

○ 24 - 前運數(전운수). 他動運數(타동운수). 金與數(금여수)
財益豊富智謀多(재익풍부지모다). 難中成功入大業(난중성공입대업).
子孫餘慶富貴榮(자손여경부귀영). 家門繁昌福無量(가문번창복무량)

○ 25 - 前運數(전운수).
資性英敏有奇才(자성영민유기재). 榮譽財錄成大業(영예재록성대업).
怪癖不和起障害(괴벽불화기장해). 修身涵養得人和(수신함양득인화)

× 26 - 前後合運數(전후합운수).怪運數(괴운수).金與數(금여수)
變怪異奇如英傑(변괴이기여영걸). 吉凶極端多曲折(길흉극단다곡절).
變動無常多波瀾(변동무상다파란). 離別孤寡難得安(이별고과난득안).

△ 27 - 前後合運數(전후합운수).
慾望無限受中折(욕망무한수중절). 有始無終多厄難(유시무종다액난).
剛情過强受批難(강정과강수비난). 嬌正自省得富榮(교정자성득부영).

× 28 - 前後合運數(전후합운수).怪運數(괴운수).天官數(천관수)
豪傑氣慨受批難(호걸기개수비난). 遭難不安終身苦(조난불안종신고).
夫婦相剋家運落(부부상극가운락). 孤苦無依多辛勞(고고무의다신노).

△ 29 - 前後合運數(전후합운수). 天官數(천관수).
慾望過多希望高(욕망과다희망고). 智謀才略有財祿(지모재략유재록).
猜忌過慾性自改(시기과욕성자개). 龍得風雲成大業(용득풍운성대업).

△ 30 - 前後合運數(전후합운수). 怪運數(괴운수). 天官數(천관수).
絶死逢生吉凶半(절사봉생길흉반). 時利時敗好冒險(시리시패호모험).
興敗不定孤寡悲(흥패불정고과비). 處事細慮保平安(처사세려보평안)

○ 31 - 前運數(전운수). 自動運數(자동운수).

智仁勇三德具全(지인용삼덕구전). 地位名譽事業成(지위명예사업성).
富貴繁榮福祿至(부귀번영복록지). 衆人之上德望高(중인지상덕망고).

○ 32 - 前運數(전운수). 他動運數(타동운수).
池中之龍未得時(지중지용미득시). 風雲際會可昇天(풍운제회가승천).
僥倖惠澤貴人扶(요행혜택귀인부). 善捉機會得富榮(선착기회득부영).

○ 33 - 前運數(전운수). 天官數(천관수).
名富双受權威高(명부쌍수권위고). 家門隆昌震天下(가문융창진천하).
男子富貴女孤寡(남자부귀여고과). 運氣極旺要謹愼(운기극왕요근신).

× 34 - 前後合運數(전후합운수). 怪運數(괴운수).
艱難不絶失幸福(간난불절실행복). 破家亡身多危險(파가망신다위험).
配偶子女離別苦(배우자녀이별고). 凶生大凶接踵來(흉생대흉접종래).

○ 35 - 前後合運數(전후합운수). 他動運數(타동운수).
優雅發展好文藝(우아발전호문예). 才智努力獲成功(재지노력획성공).
溫和平安保守財(온화평안보수재). 此數最適女性運(차수최적여성운).

× 36 - 前後合運數(전후합운수). 怪運數(괴운수).
波瀾變動多困苦(파란변동다곤고). 一生浮沈萬事難(일생부침만사난).
風浪不靜難得安(풍랑부정난득안). 捨己成仁風雲兒(사기성인풍운아).

○ 37 - 後運數(후운수). 自動運數(자동운수).
權威顯達得衆望(권위현달득중망). 排除萬難成大業(배제만난성대업).
忠實熱誠運極旺(충실열성운극왕). 涵養德性要愼重(함양덕성요신중).

× 38 - 前後合運數(전후합운수). 怪運數(괴운수).
薄弱平凡無威力(박약평범무위력). 中途挫折失意事(중도좌절실의사).
技能藝術成功數(기능예술성공수). 始終努力得向上(시종노력득향수)

○ 39 - 後運數(후운수). 他動運數(타동운수).
撥亂一過風浪靜(발란일과풍랑정). 雲開見月得富榮(운개견월득부영).
男子首領女孤寡(남자수령여고과). 內藏敗兆要謹愼(내장패조요근신).

△ 40 - 前後合運數(전후합운수). 怪運數(괴운수). 金與數(금여수).
智謀膽力好投機(지모담력호투기). 批難遭難孤哀悲(비난조난고애비).
謹愼謙讓處世者(근신겸양처세자). 絶死逢生保平安(절사봉생보평안).

○ 41 - 後運數(후운수). 他動運數(타동운수).
德望高大名譽振(덕망고대명예진). 智謀膽力財富運(지모담력재부운).
富貴榮華福祿至(부귀영화복록지). 前途洋洋成大業(전도양양성대업).

× 42 - 前後合運數(전후합운수).
多藝多能聰明才(다예다능총명재). 意志薄弱不專心(의지박약부전심).
終乃十藝九不成(종내십예구불성). 孤獨失望不如意(고독실망불여의).

× 43 - 前後合運數(전후합운수).
兩夜之花薄命格(양야지화박명격). 外幸內苦多散財(외행내고다산재).
權謀術策假虛飾(권모술책가허식). 失去信用踏死線(실거신용답사선).

× 44 - 前後合運數(전후합운수).怪運數(괴운수).天官數(천관수)
一時幸運傾斜盡(일시행운경사진). 極盛極敗家破亡(극성극패가파망).
遭難辛苦多障碍(조난신고다장애). 橫厄短命悲哀運(횡액단명비애운).

○ 45 - 前運數(전운수). 他動運數(타동운수).天官數(천관수)
智謀遠大經綸深(지모원대경륜심). 九死一生遇災難(구사일생우재난).
新生開運獲大功(신생개운획대성). 名振天下富貴榮(명진천하부귀영)

× 46 - 前後合運數(전후합운수). 怪運數(괴운수).

薄弱無力多辛苦(박약무력다신고). 一生困難受災殃(일생곤란수재앙).
病弱孤貧悲哀運(병약고빈비애운). 變怪異奇不知格(변괴이기불지격).

○ 47 - 後運數(후운수). 他動運數(타동운수).
開花結實衣食足(개화결실의식족). 大志成就天賦幸(대지성취천부형).
他人合作成大業(타인합작성대업). 子孫繁榮有餘慶(자손번영유여경).

○ 48 - 後運數(후운수). 自動運數(타동운수).
智謀才能德望高(지모재능덕망고) 顧文師表受尊敬(고문사표수존경).
名富双受天賦福(명부쌍수천부복). 威望洋洋得榮達(위망양양득영달).

× 49 - 前後合運數(전후합운수).
吉時大吉凶時凶(길시대길흉시흉). 吉凶難分變化運(길흉난분변화운).
若逢凶運災禍來(약봉흉운재화래). 中末變成辛苦數(중말변성신고수).

× 50 - 前後合運數(전후합운수).
一成一敗一瞬間(일성일패일순간). 晩年失敗難得安(만년실패난득안).
一度富榮一朝夢(일도부영일조몽). 離受孤寡遭慘敗(리수고과조참패).

× 51 - 前後合運數(전후합운수). 金與數(금여수).
一盛一衰是運路(일성일쇠시운로). 早年盛運得名富(조년성운득명부)
可惜失敗受困苦(가석실패수곤고) 修養自重保平安(수양자중보평안).

○ 52 - 前運數(전운수). 自動運數(자동운수) 天官數(천관수). 金與數(금여수).
先見之明察時世(선견지명찰시세). 卓識技巧好投機(탁식기교호투기).
一擧千里得功名(일거천리득공명) 成就大業享富榮(성취대업향부영).

× 53 - 前後合運數(전후합운수). 天官數(천관수).
前半幸福後不幸(전반행복후불행). 外吉內禍多憂愁(외길내화다우수).

晩年多災破家産(만년다재파가산). 他運補救僅保安(타운보구근보안).

× 54 - 前後合運數(전후합운수).

破家亡産多障碍(파가망산다장애). 憂苦損失災禍來(우고손실재화래).

離別橫厄凶慘憺(이별횡액흉참담). 辛苦不絶大凶數(신고불절대흉수).

△ 55 - 前後合運數(전후합운수).

一面極盛一面衰(일면극성일면쇠). 外美內苦多災害(외미내고다재해).

吉中有凶不得安(길중유흉불득안). 不屈堅志克難關(불굴견지극난관).

× 56 - 前後合運數(전후합운수).

萬事齟齬成事難(만사저어성사난). 日暮暗澹精力退(일모암담정력퇴).

薄弱挫折災禍至(박약좌절재화지). 家破財散孤無依(가파재산고무의).

○ 57 - 後運數(후운수). 自動運數(타동운수).

雪中靑松性剛毅(설중청송성강의). 前半必遭大災難(전반필조대재난).

然後繁榮事亨通(연후번영사형통). 終到富貴福無量(종도부귀복무량).

○ 58 - 後運數(후운수). 他動運數(타동운수).

早年大敗再興家(조년대패재흥가). 先苦後甘富榮達(선고후감부영달).

禍福無常渡困厄(화복무상도곤액). 大器晩成得幸福(대기만성득행복).

× 59 - 前後合運數(전후합운수).

有始無終不成事(유시무종불성사). 失望逆境終身苦(실망역경종신고).

一旦遇災終不起(일단우재종불기). 辛慘非命大凶數(신참비명대흉수).

× 60 - 前後合運數(전후합운수).

動搖不安多災禍(동요불안다재화). 暗黑無光事難成(암흑무광사난성).

無謀無算陷失敗(무모무산함실패). 病弱短命受苦厄(병약단명수고액).

○ 61 - 前運數(전운수).

名富兩得富貴榮(명부양득부귀영). 倨慢不遜失人和(거만불손실인화).

家庭風波人不和(가정풍파인불화). 修身養德要勤愼(수신양덕요근신).

× 62 - 前後合運數(전후합운수).

雪上加霜無氣力(설상가상무기력). 信用失去受災難(신용실거수재난).

家運漸衰多辛苦(가운점쇠다신고). 步步失意敗亡數(보보실의패망수).

○ 63 - 前運數(전운수).

富貴繁榮得信望(부귀번영득신망). 延年益壽福無窮(연년익수복무궁).

子孫餘慶身平安(자손여경신평안). 福祿兩全幸福人(복록양전행복인).

× 64 - 前後合運數(전후합운수).

一家離散多破壞(일가이산다파괴). 病厄災禍重重來(병액재화중중래).

一生難得平安時(일생난득평안시). 孤獨悲愁辛苦運(고독비수신고운).

○ 65 - 前後合運數(전후합운수).

萬事如意得平安(만사여의득평안). 家運隆昌貴重運(가운융창귀중운).

事事成就喜樂樂(사사성취희락락). 富貴長壽福無量(부귀장수복무량).

× 66 - 前後合運數(전후합운수).

多慾去福失信用(다욕거복실신용). 進退兩難不自由(진퇴양난부자유).

損害破滅災厄至(손해파멸재액지). 破家亡身衰退數(파가망신쇠퇴수).

○ 67 - 後運數(후운수). 自動運數(자동운수).天官數(천관수).

四通八達萬事成(사통팔달만사성). 興家入業富貴榮(흥가입업부귀영).

事事如意無障碍(사사여의무장애). 慾上加慾要勤愼(욕상가욕요근신).

○ 68 - 後運數(후운수). 他動運數(타동운수).金與數(금여수).

勤勉力行意志强(근면력행의지강). 智慧總名信用厚(지혜총명신용후).
發明機能兼藝才(발명기능겸예재). 立身興家得名望(입신흥가득명망).

× 69 - 前後合運數(전후합운수).
動搖不安逢波瀾(동요불안봉파란). 非業破敗逆境來(비업파패역경래).
精神異狀失望苦(정신이상실망고). 病災短命陷危境(병재단명함위경).

× 70 - 前後合運數(전후합운수). 金與數(금여수).
家運衰退離別苦(가운쇠퇴이별고). 憂愁不絶多遭難(우수불절다조난).
不具廢疾無用人(불구폐질무용인). 一生慘憺寂寞數(일생참담적막수)

△ 71 - 前後合運數(전후합운수).
富貴福祿安泰運(부귀복록안태운). 外室內虛辛苦多(외실내허신고다).
內面幸福外煩悶(내면행복외번민). 忍耐修身家保安(인내수신가보안).

× 72 - 前後合運數(전후합운수).
幸福之中有苦病(행복지중유고병). 苦病之中有幸福(고병지중유행복).
前半幸福後半悲(전반행복후반비). 前半辛苦後半樂(전반신고후반락).

× 73 - 前後合運數(전후합운수).
志高力弱事難成(지고력약사난성). 盛衰交來小成運(성쇠교래소성운).
一生平安得靜逸(일생평안득정일). 勇往邁進事達成(용왕매진사달성)

× 74 - 前後合運數(전후합운수). 天官數(천관수).
無智無能出世難(무지무능출세난). 徒衣徒食無用人(도의도식무용인).
秋風落葉受災厄(추풍낙엽수재액). 到老益甚嘆人生(도로익심탄인생).

△ 75 - 前後合運數(전후합운수).
進取不吉退守吉(진취불길퇴수길). 作事妄進大敗數(작사망진대패수).
急作成功多失敗(급작성공다실패). 退守安靜保平安(퇴수안정보평안).

× 76 - 前後合運數(전후합운수).

一家離散破家財(일가이산파가재). 名譽地位失信用(명예지위실신용).
妻子離別孤苦運(처자이별고고운). 病弱短命悲愁嘆(병약단명비수탄)

△ 77 - 前後合運數(전후합운수).

長上惠助福祿至(장상혜조복록지). 前樂後苦悲嘆運(전락후고비탄운).
中年幸福晩年悲(중년행복만년비). 中年不幸晩年樂(중년불행만년락).

△ 78 - 前後合運數(전후합운수).

中年成功富貴運(중년성공부귀운). 晩年辛苦不幸數(만년신고불행수).
若得他吉運補救(약득타길운보구). 可免凶禍保安泰(가면흉화보안태).

× 79 - 前後合運數(전후합운수). 金與數(금여수).

精神不定無節操(정신부정무절조). 失去信用受批難(실거신용수비난).
有勇無謀遇慘敗(유용무모우참패). 他人所棄廢物輩(타인소엽폐물배).

× 80 - 前後合運數(전후합운수).

艱難辛苦多波瀾(간난신고다파란). 病弱短命災厄重(병약단명재액중).
凡俗離脫修行者(범속이탈수행자). 安心立命小安康(안심입명소안강).

○ 81 - 前運數(전운수). 自動運數(자동운수).天官數(천관수).

陽氣來復還元一(양기래복환원일). 春風駘蕩慶福多(춘풍태탕경복다).
富貴名譽福祿重(부귀명예복록중). 尊榮無比貴珍格(존영무비귀진격).

7. 姓名(성명)과 運命判斷要領(운명판단요령)

1) 姓名全體條件(성명전체조건)의 相互聯關性(상호연관성)

가령 일생 운명을 연극 흥행에 비유하면.

① **總格(총격)은,**

劇場(극장), 施設(시설), 舞臺(무대) 등의 好(호), 惡(오)과 같으며, 興行(흥행)의 土臺(토대), 範圍(범위)를 암시.

② **三才配置(삼재배치)는,**

觀衆(관중)의 多寡(다과), 收入(수입)의 多少(다소) 등과 같으며 成(성), 不成(불성), 大成(대성), 小成(소성) 을 暗示(암시)함.

③ **地格(지격)은,**

演題(연제), 脚本(각본), 裝置(장치) (등의 好(호), 惡(오)과 같으며, 準備基礎(준비기초)를 暗示(암시)함.

④ **人格(인격)은,**

管理者(관리자), 指揮者(지휘자), 主演者(주연자), 演技者(연기자) 등의 好(호), 惡(오)과 같으며, 主動的(주동적) 役割(역할)을 暗示(암시)함.

⑤ **外格及內外運(외격급내외운)은,**

位置條件(위치조건), 日氣條件(일기조건), 行事進行(행사진행), 其他環境(기타환경) 등의 好(호), 惡(오)와 같으며, 不動的役割(부동적역할)을 暗示(암시).

⑥ **其他(기타)**

[字意(자의), 字體(자체), 音靈(음령), 陰陽(음양) 등]**는** 輿行上(흥행상)의 奇品(기품)과 提調和等(제조화등)과 같다.

이상 조건과 같이 설령, 극장, 시설 등[**總格총격**]이 웅대하여도, 연제, 각본[地格지격]이 안 좋으면 인기가 없고 관리자, 주연자 등[**人格인격**]이 안 좋으면 더욱 실패할 것이며 이에 첨가하여 위치조건, 일기조건, 행사진행, 기타환경 등 [**外格及內外運(외격급내외운)**]이 안 좋으면 완전성공이 불능이오. 기타(字意, 字體 등)가 안 좋으면 기품이 없고 조화를 失할 것이며, 관중과 수입[**三才配置(삼재배치)**]이 작으면 破財(파재)로 돌아갈 것이다. 그러므로 姓名學各運(성명학각운)은 상호연관으로 一生運命(일생운명)을 지배하는 것이다.

2) 姓名學各運(성명학각운)의 運行上(운행상), 靈動期(영동기)

① **地格(지격) [前運전운]**

強動(강동)-[1세~20세] 弱動(약동)[21세~36세] 단 人格(인격), 또는 地格(지격)의 수리배치여하로, 일생길흉에 關聯(관련)있다.

② **人格(인격) [主運주운]**

弱動(약동)[1세~20세] 強動(강동)-[21세~27세] 弱動(약동)[28세~36세] 단 一生運命(일생운명)의 대부분을 좌우한다.

③ **外格(외격) [副運부운]**

强動(강동)-[27세~36세] 弱動(약동)[37세~47세] 단 人格(인격)과 연관으로 일생운명을 左右(좌우)한다.

④ **總格(총격) [後運후운]**

弱動(약동)[1세~35세] 强動(강동)-[36세~晩年] 단 地格(지격)의 數理配置如何(수리배치여하)로 一生吉凶(일생길흉)에 관련 있다. 또, 初, 中期(초중기)에 强動者(강동자)가 許多(허다)하다.

⑤ **基礎運(기초운)**

비교적 초중년 이후에 强動(강동)한다. 단 일생운명에 관련한다.

⑥ **成功運(성공운)**

비교적 중년 이후에 强動(강동)한다. 단 일생 운명에 관련한다.

⑦ **內外運(내외운)**

비교적 중년 이후에 强動(강동)한다. 단 일생 운명에 관련한다.

⑧ **三才配置(삼재배치)**

一生을 통하여 均等靈動(균등영동)하며 一生(일생)의 成, 不成(성, 불성)을 좌우하는 중대 작용을 한다.

※ 姓名運靈動期(성명운영동기)의 [强, 中, 弱]比較(비교)

	强動(강동)	中動(중동)	弱動(약동)
地格 -	1세~18세.	18세~21세	21세~36세
人格 -	21세~36세.	8세~21세	1세~ 8세
外格 -	27세~36세.	36세~47세	1세~27세
總格 -	36세~ 終 .	8세~36세	1세~ 8세

◎ 단, 각격의 상호연관으로 운세가 결정됨.

3) 姓名鑑定順序(성명감정순서)와 留意點(유의점)

① 姓名各字(성명각자)의 正確(정확)한 획수 산정) - 본서 부록 자 획수의 각 란 참조

㉠ 男女(남녀)의 구별과 연령

㉡ 생년 간지와 생월, 생일 대조

㉢ 或(혹) 중간에 개명의 여하?

② 五格(오격)[天, 人, 地, 外, 總]의 分類(분류)

③ 字意(자의), 字體(자체), 音靈(음령). 陰陽(음양) 등의 조화감별.

④ 各格(각격)[人, 地, 外, 總]의 길흉감별

㉠ 各格數(각격수)의 81수영도대조

단 과도한 强盛運數(강성운수)는 그 사람의 환경 여하에 의하여 혹, 반길위흉조의 작용을 하니, 환경과 배합관계를 심사할 것.

㉡ 先着眼(선착안), 인격수와 총격수의 길흉감별.

㉢ 人格(인격)[主運]端數(단수)의 品行性格表示對照(품행성격표시대조). 단 특히 총격수리의 특질과 삼재오행의 특질 등 일부분 이 그 사람의 品行(품행)에 相當程度(상당정도)로 反映表示(반영표시)되는 것이니 종합 심사할 것.

㉣ 각격수의 특수운기암시대조 각 특수운기 개별적 영동를 중시할 것.

㉤ 각운의 행운 상, 靈動期(영동기)의 반응감별.

㉥ 姓名行運衝突期年齡(성명행운충돌기년령)의 반응별.

㉦ 생년 삼재 입출년 급공망의 반응감별.

㉧ 성명과 얼굴과의 관련성 대조.

⑤ 基礎運及成功運(기초운급성공운)의 길흉감별

㉠ 특히 對父母(대부모), 長上關係(장상관계)와 對妻子(대처자), 部下關係等(부하관계 등)을 중시할 것.

⑥ 내외운의 길흉감별

㉠ 내외운이 흉이면 삼재배치 급 각 격수가 길하여도 성사, 또는 출세 도중에 [대계, 35, 36世至 46, 47世至間] 중단이 허다하니 중시할 것.

㉡ 또 내외운이 길이고 삼재배치가 길하면 가령, 人格(인격)이나, 혹은 總格(총격), 기타 격에 상처, 과부 등의 흉수가 유하여도 대계, 50세 전까지는 其厄(기액)이 未到(미도)할 수 있다.

⑦ 삼재배치의 吉凶鑑別(길흉감별)

㉠ 각격이 좋은 수리이나, 삼재가 흉하면 , 혹 일시 성사라도 종내 불운이다.

㉡ 각격이 좋은 수리이나, 삼재가 길하면, 다소 만액, 소성할 수 있다.

㉢ 각격이 좋은 수리이나, 삼재가 길하면, 대성하고 행복하다.

㉣ 先天運五行(선천운오행)의 相生相剋制化及喜忌調(상생상극제화급희기조화)의 대조.

⑧ 疾病有無(질병유무)의 鑑別(감별)

㉠ 오행상극 발생 병질 대조

㉡ 삼재 배치의 병질 대조 삼재배치가 불호하면, 현재 건강하더라도 조만간 질환이 꼭 있다.

㉢ 各生月人의 선천운적질병대조

⑨ 一生運命綜合判斷(일생운명종합판단)

㉠ 이상과 같이 각운이 상호접촉, 포합, 반발, 變怪(변괴), 突然轉回(돌연전회)으로 각종 변화가 생하는 것이므로, 비단 일격이나, 혹은 양격의 수리만으로 길흉판단은 불가하며, 또 최고 중요한 삼재배합과 내외운에 중점을 직하고 각 조건을 심사 고찰하여 가히 판단을 요한다.

㉡ 또 본서의 초두부터 종미까지의 설명은 一語一句(일어일구)가 상호연관성으로 일관된 것이므로 하면 확연히 知悉(지실)하게 된다.

㉢ 성명의 主運(주운), 副運(부운)의 數理가 흉이면, 전운이 길수라도 成功至難(성공지난)이오, 또, 主, 副, 運이 좋은 수리이고, 전운이 좋으면, 대계 오십세 전후에 諸事順成幸運(제사순성행운)이다.

㉣ 단, 若後運(약후운)이 흉이면 대계, 오십세 전후하여 역시 其數理相當(기수리상당)의 災禍(재화)를 難免(난면)이며 主, 副運이 흉수이나 후운이 양호이면 만년에 어느 程度平安(정도평안)할 수 있는 것이다.

㉤ 그러므로 인체의 오장 기능 중 일부가 고장이면 불편이 유함과 같이 姓名各運中(성명각운중), 일격이 불길이라도 필히 其相當

(기상당)의 災厄(재액)이 大, 小間에 도래하는 것이다.

⑩ 姓名鑑定(성명감정)의 결론

㉠ 전술한 구개 항목의 유의점을 심사할 것은 물론이거니와 특히 길운의 수리나 길운의 삼재배합운급 내외운에도 일부의 반기운인 [凶面]이 있는 것은 본서 각 해당란에 기술한 바와 같으나 성명의 행운감정상, 감안 주시할 점은 각격 수리 중에 有吉數(유길수)라도 삼재배치급내외운이 흉하면 그 사람의 行運上(행운상)에 있어서 대계 수리의 吉面靈動(길면영동)은 약화감소되고 凶面靈動(흉면영동)이 강력유도하게 되는 것이며 반면에 삼재배치급내외운이 길운이라도, 각격 수리 중에 흉수가 있으면 그 사람의 行運上(행운상)에 있어서 대계, 삼재배치급내외운의 吉面靈動(길면영동)은 약화 감소되고 凶面靈動(흉면영동)이 강력유도하게 된다는 점을 중시하여야 한다. 또 此點(차점)은 성명 행운 충돌기 년령과 행년신수의 길흉 등을 대조하여 감정을 요한다.

㉡ 다시 81수의 각개 특수운기 중에 변괴이기, 혹은 변화적인 수리와 또는 삼재배합 중에 변괴운 등은 극히 희소한 예로써 각격 수리 배치여하에 의하여 異奇的(이기적)인 변화가 발생하여 그 수리와 삼재상당의 파란과 모험을 대소 간에 경과 후에 돌연전회로 일시 성공발달 수가 유하게 되는 것이다.

이상 결론으로 성명 각격 수리와 삼재배합급 내외운, 기타 성명 구성의 각 조건 등을 본서 해당란의 설명에 의하여 상호연관성으로 심사 연구하면 知悉(지실)할 수 있음을 부언한다. [達士는 知命]이오, [善名은 命善]이라 하였다. 人人이 必須知自己運命(필수지자기운명)하고 [善名]으로써 避凶趨吉(피흉추길), 轉禍爲福(전화위복)으로 행운을 開拓(개탁)하면, 필히 입신, 흥가, 성공, 행복을 득할 것이며 더한층 부국강민으로 발전할 것이다.

6). 姓名判斷例示(성명판단예시)

성명 판단은 전술한 요령에 의하여 세밀히 감정하면 운로를 확연하게 察知(찰지)할 수 있다.

아래에 간단하게 예시한다.

[남자의 경우]

三才五行 (金)		(水)		(火)		
	天格7	人格20		地格23	總格	
1	6	14		9	29	
假成	朴	榮		奎	外格 10 水	
癸巳生						
六神	丙丁	戊	己	庚辛	壬癸	甲乙
地支	火	火	火	火	火	火
音靈	바	ㄱ	여	ㅇ	규	
六獸	白虎	螣蛇	句陳	朱雀	靑龍	玄武
六親	官	父	孫	孫	父	

위의 사람은 얼굴이 준수하고(인격20, 외격10) 相當活動性(상당활동성 총격29)이며 功名榮達大志成(공명영달대지성 지격23)이나 破運別親災禍重(파운별친재화중 인격20), 剋夫刑妻別親苦(극부형처별친고 외격10). 특히 인격20수가 안 좋은데 운이 안 좋을 때에는 지격23수와 결합하여 안 좋은 일이 배가 되어(절처봉생, 조난, 교통사고, 재난, 패가, 극부, 극자)해서 흉화를 당한다. 운이 좋아서 공명영달을 이룬 후 특히 조심하여야 하며 그렇지 않을 경우 反吉爲凶(반길위흉)되어 樂極生悲(락극생비)라. 육친을 보면 청룡부에 등사 부라 인덕이 있고 모든 사람에 호감

이 가고 윗사람의(조상의) 덕으로 성공한다. 자손을 보면 둘을 나으면 하나는 효자고 한명의 자식은 불효자다. 한명을 나면 평생 자식 때문에 마음에 한을 갖고 사는 형상이다. 직장에서 최고가 된 다음에는 급전직하로 낭떠러지기로 몰리는 형상이니 특히 조심하여야 하며 삼재오행이 金水火라(삼재오행참조) 金. 水. 火 – 凶 變怪運

1. 책임감이 강하고 노력가형으로서 신경이 예민하다. 부모와 조상대의 풍족함이 전수되고 손윗사람의 협력으로 초반 운세는 순조로우나 중년에는 실패와 성공이 교차되므로 심리적인 불안이 커진다. 가정적으로 부부불화, 자녀는 엄한 부모의 성격에 반발한다.

2. 특질 : 강하고 노력가이며, 민감하고 신경질적이다.

3. 운세 : 조상의 은혜와 덕이 있다. 일시 대성공 발전한다. 돌발 급변의 재앙이 있다. 일생 중에 반복해서 성공과 실패를 한다. 처자를 극하고 가정 불행, 심장병, 급사, 횡사의 염려라.

인생에 43 ~ 48세에는 배우자 이별이 있고 52 ~ 55세 자식 이별이 있으니 조심하여야 한다.

[여자의 경우]

三才五行	(火)	(火)	(木)	
	天格13	人格24	地格21	總格
1	12	12	9	33
假成	黃	順	姬	外格 10 水

위의 사람은 얼굴이 아름답고(人格24) 애교성이 있어(人格24, 總格33), 좋으나 外格10수가 剋夫(극부), 傷子(상자), 災難運數(재난운수)라. 또 지격21, 총격33, 수가 剋夫(극부), 과부운으로 병약 또는 가정

불행을 면하기 어렵다. 단, 초년에 多少霜雪之苦(다소상설지고)와 (地格21)艱難辛苦數(간난신고수人格24)가 있으나 總格(총격)33수가 前運數(전운수)로 발달수이고 基礎運(기초운) 火木, 成功運(성공운) 火火 三才配置(삼재배치), 火火木이 길운으로 中年以前(중년이전)에 相當程度(상당정도)로 發展(발전)한다. (예능방면)

그러나 내외운 火水가 흉하고 외격10수가 불길로 중년 이후에 因苦不幸(인고불행)에 빠져 들어감. 行運衝突期年齡(행운충돌기년령) 34세 전후, 寡婦之嘆(과부지탄)을 면하기 어렵고, 설혹 배우자 이별이 없을지라도 항상 가정풍파가 이어지고 혹은 본인이 병에 결려서 부부해로 하지 못하고 불행에 빠지게 된다.

위의 예시에서 보듯 남녀, 성명판단예시를 참고로 판단요령과 유의점에 의하여 연구와 고찰을 요한다.

하편

應用秘法

제1장 音響(음향)의 原理(원리)

1.音響五行(음향오행)의 靈力(영력)

이 오행이란, 金木水火土인데, 이 音響五行(음향오행)은 音響[(음향)소리]에서 추출한 것을 말한다. 音響[(음향)소리]은 신비한 響(향)이며 靈(영)의 妙音(묘음)이다. 인간과 더불어 삼라만상이 모두 소리와 함께 낳고 사라지고 다시 낳고 하는 것이다. 천지지간에 항상 그 무슨 소리는 끊임없이 나고 있다. 크게는 천체의 도는 소리가 있을 것이요, 작게는 벌레에 이르기까지의 숨 쉬는 소리도 있을 것이다. 소리 없음은 죽음이요, 소리는 존재의 이유인 것이다.

큰 소리와 큰 빛은 사람의 감각으로 인지 할 수 없다 한다. 태양계가 태양을 중심으로 회전하는 음향은 실로 굉장할 것이라 한다. 그러나 우리 인간 청각에 느낄 수 없는 것이다. 물리학에 의하면 음향의 진동수가 극히 적을 때나 클 때는 음향을 五官(오관)의 감각으로 느낄 수 없으며 그 진동수는 우리 주위에는 다양한 소리들이 존재한다. 이러한 소리들 중에는 우리가 분별해 낼 수 있는 소리들도 있지만, 파장이 너무 길거나 짧아서 분별해 낼 수 없는 소리들도 있다. 소리(sound, 音)란 사람의 청각기관을 자극하여 청각을 일으키는 것을 말하며, 사람이 들을 수 있는 소리의 범위는 진동수 20hz~20,000hz 사이의 가청음이다. 또한 진동수가 20,000hz이상인 소리는 초음파(超音波,supersound), 진동수가 20hz미만인 소리는 초저주파(超低周波, very low frequency[VLF])라고 한다. 가청 주파수가 넘어가는 이러한 음들은 우리 귀에는 들리지 않는 불가청음

(Infrasound)이다. 속담에 [言則必神]이라는 바와 같이 소리는 생각할수록 기묘한 영의 존재이다. 좋은 소리는 기쁨을 느끼게 하고, 안 좋은 소리는 기분 나쁘게 느끼게 되는 것은 음향이 사람에게 주는 직접적인 영향이라 하겠다. 뇌신경에 영향이 파급하게 되는 것은 즉 심신에 파급되는 것이니, 그 영향으로 말미암은 심신의 조화 부조화는 자기 총체인격을 대표하는 성명에 갖추어있는 音響波調(음향파조)의 성질과 數理靈動力(수리영동력)이 겉으로 나타나서 작용하되 인간운명의 진로에 조화 부조화로 발현되어 운명에 크게 영향을 준다는 것은 당연지사가 아닐 수 없다.

2. 音響五行(음향오행)의 五性別(오성별)

○ 음향의 오종성별

	主音	音	강약	행		종음	音	행
主音의五種	가, 카	牙	카 〉 가	木	종음의오종	ㄱ	아	목
	나 다 라 타	舌	타 〉 다	火		ㄴ, ㄹ	설	화
	아, 하	喉	하 〉 아	土		ㅇ, ㅎ	후	토
	사, 자, 차	齒	차〉 사, 자	金		ㅅ	치	금
	마, 바, 파	唇	파〉 마, 바	水		ㅁ, ㅂ	진	수

음향(音靈)을 오종음성의 종별로 분류하게 되는데, 그 발성의 음질에 의하여 정해지는 것으로써 예를 들면 [아]의 음은 목 속에서 우러나오는 喉音(후음)으로, 일체의 음성을 태생하는 근본 母音(모음)으로써 마치

만물을 발생 慈育(자육)하는 토양과도 같은 성질이다. 또는 [차]의 음은 前齒(전치) 상하의 間隙(간극)에서 강한 세력으로 發聲(발성)되는 齒音(치음)으로 銳氣(예기)를 함유한 鐵聲(철성)을 띤 음인 것과 같이, 어느 음이나 모두 그 특질에 따라 앞에 표시한 표와 같이 五大音(오대음)으로 분류되는 것이다.

3. 音響五行(음향오행)의 性質(성질)

① 가, 카 行(木) =

牙韻發音(아운발음)으로, 어금니쪽 舌根喉部(설근후부)의 開閉運動(개폐운동)에 의하여 發聲(발성)되며 堅實(견실), 思考(사고), 理想(이상), 自尊(자존) 등의 성질이 있다.

② 나, 다, 라, 타 行(火) =

舌韻發音(설운발음)으로 혀(舌)의 運動(운동)이 主動(주동)이 되어 發聲(발성)되며, 快濶(쾌활), 敏腕(민완), 活氣(활기), 旺盛(왕성) 등의 성질이 있다.

③ 아, 하 行(土) =

喉韻發音(후운발음)으로 喉部通聲(후부통성)이며, 모든 음성의 모체가 된다. 溫厚誠實(온후성실), 剛柔兼備(강유겸비), 自重努力(자중노력), 統師的性質(통사적성질)이 있음, 이 五行의 [하]음을 일본에서는 水로 쓰기도 하나 대한민국에서는 土로 쓴다.

④ 사, 자, 차, 行(金) =

齒韻發音(치운발음)으로 前齒間隙(전치간극)을 통해 銳利(예리)한 음이 發聲(발성)되며, 果斷勇敢(과단용감), 忍耐實力(인내실력) 등의 성질이 있음.

⑤ 마, 바, 파,行(水) =

唇韻發音(진운발음)으로 입술의 開閉運動(개폐운동)으로 發聲(발성)되는 音聲(음성)으로써, 智謀秀拔(지모수발), 臨機應變(임기응변), 淡白冷靜(담백냉정)의 性質(성질)이 있다.

4. 音響五行(음향오행)의 相生相剋關係(상생상극관계)

(1) 상생(相生)

* 목생화(木生火): 나무는 자신을 태워 불을 낳는다. 즉 木은 火를 生한다.
* 화생토(火生土): 불은 타서 흙(재)을 낳는다. 즉 火는 土를 生한다.
* 토생금(土生金): 흙이 바위가 되어 쇠(광석)가 나온다. 즉 土는 金을 生한다.
* 금생수(金生水): 바위(광석) 틈에서 물이 흘러나온다. 즉 金이 水를 生한다.
* 수생목(水生木): 물은 나무를 성장케 하는 근본이 된다. 즉 水는 木을 生한다.

(2) 상극(相剋)

＊ 목극토(木剋土): 나무뿌리는 흙을 파헤치며 깊게 침입한다. 즉 木은 土를 극한다.

＊ 토극수(土剋水): 흙은 물의 흐름은 막고 가둔다. 즉 土는 水를 극한다.

＊ 수극화(水剋火): 물은 불을 끈다. 즉 水는 火를 극한다.

＊ 화극금(火剋金): 불은 쇠를 녹인다. 즉 火는 金을 극한다.

＊ 금극목(金剋木): 쇠는 나무를 자른다. 즉 金은 木을 극한다.

(3) 비화(比和)

＊ 木木: 木과 木은 비화이면서 반합(反合)되어 흉하다.

＊ 火火: 火와 火는 비화이면서 반합(反合)되어 흉하다.

＊ 土土: 土와 土는 비화이면서 상합(相合)되어 길하다.

＊ 金金: 金과 金은 비화이면서 반합(反合)되어 흉하다.

＊ 水水: 水와 水는 비화이면서 상합(相合)되어 길하다.

5. 音響五行(음향오행)의 生剋作用力(생극작용력)

1) 木의 威力(위력)

① 木對木 = 동화되어 그 힘이 점점 신장한다.

② 木對火 = 다소 힘이 소모되나 상당한 위력이 있다.

③ 木對土 = 반발해서 되레 그 힘을 증대한다.

④ 木對金 = 억압당하여 그 힘이 발휘되지 못한다.

⑤ 木對水 = 특성이 증대되어 위력이 더욱 왕성해진다.

2) 火의 위력

① 火對木 = 특성이 증대하여 그 힘이 강해진다.

② 火對火 = 동화되어 그 힘이 점점 증대된다.

③ 火對土 = 조화되어 그 힘을 발휘하나 약간 감소된다.

④ 火對金 = 일시는 크게 반발하나 그 후 소모된다.

⑤ 火對水 = 특성이 제압당하여 무력해진다.

3) 土의 위력

① 土對木 = 그 특성이 억압당하여 그 힘이 발휘되지 못한다.

② 土對火 = 그 특성이 강화되어 대단히 증진 신장한다.

③ 土對土 = 비화되어 순조롭게 그 힘을 발휘한다.

④ 土對金 = 다소 힘이 소모되나 상당한 힘이 있다.

⑤ 土對水 = 서로 반발해서 오히려 그 힘이 소모되어 무력화한다.

4) 金의 위력

① 金對木 = 일시적으로 그 위력이 강화되나, 후에는 감소된다.

② 金對火 = 그 특성이 제압당하여 무력화된다.

③ 金對土 = 그 특성이 증대되어 위력을 충분히 발휘한다.

④ 金對金 = 동질반발하여 그 힘이 수축된다.

⑤ 金對水 = 약간 그 힘이 소모되나 순조롭다.

5) 水의 위력

① 水對木 ＝ 그 특성이 다소 감소되나 순조롭게 발휘한다.

② 水對火 ＝ 대단히 강한 반발력이 생겨서 그 힘을 소모한다.

③ 水對土 ＝ 그 특성이 제압당하여 무력화된다.

④ 水對金 ＝ 특성이 증대되어 그 힘이 강대해진다.

⑤ 水對水 ＝ 동화되어 그 힘이 신장되나 변화한다.

6. 主音(주음)과 從歌(종가)와의 連結關係(연결관계)

音響中(음향중)에 가령 [김]하면, [ㄱ]는 主音(주음)이 되고 [ㅁ]은 從音(종음)이 된다. 이 主從音(주종음)의 연결 여하에 따라 혹은 그 감정의 힘이 증대되는 경우도 있고, 혹은 상호반발해서 制剋消滅(제극소멸)되는 때도 있고, 또는 두 갈래로 나누어져서 더욱 왕성해지는 경우도 있는 것이다. 예를 들면 [김성훈]이라면 [기, 서, 후]는 주음이 되고, [ㅁ, ㅇ,ㄴ]은 종음이 된다. 그런데 주음이 상극할지라도 주와 종음이 서로 연결하여 상생하면 가하다. 따라서 주음이 상생하거나 ,또는 종음이 서로 연결 상생하면 길하나 主從全部(주종전부)가 상극하면 불길하다. 그러므로 가급적 善良(선량)한 音靈(음령)으로 그 관계를 조화시키게 되면, 呼名時(호명시)에 그 음파가 순조롭고 자연스러우며 또는 박력, 웅장, 온화, 청명감 등으로 그에 상응한 運性(운성)의 유도력이 발휘되며, 부조화되면 흉악의 운으로 유도된다. 그런데 다시 말해 둘 것은 姓字(성자)와 名(명)의 위 글자와의 音響(음향)에 가급적 火와 水, 火와 金, 木과 金 등의 연결은 피하는 것이 좋다. 이 音響(音靈)五行(음향오행)은 인체의 건강, 질병과 가정의 육친관계, 즉 부모 형제 처자 남편 등에 관한 영향력이 강하게 지배되는 부분이므로 중대한 역할을 차지하고 있다.

7. 우리나라 國文運歌(국문운가)

(ㄱ) 乾道順行男之道(건도순행남지도)

(ㄴ) 坤道逆受女之道(곤도역수녀지도)

(ㄷ) 四象現一求之道(사상현일구지도)

(ㄹ) 三才定位成之道(삼재정위성지도)

ㅁ) 南北谷合地之道(남북곡합지지도)

(ㅂ) 日月未成合之道(일월미성합지도)

(ㅅ) 兩儀始生人之道(양의시생인지도)

(ㅣ) 天柱中立心之道(천주중립심지도)

(ㅇ) 東西還回天之道(동서환회천지도)

(,) 後加一點言之道(후가일점언지도)

如何至九未及十(여하지구미급십)

半字不城一點成(반자불성일점성)

國文漢書挾擧寫(국문한서협거사)

陰化陽化無量化(음화양화무량화)

言之道之運之道(언지도지운지도)

運之道之天地道(운지도지천지도)

明君世宗明世化(명군세종명세화)

文明開化三千國(문명개화삼천국)

제2장 陰陽(음양)의 原理(원리)

陰陽(음양)은 기술한 바와 같이 太極(태극)에서 나온 것인데, 우주만유의 운행법칙으로 되어 있다. 즉 음양의 조화로 만물이 化生(화생)하는 것이니 陰(음)은 女요, 陽(양)은 男이다. 이 二氣(이기)가 교감하여 만물이 생하는 것이며, 삼라만상이 모두 음양의 상대성원리로 구성되어 생성변화하는 것이다. 즉 우주만유는 이 상대성원리로 男이 있으면 女가 있고 위가 있으면 아래가 있게 되고 大가있으면 小가 있게 되는 등의상대성원리로 조직 형성되어 있는 것이다. 이 음양의 조화 부조화는 건설 내지 파괴의 운성을 발휘하는 것이니, 身命運路(신명운로)에 크게 영향을 주는 것이다.

1. 陽(양)의 성질

陽(양)은 홀수로써 동적이며 강하고 적극적이다. 또한 남성격의 역할을 하고 있다.

성명이 전부 양수로 조직되어 있으면 활동성은 강하나 過强(과강)하여 저돌적인 기질로 인하여 破運(파운)을 당하는 수가 있다.

2. 陰(음)의 성질

陰(음)은 짝수로써 정적이며 연약하고 소극적이다. 여성격의 역할을 하며 내향적이요, 陰屈的(음굴적)으로써 성명이 純陰(순음)으로 조직되어 있으면 우유부단하며, 진전성이 약한 運性(운성)을 당하게 된다. 그러나 [先天四柱命]의 격국 여하에 따라 純陽(순양), 純陰(순음)으로 성명에 배열할 수 있으나 이는 드믄 경우이다.

제3장 字意選擇(자의선택)

자의는 성명의 정신이 동하면 마음이 응하니 성명의 字意精神(자의정신)은 그 인품의 기질과 器局(기국)의 깊고 얕음을 암시하며, 처세의 방향과 생활형태의 무형적면을 지배한다. 그러므로 성명의 자의를 선택할 시는 가급적 眞 善 美와 웅대, 고상한 자의를 내포한 문자 선택은 물론, 선천기국에 상응한 자의와 자의의 경중 등을 고려하지 않으면 안 될 것이다. 그러면 성명 자 선택의 선, 불선 즉 길흉의 대표적 문자를 다음과 같이 약간 적어둔다.

1. 이름에 함부로 사용하면 안 좋은 글자

乬, 福, 龍, 壽, 愛, 雲, 梅, 花, 吉, 童, 春, 星, 子, 玉, 順, 豊, 風, 極, 天, 分, 粉, 四, 九, 海, 萬, 馬, 了, 末, 寅, 虎

위의 글자들은 선천명과 조화하지 않으면, 대게 불길한 것이니 경솔히 사용해서는 아니 된다. 그 이유는 다음과 같다.

乬(걸)자는, 돌이니 賤(천)한 인상을 주며 短命(단명)하기 쉽다.

福(복)자는, 先天命(선천명)에 福星(복성)이 旺氣(왕기) 않으면 福(복)을 깨치는 것이며, 福(복)의 相對(상대)는 貧賤(빈천)한 고로 福(복)을 찾는 것과 같다.

龍(룡)자는, 先天命(선천명)에 龍氣(룡기) 즉 辰이 있어서 吉星(길성)이 되는 四柱格(사주격)과 또는 胎夢(태몽)에 登龍(등룡)의 形象(형상)을 본 이 외에는 不吉(불길)하며 특히 戌亥(술해)생에는 사용하면 안 된다.

壽(수)자는, 短壽(단수)와 賤(천)함을 암시한다.

愛(애)자는, 悲哀(비애)의 前提(전제)이니 不幸(불행)의 암시를 주며 夫婦之間(부부지간) 離別數(이별수)가 많다.

雲(운)자는, 同氣間(동기간) 友愛(우애)가 없으며 財物(재물)에 集散(집산)이 많다. 이자는 雅號(아호) 商號(상호)에는 길하다.

梅(매)자는, 寡婦(과부) 또는 花柳界(화류계) 여인이 많다.

花(화)자는, 花柳界 여인 아니면 夫婦運(부부운)이 否吉(불길)하다.

吉(길)자는, 淺(천)한 格(격)이요, 人品(인품)이 고상치 못하다.

童(동)자는, 人品(인품), 器局(기국)이 淺(천)하다.

春(춘)자는, 一時(일시)는 大成(대성)할 수 있으나 虛榮心(허영심)이 많아 실패한다.

星(성)자는, 短命(단명)한 자가 많다.

子(자)자는, 午未生(오미생)에 함부로 사용해서는 불길하다.(사주에서 子가 필요하면 가능)

玉(옥)자는 聰明(총명)하고 인품이 수려한 자가 많으며 일시 대성 할 수 있으나 단명한 자가 많다.

順(순)자는, 눈물 격으로써, 부부지간에 이별수가 많다.

風(풍)자와 豊(풍)자는, 재산이 一朝(일조)에 사라진다.

極(극)자 天(천)자는, 부모의 덕이 없고 가난하기 쉽다.

分(분)자 紛(분)자는, 孤寡(고과)가 많다.

四(사)자는, 短命(단명), 遭難(조난) 등의 凶運(흉운)을 당하는 수가 많다.

海(해)자는, 人生行路(인생행로)에 波瀾(파란)이 많다.

滿(만)자는, 月滿則虧(월만즉휴)하는 법으로 先富後貧格(선부후빈격)이다.

九(구)자는, 數(수)의 終末(종말)을 告(고)하는 數(수)로써, 大材(대재)가 無用格(무용격)이요 遭難(조난)을 당하기 쉽다.

馬(마)자는, 貧賤之格(빈천지격)이다.

了(료)자 末(말)자는, 萬物(만물)의 終末格(종말격)이다.

寅(인)자 虎(호)자는, 선천국에 寅이 필요한 외에는 사용하면 성격이 不遜(불손)하며 특히 申酉生에는 함부로 사용해서는 불길하다.

2. 이름에 좋은 글자

斗, 八, 承, 正, 秀, 哲, 瘡

위의 글자들은 비교적 좋은 運力(운력)을 발휘하는 수가 많다. 선천국과 기타 各格(각격)에 調和(조화)해야 함은 물론이다. 전술한 바와 같이 文字(문자) 選擇(선택)에 있어서 비교적 善(선)한 것과 不善(불선)한 것을 考慮(고려)함이 가할 것이다.

3. 이름의 語彙調整(어휘조정)

성명의 語彙(어휘) 또한 중요한 것이니 그 語感(어감)이 좋고, 안 좋고, 아름답고, 아름답지 안고에 따라 그 정신과 운로에 영향을 주는바가 작지 않다. 자의가 좋다하여 덮어놓고 語彙(어휘)를 고려치 않고 撰名

(찬명)하는 것은 심사숙고할 문제이다. 예를 들면 [李老馬이노마]는, [이놈아]의 語感(어감)이 드는데, 字意(자의)로는 [늙은 말]이요, 感(감)으로는 辱(욕)이 된다. 필자의 선생님께 들은 이야기인데 래객의 성명을 감정할 시에, 그 객의 성명을 물은 즉, 제 성명이 [李老馬]올시다- 하기에 하도 可笑(가소)로와 그 성명의 연유를 물은 즉, 본인의 답이 걸작이다. 본인의 말에 의하면, 자기는 삼대독자인데 자기 태어나기 전에 형들이 셋이나 낳아서 죽고 또 낳아서 죽고 하여 자기를 장수하라고 [俗談(속담)에 사람도 賤(천)하고 辱(욕)을 많이 먹으면 長壽(장수)한다는 慣習(관습)에 의하여] 부모가 撰名(찬명)한 것이라 한다. 그런데 이 덕분에 남보다 더 안 맞을 매를 맞았다 한다. 그 사유는 자기가 일제시대에 무슨 일로 日警(일경)에 연행되어 갔는데 경관이 이놈아! 네 성명이 뭣이냐? 고 묻기에 [이노마]올시다 하고 대답한즉 그 경관이 노발대발하여, 이놈아! 경관을 조롱하느냐? 하고 다짜고짜로 뺌을 치더라는 것이다. 하도 어이가 없어서 [이놈아]라고 이름을 댄즉 또 때리더라는 것이다. 지금 같으면 주민등록증 같은 신분증(여권))이라도 있어서 제시하면 이런 변을 당하지 않을 것이나 그 시대에는 명함도 흔치 안은 시대라 억울하게 이 이름 때문에 그런 변을 여러 번 당했다는 것이다. 이런 일을 당하고 보니, [이노마]라는 이름은 長壽(장수)하라는 대신 매마는 이름이구나 하고 한탄도 해보고 이름 지어준 부모를 원망도 해보고 했으나 이제는 나이 육십이 넘고 보니 이름 덕분에 이만치라도 장수하니 이름 지어준 부모의 은덕이라고 하며 껄껄 웃어대기에 선생님도 한바탕 웃었다고 한다.

이와 같이 語感(어감)이 흉한 것은 피하여 할 것이다. 그런데 유아시에 별명으로 [돼지]니 [곰]이니, [개똥]이니 하는 식의 별명도 또한 환영할 바 못된다. 이런 식은 장수하라는 관습에서 오는 것인데 이로 말미암아 그 아이의 靈動的 作用(영동적 작용)으로 성격, 태도내지는 신체에

까지 좋지 못한 영향을 주는 수가 많다. 한 예로서 어떤 사람을 보았는데, 그 사람의 태도, 생김새, 성격 등의 행동하는 모습이 [거북]이와 같은 인상을 주기에 그 사람의 성명과 별명을 물었더니, 그 분이 어려서부터 부모가 [거북]이라는 별명을 지어서 (長壽하라는 의미로) 성년이 다 되도록 동네 사람들까지도, [거북]이라고 불러왔다고 한다. 그 이름이 巨北(거북)이다. 또 한 예로서는, 이웃 아이의 별명이 [곰 熊]인데, 이 아이가 중학교 갈 나이인데 부모나 이웃에서 [곰]이라고 부르고 있다. 이 아이의 성격과 행동이 곰과 같이 미련하고 흉악하며 공부를 싫어한다. 이런 경우를 볼 때에 성명 즉 호명은 그 사람의 靈(영)에 작용하여 정신, 육체 생활면에까지 영향을 주는 바가 크다는 것을 느낄 수 있다.

성명의 어감이 안 좋은 예는 다음과 같다.

① 張建達(장건달)은, 항상 무일푼 건달 생활이다.

② 曺鎭培(조진배)는, 수명이 다한 배(船)의 어감이 든다.

③ 金致國(김치국)은, 김칫국국물과 같은 어감이다.

④ 魚東泰(어동태)는, 고기 생선의 어감이 들어 흉하다.

⑤ 高生文(고생문)은, 苦生門이 들어가는 격이다.

⑥ 高萬斗(고만두)는, 字意(자의)는 좋으나 어감이 그만두라는 것으로 되어 흉하다.

⑦ 朱吉洙(주길수)는, [죽일수]로 어감이 되어 흉하다.

⑧ 馬漢多(마한다)는, [망한다]로 되어 흉하다.

기타 한만은, 손병신, 이병신, 주정배, 이석기, 라철하, 이재식, 고연희, 황천길, 어감이 안 좋은 성명은 금한다.

4. 文字數意(문자수의)와 劃數(획수)의 차

성명 문자의 획수는 그 형상에 표현된 劃(획), 즉 筆劃(필획)이 아니고 그 문자에 含蓄(함축)되어 있는 [數의 意]로써 산출 계산하는 것이다. 현행 성명학자들 중에는 필획을 주장하는 자들도 있으나, 본서에서는 어디까지나 원획수를 인정하는 것이다. 이에 관해서 참고로 대략만을 기술하면, 즉 漢字(한자)가 중국에서 발명 완성된 것은 일찍이 4500년전 황제시대에 指事(지사), 象形(상형), 會意(회의), 形聲(형성), 轉注(전주), 假借(가차)의 육의 법칙에 준하여 取捨(취사), 整正(정정) 統一(통일)된 것이다. 원래 중국문화가 상당히 발달하여, 나아가 數學이 발달됨에 천문학이 연구되었고, 수학을 기초 로 하여 복희씨가 역학을 세운 것이 약 6000년 전의 일인데 역학이 어떻게 玄妙深遠(현묘심원)하고 웅대한 학문인가 하는 것은 다시 말할 필요가 없는 것이며 이 역학의 이법이 한자의 구조상, 다분히 응용되었다는 사실은 문자에 대하여 造詣(조예) 있는 사람은 모두 인정한다. 이 육의의 법칙은 실로 움직일 수 없는 엄연한 논리가 확립되어 있는 동시에 그 구성은 불변의 천지 법칙에 準據(준거)하여 일점일획의 誤謬(오류)도 없고 현대의 과학지식으로도 따를 수 없는 완전함을 구비하고 있다. 그러나 書法(서법)에 있어서는 시대에 따라 變還(변환)되었으니, 大篆(대전), 小篆(소전), 隸書(예서), 草書(초서), 行書(행서), 楷書(해서)로 서법, 서체가 점차로 변화하여 전래되었으나 [문자 그것의 본질]은 창조이래로 절대불변인 것이며 따라서 그 意義(의의) 정신을 함유한 표의문자인 고로, 문자의 形劃(형획)에 사로잡혀서는 안 된다. 일예로서 [一]에서 [十]까지의 數字(수자)에 대하여 생각해보면 명확하게 그 이치를 알 수 있다. 즉 七, 八, 九, 十의 글자는 모두 그 形劃(형획)이 2획이나 그 글자의 뜻은 七은 七數의 靈力(영력)을 발휘하며, 七의 固有振動波長數(고유진동파장수)를 보유하고 있다. 그러므로 八은 8획, 九는 9획, 十은 10획으로 계산하는 것이다. 그러나 百, 千, 萬, 億 등의 글자는 基本數字(기본수자)와는 그 성질이 달라서, 그 자의는 多(많음)를 표시하는 글자인 것이므로 百은 6획, 千은 3획, 萬은 15획으로 계산하게 된다. 따라서 일예로는 [氵]삼수변은 形劃(형획)으로는 3획이나 본래가 [水]의 뜻으로 그 數意(수의)는 응당 4획이 정당하다. 그러므로 淑, 洙 등의 자획 계산에 있어서 淑은 12획 洙는 10획으로 계산하는 것이 正劃(정획)이다. 이 획법은 강희자전이나 기타 저명한 자전을 자세히 보면 곧 이해하게 된다.

부수와 필획수의 변화와 차이점

序	部數	原劃數	筆劃	筆劃數	例示
1	人	2劃	亻(사람인변)	2劃	侈(사치할치)
2	刀	2劃	刂(칼도방)	2劃	梨(배꽃리)
3	心	4劃	忄(심방변)	3劃	性(성품성)
4	手	4劃	扌(손수변)	3劃	投(던질투)
5	水	4劃	氵(삼수변)	3劃	池(못지)
6	火	4劃	灬(불화변)	4劃	熹(성할희)
7	犬	4劃	犭(개변)	3劃	狗(개구)
8	玉	5劃	王(구슬옥변)	4劃	琮(옥홀종)
9	示	5劃	礻(보일시변)	4劃	祥(상서러울상)
10	老	6劃	耂(늙을로변)	4劃	考(생각할고)
11	网	6劃	罒, 罓(그물망변)	5劃	罪(허물죄)
12	肉	6劃	月(육달월변)	4劃	肝(간장간)
13	艸	6劃	++(초두변)	4劃	草(풀초)
14	衣	6劃	衤(옷의변)	5劃	補(기울보)
15	辵	7劃	辶(책받침변)	4劃	迷(미혹할미)
16	邑	7劃	阝고을읍)	3劃	郡(고을군)
17	阜	8劃	阝(좌부방, 언덕부)	3劃	附(붙을부)
18	羊⺶ (양양)	爪, 爫 (손톱 조변)	襾, 西(덮을아)	目, 罒 (눈목)	長镸, 足⻊ (길장, 발족)

5. 성명의 조직방법

本學術은 성명조직법에 있어서 선인들이 제창한 성명법 중에서, 이론적으로나 실제적으로 정확하며 탁월한 부분을 채택하는 동시에 우리나라 민족성과 三字姓名 보편성에 적응한 제 방면을 참작하여 본래의 조직방법을 정정하여서 필자가 다년간 심혈을 기우려 실제적 통계와 체험을 거듭하며 연구 터득한 독특한 이론과 방법으로 응용한 것이다. 모든 이치와 사물은 상대성원리의 연관 작용을 하며 시간과 공간의 교차로 만사만물이 조직이 나타나는 우주의 법칙이 있으므로, 인간 성명 역시 시산 즉 종적 운동과 이에 대한 공간 즉 횡적 조직이니 사물의 顯現形成(현현형성)되는 운기의 발현으로 운행되는 것이다. 선천 사주추명학에 있어서, 십천간은 상하운동으로 시간법랑이요 십이지지는 횡적운동이며 공간법랑이다. 종횡 교착조직으로 만물의 생성변화와 성쇠운기를 가름하게 되는 것인데, 이는 마치 씨줄과 날줄이 교차하여 옷감을 짜는 것과 같은 것이며 성명 역시 상하운동과 좌우운동의 교착으로 조직되며 운기를 발현 운행한다. 성명의 조직에 있어서 우선 성명의 기간 노선인 수리법은 [元, 亨, 利, 貞]의 사대운격으로 구분하며, 각격의 운성은 특성을 발휘하되 상호인솔 혹은 배척하여 命運을 운전해 나가는 것이다. 元亨利貞의 四大運의 運性을 구분하여 설명하면 다음과 같다

[1] 姓字

성은 선조 이래로 전래된 것으로서 그 사람의 天運(천운)의 基根(기근)의 일부 요소를 나타내고 있는 것으로서 그 性만의 靈動意는 직접적으로 운명에 영향을 주는 바가 아니고 名자와 관련하여 형격과 이격에 합류해서 구성되는 요소로 역할하게 되는 것이다.

[2] 元格

이름자의 合數(합수)를 원격이라 한다. 주로 유년 시와 중년 전의 운명을 지배하는 것이며 前運이라 한다. 단 一字名(일자명)이면 그 한 자의 數意劃으로 볼 것이며, 三字名이면 三字의 합수로 계산한다.

[3] 亨格

성명의 각격 중에서 인간 운명에 가장 강력하게 영향을 주며 태반 그 사람의 일생을 통해서 중심적 위치에서 운명을 좌우하는 것이다. 이 형격을 중심 운이라고도 한다. 이 형격은 성이 두 자 성인 경우에는 두자의 합한 수와 이름의 上字(상자)를 합한 획수이다.

[4]利格

性一字(성일자)와 이름의 아래글자를 합한 획수로서, 이 이격은 형격과 밀접한 관련성을 보전하고 유지하며, 성년이 돼서 결혼 후의 운의 소멸과 성장함이 형격과 상반하여 운행되는 위치에 있다.

[5] 貞格

성명 글자의 전부를 합산한 총획수로써 대체로 중년 이후로부터 만년에 이르기까지 형격과 상반하여 발현하는 운으로 운명의 총결산을 영동하게 되는 것이다. 姓은 天氣인 父系요, 名은 地質이니 母系로 형성된다. 천지법칙 즉 부모의 음양교류로 一道出生한 것이 자기이니 성과 이름과의 일부, 즉 천지 부모의 일부로써 유전되어 자기가 되는 것이므로, 姓字와 名上字를 연결하여 天地人 삼재법칙의 人의 위치에 형격을 구성하고, 천지부모가 음양 교류되고 연결 작용을 하는 부위를 利格으로 하는 것이다.

1) 元亨利貞과 天地人三才

(天)水 (人)木 (地)水 (天)水 (人)金 (地)水

8+1=9 亨格21 元格29 9 亨格17 元格9

8 13 16 8 9

金 聖 勳 金 九

利格 24 貞格=37 利格8 貞格17

(天)金 (人)土 (地)金 (天)金 (人)土 (地)土

7+1=8 亨格15 元格17 7 亨格16 元格25

7 8 9 6 10 15

李 効 俐 朴 奓 慧

利格 16 貞格=24 利格21 貞格31

---

2) 元亨利貞格(원형이정격)의 靈導力(영도력)

① **元格** = 유년부터 17 ~ 8세까지 강하게 발휘하며, 장년기 37 ~ 8세까지 강한 運氣力을 지배한다. 그러나 형격과 이격에 함께 간다. 유년에는 13세 전까지 신상과 가족환경에 지배력이 강하다

② **亨格** = 형격부는 그 사람의 일생을 통한 운명의 중심점이 되며, 18세 이후 30세까지 강한 운기력을 발휘한다. 이 형격부에 좋은 수리를 하고 있고 이격, 원격의 방해가 없고, 선천합국하면 자연 부귀 행복운을 받게 되는 것이고 만약 형격에 흉수가 있게 되면 그 數意(수의) 運波(운파)에 해당한 凶災(흉재)를 면키 어려운 것이다. 이 형격부가 3, 5,.6, 8, 11, 13, 16, 21, 23, 24, 25, 31, 33, 37, 등의 수로 되어 있고, 합국관계가 좋으면 행복하고 순조롭게 성공운이 발휘되고 그 지위를 보유하며 번영 길상으로 이끌게 된다. 만약 이 형격부에 4, 9, 12, 14, 19. 20, 34 등의 수가 있으면 대부분 병약, 단명, 처자와 생리사별, 실패,

고독, 역경 등의 흉재를 받게 된다. 그리고 7, 8, 17, 18 등의 수가 있으면 의지가 강하며 재난을 돌파하고 큰일을 성취할 수 있으며 27, 28수면 지나치게 강하여 불화 싸움을 초래하여 비방공격 혹은 조난 형액 등의 운으로 이끌게 된다. 또한 12, 14, 22 등의 수는 가족적 인연이 박약하고 병약, 단명, 사업부진 등의 운으로 이끌게 된다.

③ **利格** = 형격과 밀접한 관계가 있는 동시에 자기를 주로하고, 특히 주위환경과 대외관계에까지 運波靈力(운파영력)을 파급한다. 대체로 중년(30세 이후 45 ~ 6세까지)을 지배한다.

④ **貞格** = 35 ~ 6세 이후부터 만년까지의 후반운을 지배한다. 그리고 원격과 정격의 運氣力(운기력) 진퇴 한계는 37 ~ 8세를 一期劃(일기획)으로 확실히 그 靈動力(영동력)이 바뀌는 것이 아니고 單兄(단형), 비교적 강하게 靈動(영동)한다는 의미며 중년 이후에 있어서도 원격운이 附和靈動(부화영동)하며 청소년 시기에도 정격운이 역시 附和誘導(부화유도)되는 것이다. 또한 40세 이후에 개명하는 경우에 있어서도 원격운이 역시 단기적 유도 발휘하는 것이다. 성명력의 암시 발현은 어린아이가 자기 성명을 인식할 때부터 발현하기 시작하여 점차로 加强靈動(가강영동)하게 되며 청소년시기에는 우선 원격운의 영동력이 제일로 영향하고 20세 전후부터 차차로 형격중심운의 위력이 더하게 되며 27 ~ 8세 또는 결혼하면서부터, 이격운이 머리를 들어 상호 연관 영동하기 시작하고 37 ~ 8세 이후부터는 정격운의 영향력이 나타나게 되며 이어 사대운격이 서로 인과하며 연관 발현하며 운로의 변환을 명운해서 나가게 되는 동시에 성공운, 기초운, 부부상생운, 자녀운 등과 갖가지의 부대운이 관련하여 해마다 변화하며 성패길흉 등 운명의 소장파조가 유도발현 되는 것이다.

3) 성명체계도

성명조직체계도 丙午生 金書儇

性名	三字	金　　書　　儇
數理수리	각합수	8 + 1(천격) 8 + 10(인격) 10 + 15(지격) 15 + 1(외격) 총격(8 + 10 + 15)
	획수	8　　10　　15
4대운로	원형이정	元25 亨18 利23 貞33
음양배열	음양	陰　　陰　　陽
음령오행	오행주종	木水　　金　　土火
오행 영력	六神	卯亥　　酉　　辰午
	六親	父官　　財　　孫兄
육수위력	육수위치	靑玄　白巳　　句朱
선천명정국	四柱	丙午年庚子月庚申日丁丑時
선천명합국	선천명격국	금수 상관격
음영오행	오행정국	乙亥年丙午月辛酉日戊午時
4대운	원형이정	원격= 안강격 재록운 형격= 발전격 융창운 이격= 혁신격 왕성운 정격= 등용격 융성운

4) 音靈五行 表出法(음령오행표출법)

음령(음향)오행은 성명 運力에 가장 중대한 위력을 발현하는 것으로써 중요한 부분으로 되어 있다. 그 표출법은 主와 從이 있는데 예를 들면

[金]=[김]하면 主音[기]가 主五行[목]으로 되고 [ㅁ]은 從五行으로써 [水]가 된다. 따라서 金書俔(김서현)은 木水 金 土火로 표출된다. 그런데 이 오행을 표출할 때에는 어디까지나 漢字(한자)의 原音(원음)으로 표출한다. 즉 예를 들어서 [柳]는 [유]가 아니고 그 원음 [류]인 고로 역시 [화]로 표출한다. 그러나 현대에는 두음법칙에 의하여 소리 나는 대로 표출을 합니다. 예를 들면 李[리]를 [이]로 쓰고 있으며 소리도 [이]로 발음 합니다. 필자의 감정경험에 의하면 이승만 하면 [土, 金土, 水火]로 이금정하면 [火, 木水, 金土]로 발현되는 경우를 많이 접하였습니다. 앞으로 원음에서 변음으로 바뀌는 경우를 후학들은 더 연구 개진하길 바랍니다.

5) 五行의 六神表出法(오행의 육신표출법)

主從 오행에 있어서 陰과 陽에 따라 六神이 다르게 되는데, 예를 들면 오행이 陰木이라면 卯로 변하고 陽木이라면 寅으로 변한다. 음오행과 양오행의 구별은 한자 획수가 짝수면 음이요, 홀수면 양이 된다. 예를 들면 金聖勳하면 金은 8획이므로 음양법으로 보면 음이 되고, 주음 [기]가 오행으로는 [木]이며 [ㅁ]은 水가 되는 고로 亥로 표출되고, 金聖勳은 [卯亥 申辰 未巳]가 된다.

陰	陽	陰	陰	陰	陽
金	聖	勳	金	書	俔
8	13	16	8	10	15
卯亥	申辰	未巳	卯亥	酉	辰午

이와 같이 主音 오행이 六神으로 변하는데, 여기에 한 가지 알아야 할 것은 辰戌丑未의 구별이다. 字劃數가 6획 이하의 陽土는 [辰]이 되고, 6획까지의 陰土는 [未]로 되며 7획 이상의 양토는 [戌]이 되고 음토는

[丑]이 된다. 만약 10획 이상이면 10은 제하고 위의 예대로 구별한다. 다른 오행은 음양별로 육신을 표출한다.

土의 경우

1획辰, 2획未, 3획辰, 4획未, 5획辰,
6획未, 7획戌, 8획丑, 9획戌, 10획丑

6) 五行의 六親表出法(오행의 육친표출법)

이 음령오행은 六神으로 표출되고 다시 육신에서 六親으로 표출되는데 육친관계는 즉 부모, 형제, 부인, 자식, 남편 등으로써, 이 관계에 가장 작용력이 강하게 발휘되는 부문으로, 본성명학술 중에 중요한 비전을 보유하고 있다. 즉 부모의 先亡 내지 有德, 無德 壽夭長短, 또는 형제수와 덕망유무, 생사이별, 처궁의 선불선, 축첩 또는 재혼여부, 남편궁의 덕망유무 생사이별, 자녀수와 생사이별, 有子, 無子, 남녀수의 다수와 女子의 孤寡 등의 吉凶運力을 발휘할 뿐만 아니라 신체건강, 질병, 불구, 수명 장단, 관운, 재운, 등의 운력을 지배한다.

이 육친표출방법은 生年支를 중심한다. 가령 丙午生(병오생)이 [金]씨이면 오행으로 木과 水로 되는데 主五行木은 午火(오화)를 생하므로 父가 되고 從五行 水는 극하므로 官이 된다. 이와 같이 生年支를 중심하여 상생, 상극으로써 표출한다.(사주법과 동일함)

7) 六獸(육수) 붙이는 법과 그 威力(위력)

이 六獸法은 주로 육효점술에 사용되나, 본성명학술에서는 수리역상과 오행역상의 六親에 붙인다. 이법은 현행 본성명학술의 독특한 비전법으로 되어 있다.

이 六獸法에 대하서 다시 논하겠지만 성명에 붙이는 법은 다음과 같다.

六獸란 전술한 바와 같이 青龍, 朱雀, 句陳, 螣蛇, 白虎, 玄武를 말함인데, 이 육수를 붙일 때는 각수의 명칭을 약기하여 표시한다. 즉 青朱句巳白玄 등으로 하되 아래에서 위로 올려붙이며 각수의 정위 시발은 육효점에서는 일진천간을 기점하나, 성명에서는 생년의 천간을 기점으로 하여 붙이며 수리역상에서만 일간을 기점으로 한다. 다음과 같이 육수 붙이는 방식을 예로 표시한다.

가령 丙午生(병오생)이면 年柱天干(년주천간)을 기점으로 하여 붙이는데 丙丁(병정)은 朱雀(주작)이므로 주작부터 시작하여, 그 다음 순위대로 성명의 아래 위에서 위로 올려붙이면 된다. 그런데 이 육수가 성명에 붙는 위치는 성명 자에 종오행이 없더라도 그 위는 보유하고 있기 때문에 종의 있고 없고를 막론하고 그 자리 수에 붙게 된다.

丙午生 :	金	書	儇
五行 :	木水	金	土火
六親 :	父官	財	孫兄
六獸 :	青玄	白巳	句朱
六位	6位5位	4位3位	2位1位

書字의 종오행이 없지만 六獸(육수)는 붙인다. 그러면 이 六獸의 위력은 어떠한 작용을 하는가를 다음과 같이 설명한다.

① 青龍(青) =

길신으로써 성인격의 好神인 동시에 외유내강한 운성을 보유하고 있다. 따라서 육효점이나 성명의 六親에 青龍이 붙는 해당 六親은 吉祥의 好運을 받는다. 예를 들면 孫에 青龍이 붙으면 자손이 많고 유덕하며 貴子를 둔다. 父에 붙으면 부모 유덕이요, 부모 장수한다. 官에 있으면 官

祿이 좋고 벼슬과 명예가 길하고 선천명과 잘 합국 되면 고관, 군왕, 대통령, 수상, 군 장성이 되며, 財(재)에 유하면 어진 아내를 얻으며 財運이 좋으며 妻德도 있다.

② 朱雀(朱)

言多格으로 구설 등의 運性을 보유하고 있는 신으로써, 성명에는 길흉의 상반운성을 발휘한다. 즉 육효점술에서는 이 朱를 구설로 본다. 그러나 성명에서는 孫에 있으면 자손이 많고 兄에 유하면 형제가 많은 것으로 표시되므로 吉神으로 변한다. 만약에 父에 유하면 부모장수격이나 官에 유하고 타격의 상극을 받으면 관재를 면키 어렵다. 관운이 강한 선천국과 합국한 성명이라면 법관계통의 관직에 양호하다.

③ 勾陳(勾) =

賢人格이나 근심의 운성을 보유하고 있다. 따라서 성명에는 흉신으로 된다. 즉 孫에 있으면 자식과 이별수가 있고 兄에 있으면 형제와 이별하기 쉽다.

④ 螣蛇(巳) =

시끄러운 운성을 보유하고 있는데 성명에는 길신으로 변한다. 이 운성은 주작과 대개 비슷하다.

⑤ 白虎(白) =

강한 운성인데 성명에 白虎財가 붙으면 재운은 좋으나 (大財格), 기타의 六親에 붙으면 대흉한 흉신으로 된다. 즉 孫에 있으면 자식과 이별하고 兄에 유하면 형제이별 또는 무덕, 고독 등의 흉운을 당한다.

⑥ 玄武(玄) =

음흉한 운성을 갖고 있는데 성명에도 흉신으로 勾陳과 같은 운성을 발휘한다. 이 육수의 역할에 대해서는 다음의 응용비법에서 다시 논하기 때문에 여기서는 약술한다.

6. 先天命合局法(선천명합국법)

撰名(찬명, 作名)은 先天命定局(四柱)과의 연관관계를 조화함으로써 良運誘導되는 것이다. 이 사주와의 연관관계를 조화 조정하는 것을 先天命 合局이라 한다.

이 定局 合局은 심히 복잡 난해한 것이므로 상당한 연구와 엄밀한 분석을 하지 않으면 완전한 撰名(찬명)을 한다고는 할 수 없는 것이다. 따라서 命名家들은 모름지기 깊은 연구와 수련으로써 정명합국의 묘리를 득하지 못하면 완전한 命名家라 할 수 없다. 현제의 소위 성명학자들 중에는 단지 수리 또는 음양만으로써 撰名하는 자가 있으니, 이는 대단히 착오라 아니 할 수 없다. 찬명은 어디까지나 선천국과 조화시키는데서 그 命運이 良導되는 것이다. 그러면 어떠한 방법으로 합국 시킬 것인가를 지금부터 논한다.

첫째로, 사주의 身强, 身弱과 格을 가려서 用神과 喜神을 파악할 것
둘째로, 사주 기국의 深淺, 대중소를 격국과 청탁, 大運 등으로 분석할 것
셋째로, 그 사주에 길과 흉의 대운이 어느 시기에 올 것인가를 대운에 의하여 분석할 것.
넷째로, 이 사주에는 무엇이 필요한가? 또 무엇이 부족한가? 무엇이 태과한가를 파악할 것.
다섯째로, 관운과 재운 중 어느 것이 강한가를 파악 할 것.
여섯째로, 육친관계는 어떠한가를 검사할 것.
일곱째로, 건강관계와 질병, 수명 등은 어떠한가를 파악 할 것.

이상의 일곱 가지 조건들을 사주에 의하여 분석하고 할 것이다.
이 사주법의 여러 가지 요건을 분류 분석한 다음에 성명과의 조화를

어떻게 할 것인가는 다음과 같은 방법으로 찬명함으로써 가능하다.

첫째로 사주의 신약 신강 각격에 따르는 용신 희신과 각격에 순응하는 육신을 보강하여야 하며 사주의 흉성을 억제하여야 한다. 그리고 사주의 육신이 부족하여 흉격으로 된 격은 육신을 보충하고 대운과 조화시켜 사주의 청탁을 조정하여야 한다. 이 방법은 성명의 음향오행과 음양, 자의, 한자의 변자(氵, 火, 木, 金, 阝) 그리고 數理易理(수리역리)의 卦象原宮(괘상원궁)의 오행의 역상 등으로 오행, 육신을 주입하는 것인데 우선 음령오행을 주로 하되, 이 오행으로 상극 상생, 다소, 위치 등을 조정하며 성 아래글자의 주오행은 사주의 일간이 본인격인 중심이 되는 것과 같이 이 오행도 사주 일간 격이므로 중심오행이 되는 것이다. 따라서 이 성 아래글자 주오행을 사주의 일간과 연관하여 조화시켜야 하는데 역시 타 오행과 상호 조절해야 함은 물론이다. 만일 이 음령오행으로 조정할 수 없을 때 즉 오행역상에 나타내는 육친관계, 건강, 제살성 등으로 장애가 생길 때는 자의 등으로 조절하는 동시에 수리역상과의 연관으로 조정하여야 한다. 위의 방법을 다시 예를 들어 자세하게 말하자면 가령, 사주의 일간이 丙火(병화)로서 신약인데 煞重用印格(살중용인격)의 사주라면 用神(용신)은 印星(인성)인 木(목)이다. 이런 경우에는 용신인 木를 보강하는 방법으로 성 아래글자 주오행에(이름 가운데 글자) 자원이 木인 글자를 넣고 성과 주오행이 상생되면 음령오행이 木의 글자와 자원이 木이면 금상첨화다. 그리고 이름의 끝자 에는 자원(邊漢字)이木(목)이거나 水(수)인 글자를 넣으므로 주오행을 상생강화 해야만 한다. 음령오행은 성과 상생되게 하고 주오행이 생년과 원진이 되는 음령오행은 피하고 그래도 없으면 수리역상의 원궁오행인 巽木宮(손목궁), 震木宮(진목궁) 등의 오행으로 대체한다. 이리하여 대운과도 조화시키는 것이다. 다음에 또 한 가지 예로써 사주가 가령 조후의 법칙에 의한 한랭한 사주라면 사주법칙에 있어서 木, 火 등의 東, 南 온화기가 필요한데,

이런 경우에는 오행 자의 자변으로 강력한 온화기를 넣어주면 된다. 예를 들어 오행으로 木 또는 火를 넣는 방법, 또한 한자의 뜻으로써 東, 甲, 寅, 乙, 林, 夏, 南, 丙, 丁 등의 字源이 木, 火인 글자를 넣어야 하며 또는 역상 원궁오행으로써 離火宮(이화궁) 혹은 震(진), 巽木宮(손목궁) 등으로 조화시켜야 하는 것이다. 이와 같은 환경 또는 그 외에 이름의 의의로 그 필요한 오행의 의미를 상징하는 名意方式(명의방식)을 채택할 수도 있다. 그리고 사주가 심히 불길하여 위의 방법으로 조화가 불균형할 때는 五行定局法(오행정국법)으로써, 제이의 정국으로 변조시켜 사주와의 조화를 이루게 한다. 이 오행정국 방법은 다음 장에서 논하게 된다.

이상과 같이 첫째 방법은 사주와 조화를 맞추는 또는 용신을 찾는 방법으로 예를 들어 논하였다.

다음은 **둘째**로 음양배열인데 사주가 순음, 또는 순양으로서 과강, 과약한 운기로써 순양 순음을 배열할 수 있으며 사주에 음오행 또는 양오행이 어느 위치에 필요한가를 보아서 그 위치에 음과 양을 배열하는 것이다. 즉 사주의 년주 또는 시주에 음 또는 양을 필요로 할 때는 이름아래 글자에, 그리고 일주 또는 월주에는 이름 윗글자에 그 필요로 하는 음양을 배열한다. 이것은 사주의 육신이 필요로 하는 위치에 양음음, 양음양, 양양음, 음양양, 음양음, 음음양 등으로 배열하는 것이다.

셋째로 수리 조직인데, 이 방법은 사주의 기국의 深淺(심천), 대중소 등 사주의 격에 따라 그에 상응한 수리의 강약, 수의 영의력을, 참작하여야 하며 대운의 어느 시기에 어떠한 운성이 올 것인가를 보아서 조절해야 함은 물론이다. 가령 예를 들어서, 사주의 기국이 평범한데 23, 33, 39, 등의 강한 수리로만 조직하여도 弱馬駝重格(약마타중격)으로서 그 운성을 감당하기 어려우며 또는 사주 중에 龍(辰)이 있어서 길성인 경우에는 그 辰이 위치한 부분, 즉 년주, 월주, 일주, 시주 등에 해당하는 원형이정격을 참작하여 33수를 사용하는 것은 길하나, 이외에 辰이 흉성인 때, 또는 辰과 무관할 때는 33수 등을 사용하는 것은 환영할 바 못된다. 이는 33수가 登龍격이기 때문이다. 다음에 사주격이 관운이 강하냐 재운이 강하냐 또는 사주의 어느 부분에 재운이 있는냐 관운이 있는냐 또는 대운의 어느 시기에 이런 운들이 올 것이냐를 고찰해서 그에 해당한 수리를 조직해야 한다. 즉 예를 들어서 전반운에 관운이 강하면 형격, 원격, 또는 이격 등에 23, 15, 3, 5, 11, 31, 37, 39 등의 수를 배치하는 것이 길하며 후반운이 강하면 이격, 정격 또는 형격과 정격에 23, 15, 3, 5, 11, 31, 37, 39 등의 수를 배치함이 가하고 만일 재운이 전반에 강하면 앞의 예시와 같은 격에 24, 25, 21, 18, 17, 15, 32 등의 수로 조직하고 후반 운이면 이격, 정격, 또는 형격, 정격 등에 위의 수리를 배치하는 것이 최상의 이름이 된다. 그리고 명예와 재물의 병행 운에도 위와 같은 수리로 조직하며 학술, 예술 등의 운성에는 38, 13, 25, 41, 수 등의 수리로 조직함이 최상이다. 이 수리조직과 음양배열 또는 기타 운성이 발휘되는 기간의 표준을, 사주의 각주와 그에 해당되는 元, 亨, 利, 貞格을 참고로 다음과 같이 예시한다.

年代	老年時代	壯年時代	靑年時代	幼年時代
先天命	생시	생일	생월	생년
姓名運	정격	이격	형격	원격

姓名	姓		名		字	
五行	주	종	주	종	주	종
六親	부계	형제	자신	부부	모계	자손
四柱	年干	月柱	日干	日支	年支	時柱

넷째로 名字(명자)의 漢字 撰擇(한자 찬택)인데, 사주에 辰, 子, 午, 寅 등의 支가 있어서 길신인 경우에는 [龍]자, [子]자, [駿]자, [馬]자, [寅]자, [虎]자 등의 한자를 사용 하는 것은 대길하나 이와 반대되는 경우에는 사용해서는 불길하다. 특히 예를 들어서 午生, 未生에 [子]자를 함부로 사용하면 되레 성명과 사주격에 煞格(살격)이 되므로 불길하다. 이와 같은 예로써 사주에 필요치 않은 경우 즉 戌, 亥生에 龜, 辰, 또는 申, 酉生에 寅, 虎, 또는 午, 未生에 子 그리고 子, 丑生에 馬, 駿,등의 한자를 성명에 택하게 되면, 되레 살격을 주입하는 것이니 불길하다. 또한 사주에 甲이 필요할 때에는 성명에甲, 東 등을 사용함으로써 길해지나 이와 반대로 갑이 있어서 불길한 사주에는 甲字, 東字 등을 사용해서는 안 된다. 기타, 丙, 丁, 乙, 庚, 등의 한자도 이와 같은 예이다. 다음에 성명의 전체적 의의인데 사주의 기국에 상응한 眞, 善, 美, 雄大, 高尙, 그리고 四柱運性(사주운성)의 官, 財 등을 상징하는 名義(명의)를 선택해야 한다. 이왕이면 성과의 그 의의가 연결 상통되도록 하는 것이 이상적이다. 위와 같은 名자 찬택 역시 선천명과 연관 조화시켜야 하며 발전, 행복 등의 뜻을 포함한 것으로 조직해야 함은 물론이다.

다섯째로 수리역상인데 전술한 바와 같이 사주와 연관하여 사주의 격에 따르는 오행의 조화와 易象內譯(역상내역)과 사주의 內譯(내역)과를 조정하여 상생, 제극함으로써 사주와의 균형을 이루게 하는 것이다. 이 역상내역 표출법은 다음 장에서 재론한다.

여섯째로 성명의 음령오행의 조정인데, 이 오행은 앞에서 논한 바와 같이 사주와 조화함은 물론, 성명오행 상호간의 조정 또한 중요한 문제이다. 이에 대해서는 다음 장에서 재론하고 이 오행의 조정은 姓字와 名上字 그리고 名下字와의 주종 간 상호상생, 견제하여 오행역상에 나타나는 제 관계와 사주의 내역과 연결 조화시키는 것이다. 이 오행에 따르는 제살 제길성 등을 사주와 대조하여 조화함은 물론이다.

일곱째로 오행역상의 오행정국인데 이것은 성명의 사주격(제 2의 생천국)이 되는 것이다. 사주가 심히 약할 때는 이 정국으로 보강, 변조시키는 것이다. 그런데 이 오행정국의 조직법은 성의 주종오행을 년주로 하고, 생년의 년주를 월주로 하며 명상자의 주종오행을 일주로 하고 명하자의 주종오행을 시주로 삼는다. 이 정국을 표출하는 방법은 다음과 같다.

1) 主五行을 天干으로 고치고, 從五行을 地支(지지)로 한다.

2) 만일 종오행이 없을 때는 한자의 邊五行(변오행)으로 하고, 예를 들면 洙字라면[氵]변이 水인고로 水[亥]로 하고 또는, [木]변이면 陽木(양목)은 [寅] 陰木(음목)은 [卯]로 표출한다.

3) 오행에 혜당한 자변이 없는 한자일 경우에는 주오행과 동질인 오행으로써 지지를 삼는다.

4) 主五行을 天干으로 고칠 때는 성명의 六神(육신)이 표출된 支五行을 그 동질인 오행으로 고친다.

5) 五行定法(오행정법)에서 生月의 月柱를 大運格으로 삼고 太歲數(태세수)를 流年運(유년운)으로 삼는다. 이상의 定局法(정국법)과 表出法(표출법)을 다음과 같이 예시한다.

예1)

	陰	陽	陰
	8	13	10
丙午生	金	碇	玹
月柱	木水 (乙亥)	金土(庚辰)	土火(己巳)
	年柱	日柱	時柱

표출된 정국을 명식과 대운격으로 변화하면

時	日	月	年	大運數	73	63	53	43	33	23	13	3
己	庚	丙	乙		甲	癸	壬	辛	庚	己	戊	丁
巳	辰	午	亥		寅	丑	子	亥	戌	酉	申	未

※ 대운수는 형격수를 9로 나누어서 나머지 숫자를 대운수로 한다.

예2)

	陽	陰	陽
	7	8	9
丙午生	李	定	炫
月柱	土(戊戌)	金土(辛丑)	土火(戊午)
	年柱	日柱	時柱

표출된 정국을 명식와 대운격으로 변화하면

時	日	月	年	大運數	76	66	56	46	36	26	16	6
戊	辛	丙	戊		己	戊	庚	辛	壬	癸	甲	乙
午	丑	午	戌		戌	亥	子	丑	寅	卯	辰	巳

예 3)

	陰	陰	陰
	8	14	18
甲戌生	金	碩	鎬
月柱	木水 (乙亥)	金木(辛卯)	土(己酉)
	年柱	日柱	時柱

표출된 정국을 명식와 대운격으로 변화하면

時	日	月	年	大運數	74	64	54	44	34	24	14	4
己	辛	甲	乙		壬	辛	庚	己	戊	丁	丙	乙
酉	卯	戌	亥		午	巳	辰	卯	寅	丑	子	亥

이렇게 해석할 수 있다.

7. 수리조직 길흉 관계

성명의 수리조직은 그 사람의 基幹運路(기간운로)를 유도할 뿐 아니라, 身命(신명)과 환경에 영향하는 바가 지대하므로 그 선천기국에 대하여 합당한 수리를 배치해야 함은 물론이다.

가령 사주에서 재운의 강약 또는 관운의 왕쇠, 혹은 사주의 용신대운의 흐름을 보고 용신운기에 맞게 자세히 살필 것이며 또한 사주에 辰이 길신일 때는 등용격인 33수 등을 배치하는 등의 사주와 조화를 이뤄야 한다. 만일 사주가 약한 격에 길수라 하여 함부로 강한 수리로만 조직하면 弱馬駝重格(약마타중격)이 되어 온당치 못하므로 불길해진다.

이장에서는 수리로서만 그 운명의 길흉을 판단할 수 있는 單式判斷法(단식판단법)을 다음과 같이 약기한다.

1) 형격에 길한 수리배역

① 男 =

3, 5, 6, 7, 8, 11, 13, 15, 16, 17, 18, 21, 23, 24, 25, 29, 31, 32, 33, 35, 37, 38, 39, 41

② 女 =

3, 5, 6, 7, 8, 11, 13, 15, 16, 17, 18, 24, 25, 31, 35, 37, 38, 41

단 여성은 21, 23, 32, 33, 39 등의 수는 夫婦(부부)운이 불길하다. 특히 亨格, 貞格에 배치하면 과부가 되는 수가 많다.

③ 亨格에 = 3, 11, 15 등의 수리가 있고 貞格이 길하며 元利格(원, 이격)에 極凶數(극흉수)가 없으면, 대국자는 정치가 군인 등으로서 권력을 얻고, 또는 장성으로서 권위가 왕성하며 名振天下(명진천하) 하는 수리요, 소국자라 할지라도 기국에 상응한 호운을 받게 된다.

④ 亨格에 = 13, 16, 25 등의 수리가 있고 정격이 길하며, 타격이 조화하면 문학, 예술, 발명가, 철학자, 정치가 등으로 일세에 명성을 떨친다.

⑤ 亨格에 = 17, 18, 20, 23, 27, 28 등의 수리가 있으면 정치가, 또는 문학가로서, 일세에 명성이 진동하는 대인물격이 배출되나 정격이 흉한즉 조난, 형액, 급병난, 피살 등의 비운을 초래하며 정격과 타격이 양호하면 이흉은 가면일지라도 파란이 기하다. 특히 이 수리 등은 노력 매진해야 하는 운의 수리다.

⑥ 亨格에 = 15, 17, 18, 21, 24 등의 수리는 사업가로서는 대발전이 있다.

⑦ 亨格에 = 31, 37, 38 등의 수리는 문학가, 발명가, 관직자 등이 호운을 받게 된다.

⑧ 亨格에 = 29, 32, 35 등의 수리는 재운이 양호하다.

2) 형격에 흉한 수리배치

① 亨格에 = 14, 20, 22, 26, 27, 28 등이 있고 이격에 앞의 수리가 있거나 또는 기타 흉수리가 있으면 부부자녀 등과 생이사별하는 수가 많다.

② 亨格에 = 14 이격에 26수리가 있으면 부부, 가정운에 파란이 많고 2, 3차 재혼한다.

③ 亨格에 = 19, 원격에 19, 21, 22, 27, 28, 30 등이 있으면 불구자, 특히 다리병신, 소아마비, 곱추, 수술, 기타 신체에 흉상이 있고, 만약 그렇지 않으면 중한 병난을 당한다. 또는 단명할 수가 많고 주로 유아 또는 청년시대에 위와 같은 흉운을 많이 당한다.

④ 亨格에 = 20, 22, 원격에 19수리가 있으면 장애인, 불구, 또는 신체상해, 단명 등의 흉운을 당한다. 특히 3, 4, 6, 23, 19세 또는 28, 29세에 많이 당한다.

⑤ 亨格에 = 22, 이격에 22수가 같이 있으면 30 전후에 요절하는 수가 많다.

⑥ 亨格에 = 19, 원격에 21, 정격에 27수리가 같이 있으면 장애인, 불구, 또는 단명이다.

⑦ 亨格에 = 흉수가 있고 원격에 21, 정격에 23수리가 있으면 단명이다.

⑧ 亨格에 = 여성은 23, 21, 33, 20, 22, 34, 32, 27, 28, 26 등이 있고 타격이 불리하면 과부가 된다.

⑨ 亨格에 = 여성은 흉수가 있고 정격에 21수리가 있으면 끝내는 과부로 종신 또는 남편이 유첩으로 인하여 별거한다.

⑩ 亨格에 = 22, 정격에 30, 36, 34 등의 수리가 있으면 조난 또는 단명이다.

⑪ 亨格에 = 34, 36등의 수리가 있으면 말로에 조난 또는 급변사이다.

⑫ 亨格에 = 여성은 21, 23, 26, 27, 28, 30, 32, 33, 39수리가 있고 午, 申, 寅, 辰생이면 청춘과부(삼변과부) 또는 남편 유첩 혹은 자신이 첩 생활을 한다.

⑬ 亨格에 = 여성은 10, 이격에 30, 원격에 26, 정격에 33수리가 같이 있으면 자식이 없거나 과부로 산다.

⑭ 亨格에 = 12, 원격에 19, 이격에 23, 정격에 27은 어려서 불길하고 장년에 성공하나, 말년이 불길하며 평생 파란이 많고, 刑厄(형액)을 당한다. 형격이 길하고 정격이 흉하면, 일생에 名振四海(명진사해)하는 큰 일물 일지라도 일시적인 성공이요 말로는 대흉하다.

형격이 흉하고 정격이 길하면, 일생에 名振四海(명진사해)하는 큰 인물 일지라도 파란이 심하다. 그렇지 않으면 전반생이 흉하면 후반생은 길하고 전반생이 길하면 후반생은 부진하다.

제5장. 음양길흉 법

1. 음양의 운성

① 양은 동적이며 강한 운질을 내포하고 있다.
② 음은 정적이며 유한 운질을 내포하고 있다.

2. 성명의 음양길흉

1) 삼 자 성명의 음양길격

性	名	字	性	名	字	性	名	字
陽	陰	陰	陽	陽	陰	陽	陰	陽
性	名	字	性	名	字	性	名	字
陰	陽	陽	陰	陰	陽	陰	陽	陰

2) 사 자 성명의 음양길격

四	字	姓	名	四	字	姓	名				
陽	陰	陽	陰	陰	陽	陰	陽				
四	字	姓	名	四	字	姓	名	四	字	姓	名
陽	陰	陽	陽	陽	陰	陰	陽	陰	陽	陽	陰
四	字	姓	名	四	字	姓	名	四	字	姓	名
陰	陽	陽	陽	陰	陰	陽	陽	陽	陽	陰	陰

3) 두 자 성명의 음양길격

性	名	姓	名
陰	陽	陽	陰

위의 예시한 음양배열은 萬物化生之象(만물화생지상)으로써 자연 부귀, 장수, 건강, 발전의 길상으로 됩니다. 단 수리, 오행, 선천합국 등의 조화가 되어 있는 것에 한하며, 타격에 흉격이 있으면 발휘력이 약해진다.

3. 성명의 음양흉격

1) 삼 자 성명 = 陽 陽 陽 , 陰 陰 陰
2) 사 자 성명 = 陽 陽 陽 陽, 陰 陰 陰 陰
3) 이 자 성명 = 陽 陽 , 陰 陰

이상의 순양, 순음으로 하면 極吉極凶(극길극흉)의 양극으로 발휘되는 것이니 선천 사주와 불합하면 극흉이요 합국하면 대길로 화하는 상이다.

○ 성명에서 순양은 과강한 운성으로서, 太剛則折(태강즉절)이어서 파괴, 분리하니 단명 또는 사업부진으로 중도 좌절합니다.

○ 성명에서 순음은 운성이 陰氣的(음기적)으로 유약한 고로 결단력이 부족하며 추진력이 약하고 운력 발휘가 소멸되며 이산, 파괴의 운력이 작용한다.

제6장. 오행역상길흉 비법

이장은 본 학술에서 수리길흉 秘鍵(비건)과 더불어 가장 중요한 비법으로 되어 있는 부분이다. 이 오행역상에서 육친관계, 건강, 질병, 수명, 재물, 관운 등이 풀려 나오게 되어 있으니 독자 여러분은 세밀히 관찰하고 탐구하기 바랍니다.(수리길흉 법과, 제성제살 법 등을 종합 판단하여야 함은 물론이다.)

1. 오행배열길흉 법(상생상극분류)

이 오행 상생상극의 길흉배열에 있어서 주오행이 상생연결 되어 있으면 대길한 것으로 되어 있으나 만약 주오행이 상극되더라도 주종 간 상호 연결하여 상생하면 대길하다. 오행의 길흉격은 다음과 같다.

1) 主五行의 吉格(三子姓名)

大吉格

水 水 水 水 水 水 水 水	金 金 金 金 金 金 金 金
金 水 金 木 木 水 金 木	土 土 土 金 水 水 金 水
土 金 金 火 木 木 水 水	火 金 土 土 金 水 水 木
土 土 土 土 土 土 土	火 火 火 火 火 火 火 火
火 火 土 金 金 土 火	木 木 火 木 土 土 土 火
木 火 火 水 土 金 土	水 火 木 木 火 土 金 土
木 木 木 木 木 木 木	
水 水 木 火 火 木 火	
金 木 水 土 火 火 木	

中吉格

水 水 水 水 水 水
土 土 金 金 木 火
金 火 木 火 金 土

金 金 金 金 金 金 金 金
木 木 土 土 火 火 水 水
水 火 木 水 木 土 土 火

土 土 土 土 土 土 土 土
水 水 金 金 火 火 木 木
金 木 木 火 金 水 水 火

火 火 火 火 火 火 火 火
木 木 金 金 水 水 土 土
金 土 土 水 木 金 木 水

木 木 木 木 木 木 木 木
水 水 火 火 金 金 土 土
土 火 金 水 水 土 金 火

(主從五行吉格)
主 木 木 水 水 水
從 水 水 木 木 木
主 金 木 火 水 金
從 土 水 土 土 土
主 火 金 金 金 火
從 土 土 土 土 木

2) 주오행의 흉격

水 水 水 水 水 金 金 金 金 金 土 土 土 土 土
水 火 火 土 土 金 火 木 木 火 土 木 水 木 水
水 水 金 木 水 金 金 金 土 水 土 土 土 金 火

木 木 木 木 木 火 火 火 火 火
木 土 金 金 土 火 金 水 水 金
木 木 木 火 水 火 火 火 土 木

3) 주종오행흉격

主	木	土	金	火	水
從	水	土	土	水	木
主	土	木	木	火	土
從	土	土	土	土	土
主	木	木	土	水	木
從	木	木	木	土	土

2. 오행역상의 육친길흉 법

音靈五行(음령오행) 표출법, 육신 및 육친과 육수의 표출법은 앞에서 논하였으므로 여기서는 생략하고 오행역상에서 운성이 발휘되는 육친의 길흉화복을 논하기로 한다.

1) 부모궁의 길흉법

① 父先亡(부선망)과 早失父母格(조실부모격)

Ⓐ 父의 위치에 백호, 구진, 현무 등의 육수가 있고, 다른 오행과 상극되면 父先亡한다.

Ⓑ 父의 위치에 백호, 구진, 현무 등이 있고 陰父(음부)에 陽財(양재)가 극하든가 또는 財가 父를 직접 극하면 父先亡한다. 혹은 父가 생월 생령에 극을 받으면 父先亡한다(父母無德하다).

Ⓒ 姓字(성자) 주 오행 또는 名下字(명하자) 주 오행에 父가 있고 백호, 구진, 현무 등의 육수가 있으면 조실부모에 부선망한다. 대계 3, 4, 7, 9, 12, 17, 19세에 死別(사별)한다. 예를 들면 다음과 같다.

〈 예 ① 〉 壬午年 七月生

姓名 :	金	昌	文
五行 :	木水	金土	水火
六親 :	父官	財孫	官兄
六獸 :	白巳	句朱	青玄

이 이름의 性 주 五行에 父가 있고 白虎가 응해서 金財가 극하고 月令에 극을 받았다. 12세에 別親했음.

〈예 ②〉 己未年 十一月生

姓名 :	金	福	童
五行 :	木水	水木	火土
六親 :	官財	財官	父兄
六獸 :	句朱	青玄	白巳

이 이름은 名下字 主五行의 父에 白이 있고 月令에 극했으며 수리가 極凶하다. 그러므로 3세에 早失父親했다.

〈예 ③〉 乙丑年 七月生

姓名 :	朴	泰	成
五行 :	水木	火	金土
六親 :	財官	父	孫兄
六獸 :	玄白	巳句	朱青 .

螣蛇에 父가 있고 玄武財의 극을 받고 22수리의 흉화가 더하여 19세에 부친 사별한 父先亡格이다

〈예 ④〉 戊午年 八月生

姓名 :	鄭	榮	根
五行 :	金土	土土	木火
六親 :	財孫	孫孫	父兄
六獸 :	朱青	玄白	巳句

姓名 命式		大運數 64 54 44 34 24 14 4
乙 己 戊 庚		辛 壬 癸 甲 乙 丙 丁
巳 未 午 戌	印綬偏官格	亥 子 丑 寅 卯 辰 巳

어려서 기관지 폐가 안 좋아서 고생을 많이 했고 17세에 父를 사별한 父先亡格이다.

〈 예 ⑤〉 早失父母(조실부모)에 父先亡格(부선망격) 甲辰生

姓名 :	林	昌	永
五行 :	火水	金土	土土
六親 :	父財	孫兄	兄兄
六獸 :	玄白	巳句	朱青

姓名 命式		大運數 67 57 47 37 27 17 7
戊 辛 甲 丁		辛 庚 己 戊 丁 丙 乙
辰 丑 辰 亥	印綬偏官格	亥 戌 酉 申 未 午 巳

이 이름은 父에 玄이 붙고 白財가 直剋하였다. 그래서 7세 때 父와 死別하고, 失兩親한 부선망의 명이다. 青龍財(청룡재)가 있고, 他位(타위)에 父(부)가 있어서 他獸(타수)의 剋(극)을 받으면 父先亡(부선망)한다. 父(부)가 없고 財(재)가 있거나 財(재)가 旺(왕)하고 父 (부)가 弱(약)하면 父先亡(부선망)한다. 여기에 旺衰(왕쇠)는 陰(음)과 陽(양), 또는 月令(월령), 기타 五行旺衰法(오행왕쇠법)에 의한 것이다.

〈 예 ①〉 辛丑年 十月生

姓名： 姜 今 祚
五行： 水土 木水 金
六親： 財兄 官財 孫
六獸： 巳句 朱靑 玄白

姓名 命式		大運數 64 54 44 34 24 14 4
辛 乙 辛 甲		甲 乙 丙 丁 戊 己 庚
巳 亥 丑 戌	太殺食傷格	午 未 申 酉 戌 亥 子

이 이름은 靑財가 旺하고 父가 隱伏이다. 그래서 父先亡했다.

〈 예 ②〉 壬戌年 十月生

姓名： 金 榮 成
五行： 木水 土土 金土
六親： 官財 兄兄 孫兄
六獸： 白巳 句朱 靑玄

姓名 命式		大運數 64 54 44 34 24 14 4
辛 己 壬 乙		乙 丙 丁 戊 己 庚 辛
未 未 戌 亥	食神用印格	未 申 酉 戌 亥 子 亥

이 이름은 有財에 隱伏父요, 隱伏父가 강한 螣蛇財에 剋을 받았다. 고로 14세 때 父先別했다.

〈 예 ③〉庚申年 二月生

姓名	:	李	正	九
五行	:	火	金土	木
六親	:	官	兄父	財
六獸	:	巳句	朱青	玄白

이 이름은 靑龍父일지라도 月令에 旺한 旺財가 直剋父했다. 그래서 17세 때 父先別했다. 靑龍父일지라도 백호재가 있어서 왕하면 부선망 한다. 백호재나 청룡부가 亡神(망신)인 경우에도 부선망하는 동시에 부모무덕 또는 양자로 간다. 청룡재에 부가 망신이면 조실부모에 부선망하며 양자가 된다.

〈 예① 〉 丁巳年 七月

姓名	:	金	七	守
五行	:	木水	金火	金
六親	:	父官	財兄	財
六獸	:	靑玄	白巳	句朱

이 이름은 靑父일지라도 過剛한 (七月令 旺金에 申酉 兩金이다.) 兩財에 白虎財를 兼했고 白財에 亡神殺이 붙어 10세에 父先亡 했다.

〈 예 ② 〉戊戌年 九月生

姓名	:	金	龍	岩
五行	:	木水	火土	土水
六親	:	官財	父兄	兄財
六獸	:	朱靑	玄白	巳九

이 이름은 靑財에 加財하고 玄父에 靑財가 直剋하는 동시에 亡神殺이다. 그러므로 2세에 父와 死別하고 養子로 갔으나 養父 또한 10세 때 死別했다.

② 母長壽(부모장수)와 有德格(유덕격)

名上字에 父가 있거나 또는 從에 父가 있어서 타의 심한 극을 받지 않을 때는 父母(부모)가 長壽(장수)한다. 巳, 朱 등에 父가 있어서 타의 극을 받지 않거나 靑父, 巳財 또는 巳父, 靑財에 타의 극을 받지 않을 때는 父母長壽(부모장수)하며 父母有德(부모유덕)하다.

〈 **예** 〉庚申年 五月生

姓名：	金	廷	柱
五行：	木水	金土	金
六親：	財孫	兄父	兄
六獸：	巳句	朱靑	玄白

姓名 命式		大運數	76	66	56	46	36	26	16	6
庚 庚 庚 乙			戊	丁	丙	乙	甲	癸	壬	辛
寅 戌 申 亥	建祿食財格		辰	卯	寅	丑	子	亥	戌	酉

이 이름은 性下字 從에 靑父가 旺하여 타의 극을 받지 않았다, 그리고 財 역시 巳財旺하다. 그래서 父母長壽하고 有德한 格인데, 47세 때까지 父86세의 長壽를 하였다.

③ 母先亡格(모선망격)

靑龍父(청룡부)에 財(재)가 약하면 母先亡(모선망)이다. 父(부)가 있으며 無財(무재)이고 父旺(부왕)이면 母先亡이다. 財(재)가 生年支(생년지)와 寃嗔(원진)일 때는 母先亡한다. 위와 같이 父母宮(부모궁)을 볼 때에는 財(재)를 母親(모친)으로 보는 것이다. 단 처자궁을 볼 때는 다르다.

〈 예 〉庚申年 五月生

姓名 :	金	廷	柱
五行 :	木水	金土	金
六親 :	財孫	兄父	兄
六獸 :	巳句	朱靑	玄白

姓名 命式		大運數 76 66 56 46 36 26 16 6
庚 庚 庚 乙		戊 丁 丙 乙 甲 癸 壬 辛
寅 戌 申 亥	建祿食財格	辰 卯 寅 丑 子 亥 戌 酉

이 이름은 靑父가 生月令에 강하고 巳財이나, 生年支와 寃嗔(卯申)이 된다. 고로 父母 공히 長壽하였으나 母先亡했다. 靑龍財(청룡재), 白虎父(백호부)일 때는 白虎父(백호부)가 旺(왕)하면 母先亡(모선망)한다. 父母宮(부모궁)이 隱伏(은복)일 때는 그 隱伏父母(은복부모)와 生月令(생월령)과 諸殺(제살) 그리고 旺衰(왕쇠)를 對照(대조)하여 본다.

④ 부모길흉시의 연령 기준 법

부모님과 몇 살에 이별할 것인가를 알고자 할 때 그 시기의 기준은 다음과 같다. 性(성)의 主五行에 있으면 10세 기준하여 17세 이하에서 탄생까지 본다. 性(성)의 從五行에 있으면 20세 기준하여 28세 이하 26세까지 본다. 名上字(명상자) 主五行에 있으면 30세 기준하여 앞뒤를 본다.(27~35세) 名上字(명상자) 從五行에 있으면 40세 기준하여 앞뒤를 본다. (37~45) 名下字(명하자) 주종은 성자 주종과 동일하다.

※ 인명은 의술의 발달로 수명이 길어져서 10 ~ 20년 연장되는 수가 많으며 수리오행이 길격이 아닌 경우만 해당 된다.

〈 예 〉

기 木 10세 性主 = 탄생 ~17세 까지

ㅁ 水 20세 性從 = 18세 ~ 26세 까지

저 金 30세 名上字主= 27세 ~ 35세 까지

ㅇ 土 40세 名上字從= 36세 ~ 48세 까지

혀 土 10세 名下字主= 탄생 ~ 17세 까지

ㄴ 火 20세 名下字從= 18세 ~ 26세 까지

2) 형제궁길흉법(同氣間)

兄弟宮(형제궁)은 五行易象(오행역상)에 出現(출현)된 兄(형)을 兄弟(同氣)로 본다.

① 형제남녀수와 길흉관계

兄(형)에 白虎(백호), 句陳(구진), 玄武(현무) 등이 있으면 형제간 生離死別(생이사별) 또는 형제가 없다. 兄(형)이 隱伏(은복)되면 무형제 또는 형제수가 적고 無德(무덕)하다. 兄(형)에 白虎(백호), 句陳(구진), 玄武(현무) 등이 있고 父(부)나 官(관)이 相剋(상극)되면 형제가 없거나 소수이며 無德(무덕)하다.

< 예 ①〉 戊戌年 九月生

姓名 : 金 龍 岩

五行 : 木水 火土 土水

六親 : 官財 父兄 兄財

六獸 : 朱青 玄白 已句

이 이름은 兄에 白虎가 있고 官이 剋했다 그러므로 兄弟死別하고 一身孤獨하다. 兄(형)에 亡神(망신)이 있어도 형제가 없거나 또는 있어도 적으며 무덕하다. 兄(형)에 青龍(청룡)이 있거나 또는 兄(형)이 多現(다

현)되면 형제가 많고 有德(유덕)하다. 兄(형)에 螣蛇(등사), 朱雀(주작) 등이 있으면 형제가 많다. 性의 主(주), 또는 名下字主(명하자주)에 兄(형)이 있으면 2, 3 형제가 된다. 名上字(명상자)의 從(종) 또는 性從(성종)과 名下字(명하자)의 從(종)에 있으면 3 ~ 4형제 이상 있다. 性從(성종)에 兄(형)이 있고 青龍兄(청룡형)이면 5 ~ 6형제요, 그리고 有德(유덕)하다. 青龍兄(청룡형)이 있고 現父(현부) 또는 隱父(은부)가 생하여 주면 형제가 많고 有德(유덕)하다. 隱伏兄(은복형)을 父(부)가 생하면 異腹兄弟(이복형제)가 있고 無德(무덕)하다. 隱伏兄(은복형)에 亡神(망신)이 붙으면 男兄弟(남형제)가 없다.

〈 예 ②〉戊子生

姓名 :	金	經	國
五行 :	木水	木土	木木
六親 :	孫兄	孫官	孫孫
六獸 :	朱青	玄白	巳句

이 이름은 性從에 青龍兄이 있고 隱伏父가 兄을 생하고 있어 同氣가 많은 격인데, 현재 9男妹와 男6兄弟이며 兄弟有德하다.

〈 예 ③〉 庚申生

姓名 :	李	鐘	基
五行 :	火	金土	木
六親 :	官	兄夫	財
六獸 :	巳句	朱青	玄白

이 이름은 朱兄이 名下字에 있고 青夫가 직접 生하고 있으므로 同氣가

많은 격인데 巳官이 直剋하므로 약간 지장이 있으나 3兄弟다.

〈예 ④〉 丁巳生

姓名 :	金	七	守
五行 :	木水	金火	金
六親 :	父官	財兄	財
六獸 :	青玄	白巳	句朱

이 이름은 玄官이 兄을 剋 할 것 같으나 水官은 青父를 生하고 다시 青父가 兄을 生하며 名上字從에 巳兄이므로 3형제가 튼튼하다.

〈예 ⑤〉 丙辰生

姓名 :	金	周	甲
五行 :	木水	金	木水
六親 :	官財	孫	官財
六獸 :	青玄	白巳	句朱

이 이름은 兄이 無現이다. 그러므로 同氣가 없고 孤獨하다.

〈예 ⑥〉 庚午生

姓名 :	趙	慶	淑
五行 :	金	木土	金木
六親 :	財	父孫	財父
六獸 :	巳句	朱青	玄白

이 이름은 隱伏兄을 兩父가 生하고 있다. 그러므로 女兄弟만 4兄弟이나 전부 異腹兄弟 들이다.

3) 夫婦宮 吉凶法(부부궁길흉법)

① 부궁의 길흉 및 덕망유무

남자는 재를 처로 본다.

재가 많든가 또는 재가 많고 수리가 흉하면 2, 3차 재혼하거나 애인을 두며 무재(은복재)에 수리가 흉하면 재혼한다. 그리고 무덕하다. 단 하나의 재라도 구진, 현무, 백호 등이 있고 수리가 흉하면 재혼하며 백호재에 망신이 있으면 상처한다. 청룡 재는 유덕한데 재가 중복되면 애인을 두며 재가 많고 수리가 좋아도 애인을 둔다. 청룡, 주작, 등사 등의 재에 화개, 반안 등의 吉星이 있으면 처덕이 있다.

〈 **예** ① 〉 辛酉生

姓名 :	金	光	鎬
五行 :	木水	木土	土金
六親 :	財孫	財父	父兄
六獸 :	巳句	朱靑	玄白

이 이름은 수리 형격14, 이격26의 家庭波瀾運에다 兩財가 있다. 그러므로 妻宮의 交替가 심했다. 3혼 했다.

〈 **예** ② 〉 丁巳生

姓名 :	金	七	守
五行 :	木水	金火	金
六親 :	父官	財兄	財
六獸 :	靑玄	白巳	句朱

이 이름은 兩財인데 利格14 수리가 凶하고 守자는 亡神財이다. 그러므로 喪妻하고 再婚했다.

〈예 ③〉戊戌生

姓名：	金	龍	岩
五行：	木水	火土	土水
六親：	官財	父兄	兄財
六獸：	朱靑	玄白	巳句

이 이름은 靑龍財가 있으나 句陳財가 있어서 蓄妾했다.

② 男便宮吉凶法(남편궁길흉법)

여자는 관을 남편으로 본다.

官(관)이 많거나 官(관)에 句陳(구진), 玄武(현무), 白虎(백호) 등이 있으면 寡婦(과부)가 되며 또한 2, 3차 再婚(재혼)하거나 妾(첩)으로 또는 再娶(재취)하는 남성과 결혼하던가, 혹은 남편이 애인이 있다. 官(관)이 隱伏(은복)되거나 隱官(은관)에 수리가 凶(흉)하면 寡婦(과부) 또는 妾(첩)이 될 가능성이 있으며 白虎官(백호관)이 亡神(망신)이 있으면 喪夫(상부)한다. 官(관)에 白(백호), 玄(현무), 句(구진) 등이 있고 수리의 亨利貞格(형이정격) 중에 19, 20, 23, 26, 27, 28, 29, 30, 32, 33, 34, 36 등의 수가 介在(개재)하면 寡婦(과부)가 될 수 있으며 또한, 無官(무관), 多官(다관)도 위와 동일하다. 특히 午, 申, 寅, 辰, 亥생은 과부 될 각오를 해야 하며 그렇지 않으면 첩이 되거나 男便有妾(남편유첩)을 면키 어려우니 대계 위와 같은 경우는 2, 3차 재혼한다. 靑龍官(청룡관)이고 단일관이면 男便德(남편덕)이 있다. 螣蛇官(등사관), 朱雀官(주작관)에 수리가 좋고 타의 剋을 받지 않으면 男便有德(남편유덕)하다.

〈예 ①〉 庚午生

姓名：	趙	慶	淑
五行：	金	木土	金木
六親：	財	父孫	財父
六獸：	巳句	朱青	玄白

이 이름은 無官이고, 利格凶數며 午生이다. 그러므로 3차례나 寡婦가 되었다.

〈예 ②〉 甲子生

姓名：	金	貞	子
五行：	木水	金土	金
六親：	孫兄	父官	父
六獸：	玄白	巳句	朱青

姓名 命式		大運數	68	58	48	38	28	18	8
庚 庚 甲 乙			丁	戊	己	庚	辛	壬	癸
申 戌 子 亥	金水傷官格		巳	午	未	申	酉	戌	亥

이 이름은 元, 貞格數理가 凶하고 句陳官므로 중년 39세에 喪夫했다.

〈예 ③〉癸亥生

姓名：	金	榮	子
五行：	木水	土土	金
六親：	孫兄	官官	父
六獸：	白巳	句朱	青玄

姓名 命式		大運數	68	58	48	38	28	18	8
庚 己 癸 乙			丙	丁	戊	己	庚	辛	壬
申 未 亥 亥	傷官用財格		辰	巳	午	未	申	酉	戌

이 이름은 亨格 수리가 흉하고(22수) 2官인 동시에 句陳官이 개입했다. 그러므로 3번이나 再婚했다.

〈 예 ④ 〉己卯生

姓名 :	朴	榮	子
五行 :	水木	土土	金
六親 :	父兄	財財	官
六獸 :	句朱	青玄	白巳

姓名 命式		大運數 68 58 48 38 28 18 8
庚 己 己 癸		壬 癸 甲 乙 丙 丁 戊
申 未 卯 卯	偏官用財格	申 酉 戌 亥 子 丑 寅

이 이름은 白虎 入金의 강한 白虎官이다. 亨格(20수리)과 利格(9수리)이 흉하다. 그래서 寡婦가 되었다.

4) 子女宮吉凶法(자녀궁길흉법)

男子는 孫과 官을 子息으로 보고 女子는 孫을 그리고 財가 3개 이상 있을 때는 財도 子息으로 본다. 그러나 多財는 女息이 주로 많다.

자녀수와 덕망

孫(손)에 白虎(백호), 玄武(현무), 句陳(구진) 등이 있으면 자녀를 生離死別(생이사별)할 수 있다. 특히 수리가 흉하면 심하다. 孫(손)이 隱伏(은복)하고 수리가 흉하면 無子(무자)하며 또는 딸 하나 만 있는 경우도 있다. 孫(손)이 출현치 않고(隱伏) 남자는 多官(다관) 여자는 多財(다재)일 때는 여자가 많은 경우가 있다. 寅卯亥子未酉生으로서 無孫(무손), 無官(무관)이고 數理(수리)가 흉하면 無子(무자)하기 쉬우니. 또한 위의 띠로서 有孫(유손)일지라도 凶獸(흉수白玄句)가 있고 수리가 흉하면 無子(무자) 또는 남아가 적다. 性主(성주)와 名下字主(명하자주)에

有孫(유손)하고 朱, 巳 등이 있으면, 2, 3子의 남아를 두고 白, 句, 玄 등이 붙으면 無子(무자) 또는 독자를 둔다고 한다. 性下字(성하자) 主從(주종), 性從(성종), 名下字從(명하자종) 등에 有孫(유손)하고, 青龍(청룡), 朱雀(주작), 螣蛇(등사) 등이 있으면 3子 이상을 둔다. 青龍孫(청룡손)이면 자녀가 많고 貴子(귀자)를 두며 有德(유덕)하다. 姓主(성주)에 孫(손)이 있고 남녀 陰孫(음손)이면, 첫아이가 남자아이고 남녀 陽孫(양손)이면 첫아이는 딸이다. 만일 남녀 陽孫(양손)인데 첫아이가 아들이면 키우기가 어려울 수 있다. 이름 아래글자에 孫(손)이 있고 남녀 陰孫(음손)이면 여자아이를 많이 난후에 아들을 보고 또는 아들이 늦게 보거나 적다. 姓下字(성하자)의 主從(주종)에 孫(손)이 있고 이름 아래글자에도 孫(손)이 있으면 多子인 경우가 많다. 姓下字(성하자)의 主從(주종)에 孫(손)이 있고 白虎, 玄武, 句陳(백호현무구진) 등 특히 백호가 붙으면 자녀를 많이 두나, 死別數(사별수)가 있거나 장애가 있을 수 있다. 姓主(성주)에 孫(손)이 있고 姓下字(성하자)에 有官(유관) 또는 오행이 아래에서 위로 상생으로 연결되거나 孫(손)을 직접 간접으로 상생하면 白虎, 句陳, 玄武(백호구진현무)가 붙어도 無關(무관)하며 오히려 多子(다자)한다. 姓下字(성하자)에 孫官(손관)이 兼有(겸유)하고 다른 곳에 孫(손)이 있으면 자녀가 많고 남아 4 ~ 5명을 둔다. 申戌丑辰午生(신술축진오생))으로서 有孫(유손) 有官多(유관다)하면 자녀가 많다.

〈예 ①〉 壬子生

姓名 :	金	尙	連
五行 :	木水	金土	火火
六親 :	孫兄	父官	財財
六獸 :	白巳	句朱	青玄

이 이름은 姓主에 白虎孫인 고로 無子 또는 獨子일 것 같으나 名上字從에 朱雀官이 있고 五行이 아래에서 위로 連結 相生하고 있다. 즉 財生官, 官生父, 父生兄, 兄生孫하여 孫을 直接 間接으로 生해서 孫旺이 되는 고로 多子女格인데 실제로 6男3女의 9男妹를 두었다.

〈예 ②〉 乙丑生

姓名 :	申	錫	浩
五行 :	金火	金木	土
六親 :	孫父	孫官	兄
六獸 :	玄白	巳句	朱青

이 이름은 名上字(명상자) 螣蛇孫(등사손), 句陳官(구진관)이 있고 陽陰兩金孫(양음양손금)이 강하므로 玄武孫(현무손)이 있어도 無關(무관)하며 多子女格(다자녀격)이다. 그러므로 5男2女 인데 앞으로도 더 자녀를 둘 수 있다.

〈예 ③〉 癸亥生 (女)

姓名 :	金	榮	子
五行 :	木水	土土	金
六親 :	孫兄	官官	父
六獸 :	白巳	句朱	青玄

이 이름은 姓主에 孫이 있으나 白虎孫이요, 螣蛇兄(등사형)이 직접 생하나 官이 生孫者인 兄을 剋하였다. 그러므로 男子아이 한명을 나았으나 어려서 死別하고 자식이 없다. 이 이름은 數理 역시 凶하다.

〈예 ④〉 戊戌生

姓名 :	金	龍	岩
五行 :	木水	火土	土水
六親 :	官財	父兄	兄財
六獸 :	朱靑	玄白	巳句

이 이름은 姓主에 朱雀官이 있으나 無孫이요 單一官은 他에 流出되어 있다. 그러므로 1男1女 出生하였으나 男兒는 어려서 死別하고 1女뿐이다.

〈예 ⑤〉 辛丑生

姓名 :	朴	今	祚
五行 :	水木	木水	金
六親 :	財官	官財	孫
六獸 :	巳句	朱靑	玄白

이 이름은 名下字에 孫이 있으나 玄武孫이요, 元亨貞格 수리가 凶하고, 孫을 생하는 자가 全無하다. 그러므로 1男1女를 출생하였으나 男兒는 어려서 死別하고 1녀뿐이다.

〈예 ⑥〉 庚申生

姓名 :	金	鍾	基
五行 :	木水	金土	木
六親 :	財孫	兄父	財
六獸 :	巳句	朱靑	玄白

이 이름은 姓主에 1官뿐이요 官을 생하는 자가 없다. 官이 兄을 剋하

여 그 힘이 강해졌고, 隱伏孫은 官과 相剋이니 無子하며 孫(손)에 亡身(망신), 六害煞(육해살) 등이 있으면 剋子(극자)한다. 또한 寃嗔殺(원진살)이 되어도 剋子(극자)하며 隱伏孫(은복손)에 亡身(망신)이나 六害(육해)가 해당되면 剋子(극자)한다.

3. 健康(건강), 疾病(질병), 壽命(수명), 財官吉凶法(재관길흉법)

1) 인체에 속하는 오행

① 金 = 肺(폐), 大腸(대장), 늑骨(골), 四肢(사지)는 金(금)에 屬(속)한다.

② 木 = 肝臟(간장), 膽(담), 神經系通(신경계통), 精神(정신), 頭腦(두뇌)는 木(목)에 屬(속)한다.

③ 水 = 腎臟(신장), 膀胱(방광), 血液(혈액)은 水(수)에 屬(속)한다.

④ 火 = 心臟(심장), 小腸(소장), 眼目(안목)은 火(화)에 屬(속)한다.

⑤ 土 = 胃臟(위장), 脾臟(비장), 腹部(복부), 皮膚(피부)는 土(토)에 屬(속)한다.

2) 健康關係(건강관계)

① 主五行(주오행)이 아래에서 위로 상생하거나 또는 위에서 아래로 상생하면, 일평생을 통하여 중병에 걸리지 않고 장수할 수 있다. 단 數理運路(수리운로)가 極凶(극흉)이 아니고 先天命(선천명)과 조화하여야 한다.

② 主從五行(주종오행)이 連結相生(연결상생)하여도 가하다.

〈 예 ① 〉

	姓	名	字
姓名 :	서	효	리
五行 :	金	土	火

主五行이 아래에서 위로 상생한 것. 이는 아래에서 위로 火生土, 土生金 하여 위로 상생한 대길격이다.

〈**예** ②〉

	姓	名	字
姓名 :	서	민	규
五行 :	金	水	木

主五行이 위에서 아래로 상생한 것. 위에서 아래로 金生水, 水生木 하여 아래로 상생한 대길격이다.

〈**예** ③〉

	姓	名	字
姓名 :	김	정	연
五行 :	木水	金土	土火

主從五行 連結相生한 것. 이는 主從五行이 아래에서 위로 連結相生한 大吉格이다.

3) 疾病關係(질병관계)

主從五行間(주종오행간)에 직접, 간접으로 상생하면, 剋(극)을 받은 五行에 속하는 인체의 질병에 걸리기 쉽다. (數理가 불리하면 그 작용력이 심하다.)

① 金克木部 = 木金木, 金木金, 木金金 등은 肝臟(간장), 膽(담), 神經病(신경병), 精神病(정신병)에 걸리기 쉽다.

② 木剋土部 = 木土木, 土木土, 土木木 등은 胃臟(위장), 脾臟(비장), 腹部(복부), 皮膚病(피부병), 肝臟病(간장병)에 걸리기 쉽다.

③ 土剋水部 = 土水土, 土土水, 水土土 등은 腎臟(신장), 膀胱炎(방광염), 血液系統(혈액계통)의 疾患(질환)에 걸리기 쉬우며 특히 腎臟(신장)이 약해진다.

④ 水剋火部 = 水火水, 水火火, 火水火 등은 心臟(심장), 小腸(소장), 眼症(안증) 風冷症(풍냉증)에 걸리기 쉬우며 특히 神經病(신경병), 冷症(냉증), 血壓(혈압), 咳嗽(혜수)에 걸린다.

⑤ 火金剋部 = 火金火, 金火金, 火火金, 火金金 등은 肺(폐), 大腸(대장) 등의 病(병)에 걸리기 쉬우며 특히 수리에 19, 20, 30 등이 있으면 骨折(골절), 四肢(사지) 중 팔, 다리의 不具(불구), 小兒痲痺(소아마비), 꼽추 등의 장애인이 된다.

〈 예 ① 〉

	姓		名		字
五行 :	火		金		火
五行 :	金		金		火
劃數 :		19		20	

〈 예 ② 〉

	姓		名		字
姓名 :	文		炳		泰
五行 :	水		水		火
劃數 :		19		19(30)	

예 ①, 예 ②의 格은 四肢, 중에서 다리의 장애자가 많다.

〈 **예** ③〉

	姓	名	字
五行 :	火	水	火
五行 :	水	火	金
劃數 :		19	20(30)

이 格은 心臟病, 冷症, 神經病, 咳嗽病에 많이 걸린다.

4) 壽命(수명) 死亡時期(사망시기)

성명으로써 그 사람의 壽夭長短(수요장단)과 사망시기를 알 수 있으니 그 방법을 다음과 같이 논해 둔다.

① 姓名字(성명자)에 망신살이 있고 生年의 地支와 相合(상합)할 時(시)에는 怨嗔殺(원진살)年의 怨嗔이 年干을 生 할 때, 또는 怨嗔이 旺(왕)할 때는 그 怨嗔年(원진년)이나 亡神年(망신년)에 死亡(사망)한다.

② 姓名(성명)의 怨嗔과 生年支(생년지)와 相互(상호) 怨嗔이 되어 相合時(상합시)에 怨嗔이 旺(왕)하는 怨嗔年, 또는 相沖(상충)하여 怨嗔이 旺(왕)하는 怨嗔年(원진년)에 사망한다.

③ 姓名(성명)과 生年支(생년지) 그리고 亡神(망신)과 合(합)하여 怨嗔과 相沖(상충), 또는 亡神(망신)과 상충하는 相沖年(상충년)에 사망한다.

④ 怨嗔(원진)과 年支(년지)와 亡神(망신)과 相好相合(상호상합)하면 相沖年(상충년), 그리고 相沖(상충)하면 相合(상합)하는 해에 死別(사별)한다.(혹은 그 月, 또는 日辰에도 사망한다.)

〈 **예** ①〉 丁巳生

姓名 :	金	七	守
五行 :	木水	金火	金
六神 :	卯亥	申午	酉
六親 :	父官	財兄	財
六獸 :	青玄	白巳	句朱

이 이름은 七字에 申金이 亡身인테, 加上(가상)으로 白虎入金한 過剛(과강)한 망신살이다. 이 망신살과 생년지가 相合하였고 姓主 卯木과, 七字의 申金과는 怨嗔(원진)인데 卯의 怨嗔은 旺氣를 띠고 있다. 그러므로 卯年은 生命에 不吉한 해인데 계묘년은 天干이 卯을 生하여 卯는 極旺(극왕)하여 졌다. 생년지와 상합한 亡身의 申金은 계묘년의 怨嗔과 相沖하고 있다. 그러므로 怨嗔年인 계묘년에 당년 47세로 사망하고 말았다.

이와 같이 姓名의 亡身, 또는 怨嗔과 生年支와 相合하여 怨嗔이 旺한 年과 相沖하면 그 怨嗔年에 生命이 不吉하다. 그런데 이 이름에 또 한나 야릇한 것은 名字가 七字요, 이름이 七守인 것이다. 字意로 보면 七을 지킨다는 뜻인데 七數로써 壽命 七壽를 지켰다는 靈感을 느끼게 한다.(사망 년세가 47세) 그리고 이 姓名에서, 또 한 나 알아야 할 것은 父系인 姓字의 姓主卯와 自身인 姓下字의 七字 申과는 怨嗔이다. 이卯申怨嗔이, 寅, 卯를 沖極(충극)하는데 寅과 申은 相沖이므로 丙寅年에는 父와 忌神怨嗔인 申이 寅을 相沖해서 同年에 부와 사별하였다.

疾病關係(질병관계)를 보면 兩金 사이에 火가 金을 剋하여 있으므로 肺에 대한 疾病인데, 이 사람은 肺病(폐병)으로 사망하였으니 五行의 相剋原理로 되어있는 人體疾病關係에도 잘 적중되어 있음을 明示해 준다.

〈 예 ② 〉 丙辰生

姓名 :	金	周	甲
五行 :	木水	金	木水
六神 :	卯亥	酉	寅子
六親 :	官財	孫	官財
六獸 :	靑玄	白巳	句朱

이 이름은 姓從에 亥와 生年支와 怨嗔이다. 이 亥의 怨嗔은 亡神殺이므로 凶强하다. 丙辰의 怨嗔 역시 生年支의 힘을 받아 强하다. 甲辰年은 辰의 怨嗔 年干을 生旺케하고 四月의 巳는 亥의 亡神怨嗔을 沖한다. 그러므로 甲辰年의 四月에 사망하였다. 甲辰年은 辰과 亥의 원진이다.

⑤ 姓名에 亡神이 있고 生年支와 怨嗔이 있어서 生年支와 亡身이 合하면 怨嗔을 沖하는 沖이 旺氣를 띠는 年에 死亡한다.

〈 **예** ③〉 癸亥生

姓名 :	金	玉	童
五行 :	木水	土木	火土
六神 :	卯亥	辰寅	巳丑
六親 :	孫兄	官孫	財官
六獸 :	白巳	句朱	靑玄

이 이름은 名의 辰과 生年支와 怨嗔(辰亥)이요, 姓從과 姓下字主와도 怨嗔이다. 그리고 亡神과 生年支와 相合(寅亥)하였다. 이 亥의 怨嗔과 相沖되는 巳年은 生命이 不吉한 해이다. 그러므로 沖하는 丁巳年에 死亡하였다.

⑥ 怨嗔(원진)과 相沖年(상충년)에 해당되는 자는 사망한다. 또는 父

(부)와 財(재)가 怨嗔(원진)일 때 相沖年(상충년)에 父가 사망한다.

5) 財運의 吉凶法

財運(재운)은 財를 財産(재산)으로 본다.

① 財(재)를 孫(손)이 생하면 財運(재운)이 良好(양호)하다. 특히 靑龍財(청룡재)와 白虎財(백호재)는 巨財(거재)인데, 이 財(재)를 孫(손)이 생하고 다시 孫(손)을 兄(형)이 생하고 兄(형)을 父(부)가 생하며 父(부)를 官(관)이 생하면 강한 財運(재운)으로서 巨富(거부)가 된다.

② 財(재)를 생하는 太歲(流年) 또는 財(재)와 同質(比和)의 년에는 財運(재운)이 良好(양호)하다.

〈 예① 〉 壬申生

姓名 :	김	정	현
五行 :	木水	金土	土火
六親 :	財孫	兄父	父官
六獸 :	白巳	句朱	靑玄

이 이름은 白虎財를 孫이 生하고 孫을 兄이 生하고 兄을 父가 生하고 父를 官이 生하니 大財運格이다.

〈 예 ② 〉 丁酉生

姓名 :	김	승	훈
五行 :	木水	金土	土火
六親 :	財孫	兄父	父官
六獸 :	靑玄	白巳	句朱

이 이름은 靑龍入木한 靑龍財에, 孫이 生하고 旺氣한 兄이 孫을 生하고 父母와 先代의 父에 의하여 父가 兄을 生하고 官이 다시 父를 生하니

財運이 大吉하다.

〈 예 ③〉丙寅生

姓名 :	용	돈	국
五行 :	土土	火火	木木
六親 :	財財	孫孫	兄兄
六獸 :	靑玄	白巳	句朱

이 이름은 靑龍入土한 土財에 加財하고 多孫, 多兄이 連結 生財하여 財運이 大吉한 大財格이다.

〈 예 ④〉戊午生

姓名 :	우	성	현
五行 :	土	金土	土火
六親 :	孫	財孫	孫兄
六獸 :	句朱	靑玄	白巳

이 이름은 靑龍入金財를 중심하여 상하 多孫과 兄이 生財하여 財運이 大吉한 大財格이다. 이와 같이 靑財, 白財 등에 孫, 兄, 父 등이 主從間에 직접 간접으로 상생하고 數理가 良好하며 先天局과 조화되면 財運이 大旺盛하여 거부가 된다.

6) 官運의 吉凶法

官(관)을 官運(관운), 官祿(관록)으로 본다.

① 靑龍官(청룡관), 白虎官(백호관) 등은 高級官格(고급관격)이다.

② 朱雀官(주작관), 螣蛇官(등사관) 등은 中級官格(중급격)이다.

③ 句陳(구진), 玄武官(현무관)은 下級官格(하급관격)이다.

④ 靑龍官(청룡관)은 聖剛官(성강관)으로서 他格(타격)이 良好(양호)하고 先天局(선천국)과 合局(합국)한 大局者(대국자)는 大統領格(대통령격)의 領相給(영상급)이 된다.

⑤ 白虎官(백호관)은 强(강)한 官運(관운)으로서 內務部長官(내무부장관) 또는 將星格(장성격)이다.

⑥ 螣蛇官(등사관)은 判事(판사) 檢事格(검사격)이다.

⑦ 朱雀官(주작관)은 治安局長格(치안국장격)이다.

⑧ 句陳官(구진관)은 行政官格(행정관격)이다.

⑨ 玄武官(현무관)은 警察(경찰) 또는 武官格(무관격)이다.

4. 諸星, 諸煞과 祿의 吉凶法

① 天(建祿건록)= 國祿(국록) 즉 官祿(관록), 衣食住(의식주) 등의 福祿(복록)을 말함인데, 建祿(건록)이 있어서 吉星(길성)으로 旺氣(왕기)하면 財祿(재록)이 豊大(풍대)하다.

② 暗綠(암록)=隱祿(은록) 숨은 복인데 남이 모르는 숨은 福祿(복록)이 많다.

③ 天乙貴人(천을귀인)= 周圍環境(주위환경)에 도와주는 貴人(귀인)이 많다. 그러므로 順調成功(순조성공)하는 吉祥(길상)을 나타낸다.

④ 月德貴人(월덕귀인)= 天乙貴人(천을귀인)과 같다.

⑤ 金與(금여), 華蓋(화개), 攀鞍(반안), 將星(장성) 등은 幸福(행복)의 吉祥(길상)을 나타낸다.

⑥ 十二星= 怯殺(겁살), 災殺(재살), 天殺(천살), 地殺(지살), 年殺(년살), 月殺(월살), 亡神(망신), 將星(장성), 攀鞍(반안), 驛馬(역마), 六害(육해), 華蓋(화개)를 말함인데 亡神(망신) 六害(육해)는 凶殺(흉살)로서 姓名(성명)에 있으면 凶(흉)하다.(亡神과 怨嗔殺이 姓名과 太

歲와 生年支와 相好連結하여 發動하면 生命이 危急하다.)

⑦ 怨嗔殺(원진살)= 고신(고신), 寡宿(과숙), 空亡(공망), 冲(충), 破(파), 害(해), 刑(형), 桃花(도화) 등의 諸殺(제살)은 모두 凶殺(흉살)로서, 姓名(성명)에 있으면 그에 該當(해당)한 凶運(흉운)을 받는다. (怨嗔殺은 姓名에서는 生命에 자극을 주는 大凶殺이다.) 이상의 제성제살을 성명에 응용하는데, 그 운성의 작용은 사주법과 동일하다.

諸星表

살 / 년지지	원진살	상충살	상파살	육해살	과숙살	고신살	망신살	도화살	재살살
子	未	午	卯	未	戌	寅	亥	酉	午
丑	午	未	辰	午	戌	寅	申	午	卯
寅	酉	申	亥	巳	丑	巳	巳	卯	子
卯	申	酉	子	巳	丑	巳	寅	子	酉
辰	亥	戌	丑	未	巳	丑	亥	酉	午
巳	戌	亥	申	申	辰	申	申	午	卯
午	丑	子	卯	未	辰	申	巳	卯	子
未	子	丑	戌	申	辰	申	寅	子	酉
申	卯	寅	巳	戌	未	亥	亥	酉	午
酉	寅	卯	子	亥	未	亥	申	午	卯
戌	巳	辰	未	丑	未	亥	巳	卯	子
亥	辰	巳	寅	寅	戌	寅	寅	子	酉
작용해설	초혼실패 결혼불성 부귀경감 인덕무정	교통사고 자식이별 사건사고 사업부진	사고무친 부부이별 사업실패 직장망신	모함불신 후연도실 관재구설 타국도망	청산과부 부부고독 인연저해 무당승도	홀홀단신 인연방해 마약복용 인덕무정	반목불신 초혼실패 연상연하 망신초래	마약복용 혈전혈투 출세지장 심장마비	가스사고 음욕색정 냉정증오 자손절단

귀인 \ 일간	천을성	태극성	일의성	금여성	문창성	천관성	천복성	학당성	암록성
甲	丑未	子	卯	辰	巳	子	酉	亥	亥
乙	子申	午	亥	巳	午	辰	申	午	戌
丙	酉亥	酉	丑	未	申	巳	子	寅	申
丁	酉亥	午	未	申	酉	寅	亥	酉	未
戊	丑未	巳	巳	酉	申	卯	卯	寅	申
己	子申	午	卯	申	酉	酉	寅	酉	未
庚	丑未	寅	亥	戌	亥	亥	午	巳	亥
辛	寅午	亥	丑	亥	子	申	巳	子	子
壬	巳卯	巳	未	丑	寅	戌	午	申	寅
癸	巳卯	申	巳	寅	卯	午	巳	卯	丑
특징과 작용	만사대길 귀인상봉 결혼대길 부귀장수	부귀남편 승승장구 수복강녕 부모유산	의사교수 의학인술 사회봉사 일품벼슬	온후유덕 최고연분 절이음덕 매사순리	총명과인 학업출세 박사교수 문장능통	만인통솔 최고집권 극품지상 천하통일	최고연분 안과태평 권위귀인 사회봉사	학업연속 해외유학 출세가도 부부해로	위엄권위 자연혜택 자손창성 최상연분

〈 **예 ①**〉 辛酉年 3月 26日 辰時生

〈姓名五行易象 및 諸星과 諸殺付圖〉

亨 13　　元 21

8　　　5　　　16

陰　　　陽　　　陰

金　　　丙　　　澈　　　貞29

利 24

五行 :　木水　水土　金火

六親 :　財孫　孫父　兄官

六獸 :　巳勾　朱靑　玄白

六神 :　卯亥　子辰　酉巳

十二神殺:　災驛　害天　祿地

暗　將

先天命定局

時日月年	大運數	69 59 49 39 29 19 9
壬丙壬辛		乙 丙 丁 戊 己 庚 辛
辰寅辰酉	殺重用印格	酉 戌 亥 子 丑 寅 卯

五行易象定局　辛酉年 3月 26日 辰時生

亨 13 元 21

8 5 16

陰 陽 陰

金 丙 澈 貞29

利 24

五行：	木水	水土	金火	
六神：	卯亥	子辰	酉巳	
五行干支:	乙亥	壬辰	辛巳	辛酉
	年柱	日柱	時柱	月柱

姓名易象

時日月年	大運數	63	53	43	33	23	13	3
辛壬辛乙		戊	丁	丙	乙	甲	癸	壬
巳辰酉亥	印綬用傷格	辰	卯	寅	丑	子	亥	戌

5. 性格 및 職業

① 성격은 生年支(생년지)와 姓下字(성하자)의 主五行(주오행)과의 연관작용으로 본다.

② 직업은 生年支(생년지)와 財, 官, 孫, 祿과의 연관작용으로 본다.

1 - ① 子生(자생)에 主五行(주오행)이 金, 火인 경우

성격 : 섬세하고 영리하며 활기 있고 용감하나 약간 냉정한 면도 있다.

직업 : 官(관)이 旺(왕)하면 정치가, 정당인, 공무원, 직장생활에 적합하고 財(재)와 孫(손)이 旺(왕)하면 사업가, 상업에 적합하다.

1 - ② 子生(자생)에 主五行(주오행)이 土, 木, 水인 경우

성격 : 세심하고 인자하며 온순하다. 一面(일면) 思考的(사고적)이며 智謀秀拔(지모수발)한 점도 있다.

직업 : 교육자, 철학자, 운명가, 상업, 농업에 적합하다.

1 - ③ 丑生(축생)에 主五行(주오행)이 金, 火인 경우

성격 : 정직하고 활동적이나 약간 콧대가 세고 뚝뚝한 편이다. 그러나 果斷性(과단성)이 있다.

직업 : 기업가, 축산농장, 운수업 등에 적합하다.

1 - ④ 丑生(축생)에 主五行(주오행)이 土, 木, 水인 경우

성격 : 정직하고 의리가 있으며 의지가 강한 성격이다.

직업 : 사업가, 교육자, 축산농장, 운수업이 적합하다.

1 - ⑤ 寅生(인생)에 主五行(주오행)이 金, 火인 경우

성격 : 쾌활하고 敏腕(민완)하며 陽性的(양성적) 성격이다.

직업 : 祿(록), 官(관) 등이 旺(왕)하면 직장생활이 적합하며, 財(재), 孫(손) 등이 旺(왕)하면 도급업, 광업, 증권업에 적합하다.

1 - ⑥ 寅生(인생)에 主五行(주오행)이 土, 木, 水인 경우

성격 : 활달하면서도 자존심이 많고 약간 성급한 면이 있는 성격이다.

직업 : 祿(록), 官(관)등이 旺(왕)하면 공무원이 적합하고, 財(재), 孫(손) 등이 旺(왕)하면 여행업, 투기업에 적합하다.

1 - ⑦ 卯生(묘생)에 主五行(주오행)이 金, 火인 경우

성격 : 표면상으로는 온유하나 裏面(이면)은 강한 점이 있고 奢侈(사치)를 즐긴다.

직업 : 교육자, 의사, 외교관, 상업에 적합하다.

1 - ⑧ 卯生(묘생)에 主五行(주오행)이 土, 木, 水인 경우

성격 : 溫厚(온후), 篤實(독실)하며 조용하고 깨끗한 것을 좋아한다.

직업 : 祿(록), 官(관)등이 旺(왕)하면 교육자가 적합하고, 財(재), 孫(손) 등이 旺(왕)하면 의사, 예술가, 종교가에 적합하다.

1 - ⑨ 辰生(辰생)에 主五行(주오행)이 金, 火인 경우

성격 : 濶達(활달)하면서도 自尊心(자존심)이 강하고 意志貫徹(의지관철)하는 성격이다.

직업 : 祿(록), 官(관) 등이 旺(왕)하면 공무원, 청치가에 적합하고 財(재), 孫(손) 등이 旺(왕)하면 도급업, 여행업, 사업가, 운명가에 적합하다.

1 - ⑩ 辰生(辰생)에 主五行(주오행)이 土, 木, 水인 경우

성격 : 濶達(활달)하고 社交的(사교적)이면서도 理智的(이지적)인 동시에 心志(심지)가 깊다.

직업 : 祿(록), 官(관)등이 旺(왕)하면 직장생활이 적합하고 財(재), 孫(손)등이 旺(왕)하면 도급업, 기업, 수산업, 의사, 은행업 등에 적합하다.

1 - ⑪ 巳生(사생)에 主五行(주오행)이 金, 火인 경우

성격 : 팔팔하면서 세심하고 약간 냉정하다.

직업 : 祿(록), 官(관) 등이 旺盛(왕성)하면 정치가, 법관 등에 적합하고 財(재), 孫(손) 등이 旺(왕)하면 문학가, 은행가에 적합하다.

1 - ⑫ 巳生(사생)에 主五行(주오행)이 土, 木, 水인 경우

성격 : 신경이 섬세하고 팔팔하며 독한 성격이다.

직업 : 祿(록), 官(관) 등이 旺(왕)하면 官吏(관리)에 적합하고 財(재), 孫(손) 등이 旺(왕)하면 문학가, 언론계 등에 적합하다.

2 - ① 午生(오생)에 主五行(주오행)이 金, 火인 경우

성격 : 명랑하고 활동적이나 약간 때때로 신경질을 잘 부린다.

직업 : 祿(록), 官(관)등이 旺(왕)하면 행정관, 교육가 등에 적합하며 財(재), 孫(손) 등이 旺(왕)하면 기계업, 운수업, 축산업, 상업에 적합하다.

2 - ② 午生(오생)에 主五行(주오행)이 土, 木, 水인 경우

성격 : 명랑하고 활동적이며 奢侈(사치)와 投機(투기)를 즐긴다.

직업 : 祿(록), 官(관) 등이 旺(왕)하면 교육자, 정치가, 법관 등에 적합하고 財(재), 孫(손) 등이 旺(왕)하면 운수업, 여행업, 축산업, 농업, 상업에 적합하다. 또한 배우, 예술 등도 가하다.

2 - ③ 未生(미생)에 主五行(주오행)이 金, 火인 경우

성격 : 겉으로는 온유하나 속으로는 교만하며 깨끗한 곳을 즐긴다.

직업 : 祿(록), 官(관) 등이 旺(왕)하면 일반 직장생활에 적합하고 財, 孫 등이 旺하면 의사, 종교가, 기업가 등에 적합하다.

2 - ④ 未生(미생)에 主五行(주오행)이 土, 木, 水인 경우

성격 : 온유하며 심신이 단정하나 감정이 약간 예민하다.

직업 : 祿(록), 官(관) 등이 旺(왕)하면 교육자, 일반 행정관, 법률가에 적합하고 財(재), 孫(손) 등이 旺(왕) 하면 학자, 예술가, 미술가, 농업 등에 적합하다.

2 - ⑤ 申生(신생)에 主五行(주오행)이 金, 火인 경우

성격 : 친절성이 있고 영리하며 동작이 敏活(민활)하고 才操(재조)가 있다.

직업 : 祿(록), 官(관) 등이 旺(왕)하면 官吏(관리) 기타 직장생활에 적합하고 財(재), 孫(손) 등이 旺(왕)하면 기술, 상업, 철학자에 적합하다.

2 - ⑥ 申生(신생)에 主五行(주오행)이 土, 木, 水인 경우

성격 : 사교성이 좋고, 재주가 있으며 친절성이 있다.

직업 : 祿(록), 官(관) 등이 旺(왕)하면 官吏(관리) 변호사, 일반 직장생활에 적합하고 財(재), 孫(손) 등이 旺(왕)하면 미술가, 배우, 여행업, 의사, 기술 등에 적합하다.

2 - ⑦ 酉生(유생)에 主五行(주오행)이 金, 火인 경우

성격 : 영리하고 재주가 있으며 약간 성급한 면도 있다.

직업 : 祿(록), 官(관) 등이 旺(왕)하면 官職(관직) 군인, 변호사에 적합하고 財(재), 孫(손) 등이 旺(왕)하면 의사, 철학가, 문학가, 운명가, 기술업에 적합하다.

2 - ⑧ 酉生(유생)에 主五行(주오행)이 土, 木, 水인 경우

성격 : 영리하고 재주가 있고 두뇌가 明哲(명철)하나 약간 질투심이 있다.

직업 : 祿(록), 官(관) 등이 旺(왕)하면 법관, 군인 등에 적합하며 財(재), 孫(손) 등이 旺(왕)하면 의사, 변호사, 학자, 소설가, 작가, 철학자, 운명가, 양조업, 기술업 등에 적합하다.

2 - ⑨ 戌生(술생)에 主五行(주오행)이 金, 火인 경우

성격 : 의리심이 있으며 정의 관념이 강하며 남에게 순종을 잘한다.

직업 : 祿(록), 官(관) 등이 旺(왕)하면 교육자, 외교관, 일반 직장생활에 적합하고 財(재), 孫(손) 등이 旺(왕)하면 상업, 기업 등에 적합하다.

2 - ⑩ 戌生(술생)에 主五行(주오행)이 土, 木, 水인 경우

성격 : 친절성이 있고 남에게 잘 순종하며 의리심이 있다.

직업 : 祿(록), 官(관) 등이 旺(왕)하면 일반 직장생활 官吏(관리) 교육자 등에 적합하고 財(재), 孫(손) 등이 旺(왕)하면 청부업, 상업, 수산업 등에 적합하다.

2 - ⑪ 亥生(해생)에 主五行(주오행)이 金, 火인 경우

성격 : 친절성이 있으나 고집이 있고 때로는 신경질을 잘 부린다.

직업 : 祿(록), 官(관) 등이 旺(왕)하면 일반 직장생활이 적합하고 財(재), 孫(손) 등이 旺(왕)하면 여행업, 상업, 수산업, 축산업, 농업에 적합하다.

2 - ⑫ 亥生(해생)에 主五行(주오행)이 土, 木, 水인 경우

성격 : 친절성이 있고 정직하나 고집이 있다.

직업 : 祿(록), 官(관) 등이 旺(왕)하면 법관, 변호사, 일반 직장 생활에 적합하고 財(재), 孫(손) 등이 旺(왕)하면 은행가, 의사, 상업, 축산업, 농업 등에 적합하다.

8. 財運(재운)과 官運(관운)

① 財運(재운)은 財(재)를 생하는 해 또는 暗綠(암록)이 붙는 해에 좋으며, 또한 孫(손)이 財(재)를 생하는 해에 太歲(태세)와 生年支(생년지)와 相合(상합) 또는 상생의 해는 財運(재운)이 길하고 財를 剋(극)하는 太歲(태세)는 불길하다. 五行易象(오행역상)과 數理四格(수리4격)을 참조하여야 한다.

② 官運(관운)은 官이 왕하며 建綠(건록)이 붙거나 상생하는 해, 또는 官이 왕하며 驛馬(역마)가 相沖(상충)되는 해에 官運(관운)이 길하다. 또한 靑龍, 白虎 등의 관이 성명에 있는 官을 생해 주거나, 상합되는 해에는 官運(관운)이 길하나 相剋(상극), 相沖(상충), 空亡(공망)되는 해에는 불길하다.

제5장. 실제감정

1. 丁巳年 七月 二十一日生 乾命

姓名 : 金 七 守
劃數 : 8 7 6
四格 : 元13 亨15 利14 貞21
五行 : 木水 金火 金
六神 : 卯亥 申午 酉
六親 : 父官 財兄 財
六獸 : 靑玄 白巳 句朱
星殺 : 災, 驛, 亡,綠, 將

姓名易象

時日月年		運數	66	56	46	36	26	16	6
辛庚丁乙			甲	癸	壬	辛	庚	己	戊
酉午巳亥	殺重用劫格		子	亥	戌	酉	申	未	午

이 이름의 수리는 원형격이 좋은 배치로 되어 있으나, 이격과 정격은 破滅(파멸)에 頭領運(두령운)이다. 단명을 뜻하고 있으며 원래 오행역상에 句財와 白虎入金한 金財가 亡神을 겸하였으며 加上으로 生月令 申金은 亡神을 加强(가강)하고 兩財重疊(양재중첩)이다. 그러므로 상처재혼하였으며 또한 過剛(과강)한 亡神, 白虎財는 父卯木을 剋하는 동시에 卯와 申, 즉 父와 財가 원진이며 父의 位置가 十歲때 動하니 父死別하였다. 兄弟宮은 玄武官이 兄을 剋할것 같으나, 水官은 靑父木을 생하고 다시 靑父가 兄을 생하며 姓下字從에 螣蛇兄이므로 三兄弟가 튼튼하다. 질병과 수명은 七字에 申金이 亡神인데 加上으로 白虎入金한 過剛한 凶殺이다. 이 亡神과 生年支가 相合하고 卯와 申이 원진이요, 원진은 旺氣를 띠고 있

다. 그러므로 卯年은 가장 생명에 위험한 厄年인데 癸卯年은 天干이 卯원진을 생하여 極旺하였다. 加上으로 七守의 字意는 글자 그대로 七字를 지킨다는 것으로 七字에 원진임과 동시에 七壽라는 語音과 동일하며 癸卯年에 당년 47세로 사망하였다. 그런데 陽金, 陰金의 重疊(중첩)과 金克木하여, 폐와 간장에 障碍(장애)가 있는 고로 폐와 風病(풍병)으로 사망했다. 위의 이름은 가장 명료하고 여러 가지 작용이 표현되어 있어서 예를 많이 들어서 설명하였다.

2. 壬子年 八月十三日 午時生 乾命

姓名 :	吳	光	根	
劃數 :	7	6	10	
四格 :	元16	亨13	利17	貞23
五行 :	土	木土	木火	
六神 :	戌	卯未	卯巳	
六親 :	官	孫官	孫財	
六獸 :	白巳	句朱	靑玄	
星殺 :	天乙. 文昌, 天乙. 文昌			

姓名易象

時日月年		大運數	64	54	44	34	24	14	4
乙乙壬戊			乙	丙	丁	戊	己	庚	辛
巳未子戌	印綬用財格	巳	午	未	申	酉	戌	亥	

위의 名植의 주인공은 철학관을 하셨던 분으로서 名聲이 있는바 이제 先生의 성명을 해부해 보면 亨格數理에 智慧運이라 明哲한 두뇌로써 命理學을 전공하여 무난하였으며 원격이 德望格으로서 父母有德한듯하나 五行易象에 隱父玄武財인 고로 父母德은 크지 못했다고 하겠다. 兩親中에 隱父玄武財인고로 父先亡格이요 早失父母했다 하겠다.

원래 성명의 數理配置는 官職, 文學家, 哲學家의 運格으로 되어 있으며 官祿運에는 易象에 無綠인 동시에 白虎官은 句孫의 直剋을 받고 生月酉에 流出되어 그 힘이 약해졌으므로 官運은 微弱하다. 性品은 子生에 名上字 主五行이 木이요 木이 重疊하므로 인자하며 섬세한 성품이라 하겠다. 兄弟宮은 五行易象의 兄이 역시 隱伏이요, 易象에 生助者가 없으므로 2, 3男妹格이나 一身孤獨하겠다. 子女宮은 易象에 多官多孫인 고로 多男多女格으로서 7, 8男妹일 것 같으나 句孫이 介在하고 生月宮에 의하여 剋을 받는 동시에 土官은 木孫에 直剋 받으므로 5, 6男妹格인데 5男妹는 튼튼하겠으며 男孫보다 女息이 많을 것이다. 句孫이 介在했으므로 2, 3子女는 상실하겠다. 妻宮은 현재이나 單財에 靑孫이 極生하므로 婦人德이 있겠으며 內助가 많겠다. 財運은 名下字從에 有財하고 利格數理에 進格이므로 自手成家格이며 40세 이후에 靑孫이 直生財하므로 年齡 40세 이후부터 發財하여 中年 末과 末年에는 財運이 良好하겠다. 健康關係는 兩木이 直剋土하므로 胃, 肝臟에 障碍가 있겠다.

3. 丁丑年 十月十六日生 乾命

姓名 :	朴	龍	學
劃數 :	6	16	16
四格 :	元32 亨22 利22 貞38		
五行 :	木水	火土	土木
六神 :	亥卯	巳丑	丑卯
六親 :	財官	父兄	兄官
六獸 :	靑玄	白巳	句朱
星殺 :			

姓名易象

時日月年	大運數	63 53 43 33 23 13 3
丁丁己癸		庚 己 戊 丁 丙 乙 甲
卯丑丑卯	傷官用印格	申 未 午 巳 辰 卯 寅

이 이름은 一見하여 단명함을 窺知할 수 있는데, 성명을 해부해 보면 數理 亨格22수는 短命格이요, 특히 청년 28세부터 비운이 강하게 발휘하는 시기인데 더하여 利格 역시 亨格과 同格이며 生年丁丑은 午年과 원진이요, 성명에 중복된 丑은 역시 午年과 원진이다. 姓名 2개의 원진은 生月 月令에 왕하고 가상으로 丙午年은 원진인 丑이 極旺하였다. 고로 丙午年에 당년 30세로 부귀객이 되었으니 청춘이 아깝기만 하다.

4. 辛丑年 八月 二十日生

姓名 :	朴	敬	聖
劃數 :	6	13	13
四格 :	元26 亨19	利19	貞32
五行 :	木水	木土	金土
六神 :	亥卯	寅辰	申辰
六親 :	財官	官兄	孫兄
六獸 :	巳句	朱靑	玄白
星殺 :			

姓名易象

時日月年		大運數	61	51	41	31	21	11	1
庚甲辛癸			丙	乙	甲	癸	壬	辛	庚
辰辰丑卯	殺重食傷格		申	未	午	巳	辰	卯	寅

이 이름은 一見하여 重病이거나 身上에 不具 또는 手術을 받을 危險性을 알 수 있는데, 亨格과 利格 그리고 元格 수리가 凶家凶이요, 五行이 金克木이다. 그러므로 幼兒時에 다리∨골절하여 手術을 받았다.

5. 乙丑年 己丑月 丙申日 壬辰時

姓名 : 金 鍾 泌
劃數 : 8 17 9
四格 : 元26 亨25 利17 貞34
五行 : 木水 金土 水火
六神 : 卯亥 申辰 子午
六親 : 官財 孫兄 財父
六獸 : 玄白 巳句 朱靑
星殺 : 재살, 망신, 상파, 원진, 도화

姓名易象

時日月年		大運數	67	57	47	37	27	17	7
壬庚乙乙			壬	辛	庚	己	戊	丁	丙
午戌丑亥	印綬用官格		申	未	午	巳	辰	卯	寅

JP만큼 정객으로서 질곡이 많은 만년의 2인자 생활을 한 정치인도 드물다. 그의 명석한 지혜와 혜안은 명격25획과 외격17획에서 기인하며 26획의 만달격 영웅운으로서 영웅호걸상이며 위대한 발전과 파죽지세로 공과를 획득하며 일국을 호령하는 수령의 위치에 군림하나 불운이 시작되면 조난, 형액, 변사, 화를 면하기 어렵다. 특히 34획과 망신과 원진이 동주하면 해외와 고향을 등지고 방랑생활을 하는 것이다. 특히 청룡 父를 따고난 사람은 관의 부조가 필요하며 백호관이나 등사관이 도와주면 일국을 호령하는 최고의 경지에 가나 아깝게도 현무 官의 도움을 받아 내각의 만인지상 자리까지는 가나 대통령에는 이르지 못했다.

〈 예② 〉 丙申年 辛丑月 庚辰日 庚辰時

四柱

時日月年		大運數	64	54	44	34	24	14	4
庚庚辛丙			戊	丁	丙	乙	甲	癸	壬
辰辰丑申	印綬用官格		申	未	午	巳	辰	卯	寅

晚　松
11　8　19
姓名：李　起　鵬
劃數：7　10　19
三才：金　金　水
四格：元29 亨17 利26 貞36
五行：火　木　水土
六神：午　卯　子戌
六親：官　財　孫父
六獸：青玄　白巳　句朱
星殺：재살 육해, 장성,

姓名易象

時日月年		大運數	68	58	48	38	28	18	8
壬乙丙丙			己	庚	辛	壬	癸	甲	乙
戌卯申午	印綬用印格		丑	寅	卯	辰	巳	午	未

위의 사람의 선천명운인 사주를 추명학상으로 분석해 보면 인수태왕에 비견, 겁으로 되어 있어 신강하고 인수격에 관용이라 아름다우나 년의 천간 관이 병신 합수되어 관의 도리를 못하니 안타깝다. 따라서 이 사주는 조후 법으로 분석하니 축월 금, 토로만 이루어져 있고 목, 화 기운이 없어서 냉습한 한습지기이므로 남방 화기가 필요한 용신 화운격의 사주다. 화운이 오면 대길한데 다행으로 병오, 정미의 왕화 대운을 만나 대귀 대부하는 앵조봉춘(꾀꼬리가 봄을 만남)한 격이 되었다. 동시에 이 사주는 주류무체 한 기국에 왕성한 건록과 천을, 천월덕이 있고 일주, 시주에는 길흉의 극단으로 흐르는 괴강이 양립하여 부인과 자식 때문에 크게 놀라는 일이 생길 것이다. 기국이 크고 원대해서 화운이 오면 일국을 호령하여 대귀, 대부할 것이다.

성명학으로 분석해 보면 우선 수리 상으로 볼 때 원격29수는 성공격

행복운으로서 대사, 대업을 달성하고 부귀와 지위를 획득하는 운이며, 형격17수는 용진격 신달운으로서 큰 계획을 세우고 어려움을 극복하고 대성하는 운의 수이며 이격26수는 만달격 영웅운으로서 영웅호걸상이며 위대한 발전과 파죽지세로 공과를 획득하며 일국을 호령하는 수령의 위치에 군림하나 불운이 시작되면 조난, 형액, 변사, 화를 면하기 어렵다. 정격36수는 영웅격, 파란운으로서 영웅의 파란곡절이 심하며 만인이 추앙하는 권세를 얻으나 권력남용하면 대변동과 쇠약함을 내포한 희비쌍곡이 흐르는 운으로 급병난, 조난, 피살 등의 어려움에 봉착하는 파란운으로 되어 있다.

오행역상으로 볼 때에 성주의 오, 화는 청룡관이고 이름 위자의 주 백호 재는 아래에서 청룡관을 상생시키며 다시구진손이 백호재를 상생 시킨다. 크게 왕한 청룡관은 선천명 사주의 대운 병오, 정미의 왕한 화운을 맞나 선천국과 합국 하니 운세는 금상첨화 격으로 왕해졌다.

성명역상을 보면 63세부터 寅, 午, 戌 화국을 이루어 인수용신에 상관운이 午니 백사가 허무하고 백년탐물 일조진이라 하루아침에 무너지는 운이다. 인생의 운명이란 무상한 것이니 이 대아성이 일조일석에 무너진다는 것 또한 운명의 이치이니 위의 사람은 일가비극을 선천운명과 성명운으로써 다시 분석해보면 선천명정국의 사주 대운은 이씨의 비극이 일어난 해에 무신대운과 당년 유년인 庚子년은 왕성한 화운이 지나가고 한랭한 한기운으로 되고 말았다. 다시 성명학상으로 보면 수리의 이격과 말년에 강하게 발휘되는 정격의 영웅파란운으로서 조난, 피화, 피살로 되어 있고, 다시 오행역상으로서는 생년지 신과 비극년의 庚子년 지와 삼합하고, 사주대운 戊申년의 년지와도 삼합할 뿐 아니라 명하자의 자와도 합하여 강한 한랭수기로서, 성주의 청관 오화를 상충 상극하였고 동시에 비극년 비극월인 庚辰월은 辰土 역시 申子辰 수국으로 완전 삼합하며 亥水는 신년에 망신인데 망신 亥와 명상자 卯와 삼합 하였다. 그리고 다시 亥와 辰은 원진인데 이 진의 원진은 생년지의 辛과 그리고 사주대운의 戊申과 삼합하여 강왕하다. 명상자의 卯와 생년지 申과 대운 戊申과의 원진이다. 이 申子辰 삼합한 원진은 강한 힘으로 午火를 극한다. 동시에 卯의 원진과 대결하므로 庚辰월 역시 대흉 월이 아닐 수 없다. 이와 같이 선천명의 대운의 무신흉운과 가세하여 성명수리의 이정격과 합세한 흉운의 수 그리고 오행역상에서 작용하는 생년지 申과 대운 申과 비극년 庚子의 子와 합국 합세한 자의 살세가 성주의 청룡관 오화를 상충 상극하는 작용을 하고, 그리고 경자년 경진월 신대운에 신자진 수국을 이루어 종합 흉운 작용하여 비극의 운이 초래되고 이름의 묘신 원진살의 작용으로 배가 되었다. 이상과 같이 이기붕의 성명학술과 사주와의 연관관계를 알아보았다.

그가 국회의장을 비롯해서 부통령에 당선되었으며, 이면으로는 경무대의 관권자 노릇을 한 것은 이 청룡관의 위대한 영동에 힘입은 바이다. 그러나 수리의 힘이 얼마나 큰 것인가를 우리에게 알려주는 것이 그의 총격36수와 오행의 '金金水'다. 더욱 아호의 19획은 의미만으로 작명 작호하는 것이 얼마나 무모한 일인가를 실증해준다.

36과 '金金水'에다 아호19까지 가세해서 만송선생의 말운이 비참했다.

도통 성명학을 모르는 사람은 우남과의 선거에서 해공이 급서하자 "여당에서 음모로 죽인 게 아니냐?", 하고 흥분했을 것이다. 그러나 흥분할 아무런 이유가 없는 것이다.

선생은 한강 백사장을 구름처럼 덮었던 삼십만 인파 때문에 흥분하신데다가 건강관리가 좋지 않았다. 그 흥분 상태에서 좀 탈피한 다음에 호남유세에 출발하도록 했어야 할 것이었다. 삼십만 인파는 선생에게 경무대에의 길을 더욱 재촉하였고, 그날 밤 흥분 속에서 적당한 수면을 취하지 못한데다가 그 이튿 날 호남선열차 속에서 또 변변히 수면을 취하셨을 리 없는 것이다. 그리하여 삼십만 인파를 백사장 위에서 본 후 사십 시간 내외에 선생은 그 찬란한 경륜 한번 펴 보이지 못하시고 심장마비로 급서 하신 것이다.

노년에 너무도 강력히 영동하는 36수의 흉악한 고유진동파장은 선생의 청운의 뜻을 일조에 환몽으로 사라지게 했던 것이다.

波瀾變動多困苦　一生浮沈萬事難
風浪不靜難得安　捨己成仁風雲兒

〈예 ③〉 癸卯生

海　公
11　4 15
姓名 : 申　翼　熙
劃數 : 5　18　13
三才 : 土　火　木
四格 : 元31 亨23 利18 貞36
五行 : 金火　土木　土
六神 : 申午　丑卯　辰
六親 : 官孫　財兄　財
六獸 : 白巳　句朱　青玄
星殺 : 재살, 육해, 장성,

姓名易象

時日月年	大運數	65	55	45	35	25	15	5
戊己癸庚		甲	乙	丙	丁	戊	己	庚
辰卯卯午	偏官用印格	申	酉	戌	亥	子	丑	寅

물결 험해 곤고함이 많은데 일생에 부침해서 어려움이 많더라. 풍랑은 그치지 않고 편안하기 어려우니 나라위해 몸 바치는 영웅호걸 많더라.

이것이 36수리의 영동이다. 더욱 이 수리는 50대 말기 60대 초기에 그 강력한 흉악수의 진동파장을 맹렬히 발산하는 것이다.

원격31수로 선생의 풍모가 천하의 대장부로 나타났으며 예술의 재능

또한 최고의 능력을 소유하고 있다. 그러므로 선생의 서예는 특출한 필력을 과시하였으며 시문 또한 일가를 이루고 있었다. 그것은 흉격이긴 하지만 36수의 예능운이 상당한 영동력을 발휘했기 때문이다.

주격23획은 이러한 수리의 내용을 뒷받침이라도 하듯이 그 운세의 비약의 창달을 약속하고 있고 그 명성은 관천하의 것으로 되었다. 더욱 외격18획은 강인한 의지력과, 전진불굴의 기상이 있으며 명격31획 역시 천절불굴의 의지를 과시하고 있다. 그러기에 선생은 일제의 온갖 탄압과 유혹에 견디며 그 고난의 망명길을 굽힘없이 걸어 갔던 것이다.

삼재오행이 '土火木' 이어서 부귀는 누렸으나, 총격36수리의 험난과 급병을 암시유도 하기 때문이다. 음령오행 역시 주오행이 '金土土'로서 최상의 오행인데도 총격36수의 발작은 선생으로 하여금 역상 속에 청룡재, 백호관의 거대한 경륜을 헛되게 하였다. 이로 미루어 보면 수리의 무서움은 성명학에서 절대적이다. 거의 절반 이상의 영동을 수리가 차지하고 있는 것이다.

선생은 그 역상으로 볼 때, 그리고 36수만 내놓고, 명, 주, 외, 3격이 공명영달과, 부귀장수하는 내용이다. 더욱 선생의 아호는 '海公' 15획의 통솔과 복의 수리이며 수명과 덕망이 구비된 최량의 수리로 조직되어 있다. 아마 정객 가운데서 선생만큼 아호의 수리가 양호한 분도 드물다.

그러나 만송과 같이 36수리의 영웅조난운은 면할 길 없었다.

소서행장이나 진린 등이 적당히 눈감아 달라했고 또 봐주라고 했지만, 충무공은 그럴 수 없다고 완강히 버텼다. 왜적들을 귀로에 섬멸치 않고 언제 섬멸하겠느냐고 반문했다. 노량대해전이었다. 충무공은 선두에서 진두지휘하던 중 적이 쏜 화승총탄은 공의 가슴에 명중했고 또 그래서 공은 싸움 중에 자기의 殞命(운명)을 발표하지 말라고 하였다. 팔년풍진, 임진대란이 이로써 끝났지만 그런 개세의 명장, 위국진충의 일편단심을 상실한 셈이다. 그런 충무공의 전사수리는 어떤 성명운인가?, 그리고 그 만고충정은 어디서 유래하였으며, 그 귀신도 곡할 작전을 펼치는 두뇌는 어디서 잉태한 것일까?.

〈 예④ 〉 乙巳年 庚辰月 庚辰日　1545~1598

姓名：	李	舜	臣
劃數：	7	12	6
三才：	金	水	金
四格：	元18 亨19 利13 貞25		
五行：	火	金火	金火
六神：	午	酉巳	酉巳
六親：	兄	財兄	財兄
六獸：	玄白	巳句	朱靑
星殺：	도화 ,천을, 천복, 장성,		

姓名易象

時日月年		大運數	61	51	41	31	21	11	1
辛辛乙丙			戊	己	庚	辛	壬	癸	甲
巳巳巳午	偏官用印格		戌	亥	子	丑	寅	卯	辰

원격18획은 지모격 발전운으로 유소년기부터 공의 성격의 곧기가 대나무와 같다는 표시요, 또 강함, 완고, 뛰어난 지모, 공명, 영달, 그리고 수난의 암시조차 들어있는 수리이다. 주격19획은 지혜와 계략이 최우수함을 입증하나, 명격(원격)18획과 대응해서 해석할 때 곤고, 신산, 간난, 병고, 험난, 요절, 조난, 고과, 결자, 실자, 적막, 형액 등을 암시한다. 더욱 여기서 구진, 현무 兄과 19획의 합세하여 강력히 암시되는 것이 형액인 것이다. 원균 일파와 공의 무훈을 시기하는 중앙정부의 소인배들이 공을 잡아 가둔 것은 이 주격(형격)19획의 영동에 유인함일 것이다. 다행히 명격18획과 청룡형의 도움으로 나라를 구하게 되는데 청룡형으로 자처한 사람이 서애 유성룡대감이시다.

그리고 공의 전략과 전술이 탁월했던 것은 외격13획의 지혜운과 총격

25획의 참모재능 발전재능에 의한 것이다. 그리고 주격19수의 지모에다 외격, 총격 양격이 전부 특출한 지혜운이다. 더욱 외격은 13획으로 그 천재적 지모를 추종할 자 없었던 것이다. 충무공의 「난중일기」와 각종 서간을 보라. 그 서예 솜씨에 경탄치 않을 것이다. 더욱이 삼재오행이 '金水金' 으로 명랑, 쾌활, 슬기와 지혜가 있다. 사교적이며 임기응변의 재능이 있다. 더욱 장군의 음영오행은 주종이 전부 '火克金' 으로 나타나 있어 돌발적인 부상이나 골절을 당하는 비운의 오행이다. 청룡 兄을 가진 사람은 실제 감정에서 兄을 생하는 父의 역할이 지대함을 많이 경험한다. 일본 근대 해군의 명장 東鄕平八郎(동향평팔랑)으로 하여금 "나를 넬슨에 비유하는 것은 모르겠으나 조선의 이순신 장군에게 비유하는 것은 얼토당토 않는 일이다. 나는 그를 따를 수 없다."하고 그가 러일해전에서 개선했을 때 그 개선 축하연 석상에서의 답사로 했던 말은 너무도 유명한 말이다. 이는 충무공의 위대함을 입증한 것이다.

〈 예⑤ 〉丁巳生

姓名 : 朴 正 熙
劃數 : 6 5 13
三才 : 金 木 金
四格 : 元18 亨11 利19 貞24
五行 : 水木 金土 土
六神 : 亥卯 申辰 辰
六親 : 官父 財孫 孫
六獸 : 青玄 白巳 句朱
星殺 : 상파, 망신, 재살, 고신, 과숙

姓名易象

時日月年		大運數	62	52	42	32	22	12	2
戊庚丁癸			甲	癸	壬	辛	庚	己	戊
辰辰巳卯	偏印用官格		子	亥	戌	酉	申	未	午

청룡관이 있어서 귀한명이다. 백호재로 관을 상생시키니 천하를 호령하는 일국의 대통령이 되었다. 명격18획이 있어 명석한 두뇌와 문화 예술에 조예가 있고 형격11획은 두령격으로 어디 있으나 두각을 나타내며 리더쉽이 강하고 청룡관과 11획의 영향으로 카리스마가 강하고 주의를 한번에 제압하는 강력한 영동력을 발휘한다.

백호재와 24획의 영동력으로 재물운이 좋아서 나라를 부강하게 하고 백호재와 19획의 영동력으로 흉격작용을 하여 갑인년에 재의 망신이 들어 영부인이 서거하고 말았다. 자식운을 보면 등사손은 아주 귀한 자식을 두고 구진의 자식은 속을 썩는 자식을 둔다. 성명역상을 보면 토가 기신되어 갑기합이 되는 해나 월이 오면 신변에 재살의 영향으로 아주 힘들어진다.

삼재오행도 '金木金'으로 아주 안 좋다. 교통사고 혈광사하는 안 좋은 기운을 내포하고 있다. 이 삼재오행과 백호재 19획이 흉격으로 영동해서 서거하는 애통한 일이 일어났다.

6. 상호 아호 결혼

1) 상호

사호, 단체명, 선박명, 상품명 등의 명명 방법은 역시 성명의 이론법과 동일하나, 성명과 약간 다른 점은 해당 본체의 종류, 방향, 성질, 범위, 희망, 대상 등을 표시하는 의의가 포함되어야 하며 주도 인물의 성명과 선천명과 조화시켜야 하는 점이 다르다. 만일 부조화하면 인물이 바뀌게 되는 수가 있고 또한 업체가 부진하게 된다.

2) 아호

예술가, 종교가, 정치가, 문학가, 철학가, 운명가 등 기타 특수직업에 종사하는 인사는 아호를 사용하게 되므로, 이 역시 신명에 영향을 주는 운명유도력이 성명과 동일하다. 그런데 성명은 성명대로 사용하고, 별도로 아호를 사용하는 경우에는 성명운이 100이면 아호는 60의 운력을 발휘한다. 아호를 찬명함에 있어서 본인의 취미, 희망, 직업, 성품 등의 의의가 함축된 자의 선택은 물론이고 고향, 산, 지명 등을 참조하며 기타 제방법은 성명과 동일한 방식으로 수리, 음향, 오행, 선천명국, 성명과의 연결 등을 조화시켜야 한다. 아호는 또한 이름이 안 좋을 경우에 개명하기 곤란할 경우에는 좋은 아호을 지어서 적극 활용하면, 그 운로를 좋게 유도 할 수 있다. 그리고 아호는 상대를 존경하는 의미에서 상대의 아호를 지어주어야 한다.

3) 결혼

자고로 부부결혼 시에는 사주궁합을 보는 것이 통예이었는데 살다보면 사주궁합에 부부상극 운이 없음에도 가정, 부부간의 비극이 있는 것을 흔히 볼 때에 성명으로 그 부부운의 관계를 감정하면 반드시 상극운의 영향력을 발견할 수 있다.

따라서 사주궁합이 좋다하더라도 성명운이 상극운이 있으면 부부지간의 어느 한부분이 불행한 흉운을 받게 되며 설사 사주궁합이 약간 흉하더라도 부부지간의 성명에 상극운이 없으면 무난할 수 있다. 그러므로 지금에 와서는 사주궁합과 더불어 성명으로 부부궁합을 보는 방법이 생기게 되었다. 따라서 부부지간의 성명운이 흉할 때는 개명하는 것이 최선책이 된다.

Ⅳ 부록

▶2 획성

(火) 이에내(乃 金) 칼도(刀 金) 힘력(力 土)

(土) 또우(又 水)

(金) 고무래정(丁火)

(水) 점복(卜火)

	성 이름	원	형	이	정	삼재오행
大吉數	2, 1, 22	23	3	24	25	火.火.火 (中吉)
	2, 3, 13	16	5	15	18	火.土.土
	2, 4, 1	5	6	3	7	火.土.土
	2, 4, 9	13	6	11	15	火.土.火
	2, 4, 11	15	6	13	17	火.土.土
	2, 4, 19	23	6	21	25	火.土.火
	2, 9, 4	13	11	6	15	火.木.火
	2, 9, 14	23	11	16	25	火.木.火
	2, 11, 22	33	13	24	35	火.火.火 (中吉)
	2, 13, 3	16	15	5	18	火.土.土
	2, 13, 22	35	15	24	37	火.土.土
	2, 14, 1	15	16	3	17	火.土.土
	2, 14, 9	23	16	11	25	火.土.火
	2, 14, 19	33	16	21	35	火.土.火
	2, 14, 21	35	16	23	37	火.土.土
	2, 14, 23	37	16	25	39	火.土.金(小吉女不)
	2, 19, 4	23	21	6	25	火.木.火
	2, 19, 14	33	21	16	35	火.木.火

大吉數	2, 19, 16	35	21	18	37	火.木.土
	2, 19, 22	41	21	24	43	火.木.木
	2, 22, 1	23	24	3	25	火.火.火 (中吉)
	2, 22, 9	31	24	11	33	火.火.木 (女不)
	2, 22, 11	33	24	13	35	火.火.火 (中吉)

2획 數理 好		三才 不	數理 好	三才 不
小吉數	2, 1, 4	火.火.土	2, 15, 6	火.金.木
	2, 1, 5	火.火.土	2, 15, 14	火.金.水
	2, 1, 14	火.火.土	2, 15, 16	火.金.木
	2, 1, 15	火.火.土	2, 15, 22	火.金.金
	2, 5, 1	火.金.土	2, 16, 5	火.金.木
	2, 5, 6	火.金.木	2, 16, 13	火.金.水
	2, 5, 11	火.金.土	2, 16, 15	火.金.木
	2, 5, 16	火.金.木	2, 16, 19	火.金.土
	2, 6, 5	火.金.水	2, 16, 21	火.金.金
	2, 6, 9	火.金.土	2, 16, 23	火.金.水
	2, 6, 15	火.金.土	2, 21, 14	火.火.土
	2, 6, 23	火.金.水	2, 21, 16	火.火.金
	2, 11, 4	火.火.土	2, 22, 13	火.火.土
	2, 11, 5	火.火.土	2, 22, 15	火.火.金
	2, 13, 16	火.土.水	2, 23, 6	火.土.水
	2, 14, 15	火.土.水	2, 23, 16	火.土.水
	2, 15, 1	火.金.土		

▶3 획성

(木) 방패간(干木) 활궁(弓金)

(火) 큰대(大木)

(土) 어조사우(于水) 어조사야(也水)

(金) 뫼산(山土) 아들자(子水) 일천천(千水)

(水) 무릇범(凡水)

	성 이름	원	형	이	정	삼재오행
大吉數	3, 2, 13	15	5	16	18	火.土.土
	3, 3, 10	13	6	13	16	火.土.火
	3, 3, 12	15	6	15	18	火.土.土
	3, 3, 18	21	6	21	24	火.土.木(女不.小吉)
	3, 8, 5	13	11	8	16	火.木.火
	3, 8, 13	21	11	16	24	火.木.木
	3, 10, 3	13	13	6	16	火.火.火 (中吉)
	3, 10, 22	32	13	25	35	火.火.木
	3, 12, 3	15	15	6	18	火.土.土
	3, 12, 20	32	15	23	35	火.土.木 (小吉)
	3, 13, 2	15	16	5	18	火.土.土
	3, 13, 5	18	16	8	21	火.土.金 (女不)
	3, 13, 8	21	21	11	24	火.土.木(小吉.女不)
	3, 13, 22	35	16	25	38	火.土.土
	3, 18, 3	21	21	6	24	火.木.木 (女不)
	3, 18, 14	32	21	17	35	火.木.木
	3, 20, 12	32	23	15	35	火.火.木
	3, 22, 10	32	25	13	35	火.土.木 (小吉)
	3, 22, 13	35	25	16	38	火.土.土

3 획 數理 吉		三才 不	數理 吉	三才 不
小吉數	3, 4, 4	火.金.金	3, 14, 15	火.金.水
	3, 4, 14	火.金.金	3, 14, 18	火.金.木
	3, 5, 8	火.金.火	3, 14, 21	火.金.土
	3, 5, 10	火.金.土	3, 15, 14	火.金.水
	3, 5, 13	火.金.金	3, 15, 20	火.金.土
	3, 8, 10	火.木.金	3, 18, 20	火.木.金
	3, 8, 21	火.木.水	3, 20, 15	火.火.土
	3, 10, 5	火.火.土	3, 20, 18	火.火.金
	3, 10, 8	火.火.金	3, 21, 8	火.火.水
	3, 14, 4	火.金.金	3, 21, 14	火.火.土

▶4 획성

(木) 끼일개(介火) 구멍공(孔水) 공변될공(公金) 원수구(仇火) 도끼근(斤金) 이제금(今火)

(火) 클 태(太木)

(土) 낮오(午火) 임금왕(王金) 소우(牛土)으뜸원(元火)믿을윤(尹水)진실로윤(允土)어질인(仁火)날일(日火)될화(火火)

(金) 물수(水水) 재주재(才木) 우물정(井水)가운데 중(中土) 하늘천(天火)

(水) 털모(毛火) 나무목(木木) 글월문(文木) 방위방(方土) 성변(卞土) 지아비부(夫木) 땅이름파(巴土)조각편(片木)

	성 이름	원	형	이	정	삼재오행
大吉數	4, 1, 2	3	5	6	7	土.土.火
	4, 1, 12	13	5	16	17	土.土.火
	4, 2, 1	3	6	5	7	土.土.火
	4, 2, 11	13	6	15	17	土.土.火
	4, 3, 4	7	7	8	11	土.金.金
	4, 3, 14	17	7	18	21	土.金.金 (女不)
	4, 4, 3	7	8	7	11	土.金.金
	4, 4, 13	17	8	17	21	土.金.金 (女不)
	4, 4, 21	25	8	25	29	土.金.土
	4, 7, 4	11	11	8	15	土.木.木 (中吉)
	4, 7, 14	21	11	18	25	土.木.木 (中吉)
	4, 9, 2	11	13	6	15	土.火.木
	4, 9, 4	13	11	8	17	土.火.火 (中吉)
	4, 9, 12	21	13	16	25	土.火.木
	4, 11, 2	13	15	6	17	土.土.火

大吉數	4, 11, 14	25	15	18	29	土.土.土
	4, 12, 1	13	16	5	17	土.土.火
	4, 12, 13	25	16	17	29	土.土.土
	4, 12, 21	33	16	25	37	土.土.火
	4, 12, 25	37	16	29	41	土.土.金 (女不)
	4, 13, 4	17	17	8	21	土.金.金 (女不)
	4, 13, 12	25	17	16	29	土.金.土
	4, 14, 3	17	15	7	21	土.金.金 (女不)
	4, 14, 11	25	18	15	295	土.金.土
	4, 17, 4	21	21	8	25	土.木.木 (中吉)
	4, 17, 14	31	21	18	35	土.木.木 (中吉)
	4, 19, 2	21	23	6	25	土.火.木
	4, 19, 12	31	23	16	35	土.火.木
	4, 19, 14	33	23	18	37	土.火.火 (中吉)
	4, 20, 1	21	24	5	25	土.火.木
	4, 20, 11	31	24	15	35	土.火.木
	4, 20, 13	33	24	17	37	土.土.火
	4, 20, 21	41	24	25	45	土.火.木
	4, 21, 4	25	25	8	29	土.土.土
	4, 21, 12	33	25	16	37	土.土.火
	4, 21, 14	35	25	18	39	土.土.土 (女不)
	4, 21, 20	41	25	24	45	土.土.土

	4 획 數理 吉	三才 不	數理 吉	三才 不
小吉數	4, 1, 20	土.土.木	4, 13, 20	土.金.火
	4, 2, 9	土.土.木	4, 14, 7	土.金.木
	4, 2, 19	土.土.木	4, 14, 17	土.金.木
	4, 4, 7	土.金.木	4, 14, 19	土.金.火
	4, 4, 9	土.金.火	4, 14, 21	土.金.土
	4, 4, 17	土.金.木	4, 17, 12	土.木.水
	4, 4, 25	土.金.水	4, 17, 20	土.木.金
	4, 9, 20	土.火.水	4, 20, 9	土.火.水
	4, 11, 20	土.土.木	4, 20, 17	土.火.金
	4, 12, 9	土.土.木	4, 25, 4	土.水.水
	4, 12, 17	土.土.水	4, 25, 12	土.水.金
	4, 12, 19	土.土.木		

▶5 획성

(木) 달감(甘土) 클거(巨火) 세울공(功木) 오이과(瓜木) 언덕 구(丘土)

(火) 별태(台水)

(土) 길영(永水) 하여금령(令火) 구슬옥(玉金) 검을현(玄火) 넓을홍(弘火) 벼화(禾木)

(金) 역사사(史水) 맡을사(司水) 돌석(石金) 부를소(召水) 펼신(申金) 밭전(田土) 점칠점(占火) 왼좌(左) 다만 지(只水) 책책(冊木)

(水) 흰백(白金) 북녘북(北水) 으뜸비(丕水) 얼음빙(冰水) 평평할평(平木) 쌀포(包金) 가죽피(皮金)

(複字姓)) [새을(乙木) 지탱할지(支土)]

	성 이름	원	형	이	정	삼재오행
大吉數	5, 1, 2	3	6	7	8	土.土.火
	5, 1, 12	13	6	17	18	土.土.火
	5, 2, 6	8	7	11	13	土.金.金
	5, 2, 16	18	7	21	23	土.金.金 (女不)
	5, 3, 13	16	8	18	21	土.金.土 (女不)
	5, 6, 2	8	11	7	13	土.木.火 (中吉)
	5, 6, 10	16	11	15	21	土.木.土 (小吉)
	5, 6, 18	24	11	23	29	土.木.火 (中吉)
	5, 6, 26	32	11	31	37	土.木.木
	5, 8, 3	5	8	3	16	土.火.木
	5, 8, 8	16	13	13	21	土.火.土 (女不)
	5, 8, 16	24	13	21	29	土.火.火 (中吉)
	5, 8, 24	32	13	29	37	土.火.木

大吉數	5, 10, 3	13	15	8	18	土.土.火
	5, 10, 6	16	15	11	21	土.土.土 (女不)
	5, 10, 8	18	15	13	23	土.土.金 (女不)
	5, 11, 2	13	16	7	18	土.土.火
	5, 12, 6	18	17	11	23	土.金.金 (女不)
	5, 13. 3	16	18	8	21	土.金.土 (女不)
	5, 16, 8	24	21	13	29	土.木.火 (中吉)
	5, 16, 16	32	21	21	37	土.木.木
	5, 18, 6	24	23	11	29	土.火.火 (中吉)
	5, 20, 13	33	25	18	38	土.土.火
	5, 26, 6	32	31	11	37	土.木.木

5획성 數理 好		三才 不	數理 好	五行 不
小吉數	5, 1, 10	土.土.木	5, 12, 1	土.金.火
	5, 2, 1	土.金.火	5, 12, 12	土.金.火
	5, 2, 11	土.金.火	5, 12, 20	土.金.木
	5, 3, 8	土.金.木	5, 13, 20	土.金.火
	5, 3, 10	土.金.火	5, 16, 2	土.木.金
	5, 6, 12	土.木.金	5, 20, 12	土.土.木
	5, 8, 10	土.火.金	5, 24, 8	土.水.木
	5, 10, 1	土.土.木		

▶6 획성

(木) 굽을곡(曲土) 빛광(光火) 서옥규(圭土) 길할길(吉土)

(火) 늙을로(老土) 집택(宅木)

(土) 편안할안(安木) 우러러볼앙(仰火) 벌릴열(列金)

깃우(羽火) 있을유(有水) 저이(伊火) 도장인(印)

맡을임(任火) 좋을호(好土) 임금후(后水)

(金) 서녘서(西金) 먼저선(先木) 지킬수(守木) 농막장(庄木)

온전할전(全土) 있을재(在土) 붉을주(朱木)

(水) 탐할모(牟土) 쌀미(米木) 순할박(朴木) 일백백(百水)

	성 이름	원	형	이	정	삼재오행
大吉數	6, 2, 5	7	8	11	13	金.水.金
	6, 2, 15	17	8	21	23	金.水.金 (女不)
	6, 9, 9	18	15	15	24	金.土.金
	6, 10, 5	15	16	11	21	金.土.土 (女不)
5	6, 10, 7	17	16	13	23	金.土.金 (女不)
	6, 10, 15	25	16	21	31	金.土.土
	6, 10, 23	33	16	29	39	金.土.火(中吉.女不)
	6, 10, 25	35	16	31	41	金.土.土 (女不)
	6, 12, 23	35	18	29	41	金.金.土 (女不)

6획 數理 好		三才 不	數理 好	三才 不
小吉數	6, 1, 10	金.金.水	6, 12, 19	金.金.木
	6, 1, 17	金.金.金	6, 15, 2	金.木.金
	6, 2, 9	金.水.木	6, 15, 10	金.木.土
	6, 2, 23	金.水.土	6, 15, 17	金.木.木
	6, 5, 2	金.木.金	6, 15, 18	金.木.火
	6, 5, 10	金.木.土	6, 17, 1	金.火.金
	6, 5, 12	金.木.金	6, 17, 12	金.火.水
	6, 5, 18	金.木.火	6, 17, 15	金.火.木
	6, 5, 26	金.木.木	6, 17, 18	金.火.土
	6, 7, 10	金.火.金	6, 18, 5	金.火.火
	6, 7, 11	金.火.金	6, 18, 7	金.火.土
	6, 7, 18	金.火.土	6, 18, 11	金.火.水
	6, 7, 25	金.火.金	6, 18, 15	金.火.火
	6, 9, 2	金.土.木	6, 18, 17	金.火.土
	6, 9, 23	金.土.木	6, 19, 10	金.土.水
	6, 10, 1	金.土.木	6, 19, 12	金.土.木
	6, 10, 19	金.土.水	6, 23, 2	金.水.土
	6, 11, 7	金.金.金	6, 23, 9	金.水.木
	6, 11, 12	金.金.火	6, 23, 10	金.水.火
	6, 11, 18	金.金.水	6, 23, 12	金.水.土
	6, 12, 5	金.金.金	6, 25, 7	金.木.火
	6, 12, 11	金.金.火	6, 25, 10	金.木.土
	6, 12, 17	金.金.水	6, 25, 5	金.木.水

▶7 획성

(木) 강강(江水) 볼견(見火) 골곡(谷水) 임금군(君水)
이길극(克木)

(火) 물결랑(浪水) 오얏리(李木) 막을두(杜木)

(土) 음률여(呂土) 나여(余火) 너여(汝水) 끌연(延木)
오나라오(吳水) 나오(吾水) 자리위(位火) 어찌하(何火)

(金) 이룰성(成火) 송나라송(宋木) 매울신(辛金) 조정정(廷木)
도울좌(佐木) 못지(池水) 수레차(車金) 처음초(初金)

(水) 클보(甫水) 분별할변(釆火) 판단할판(判金)

	성 이름	원	형	이	정	삼재오행
大吉數	7, 1, 24	25	8	31	32	金.金.土
	7, 8, 8	16	15	15	23	金.土.土 (女不)
	7, 8, 9	17	15	16	24	金.土.金
	7, 8, 10	18	15	17	25	金.土.金
5	7, 8, 16	24	15	23	31	金.土.火 (中吉)
	7, 8, 17	25	15	24	32	金.土.土
	7, 9, 8	17	16	15	24	金.土.金
	7, 9, 16	25	16	23	32	金.土.土
	7, 10, 6	16	17	13	23	金.金.土 (女不)
10	7, 11, 14	25	18	21	32	金.金.土
	7, 18, 6	24	25	13	31	金.土.火 (中吉)
	7, 22, 16	38	29	23	45	金.水.金

7획 數理 吉		三才 不	數理 吉	三才 不
小吉數	7, 1, 10	金.金.木	7, 14, 18	金.木.木
	7, 1, 16	金.金.金	7, 16, 1	金.火.金
	7, 4, 4	金.木.金	7, 16, 8	金.火.火
	7, 4, 14	金.木.金	7, 16, 9	金.火.土
	7, 6, 10	金.火.土	7, 16, 16	金.火.木
	7, 6, 11	金.火.金	7, 16, 22	金.火.金
	7, 6, 18	金.火.火	7, 16, 25	金.火.木
	7, 6, 25	金.火.木	7, 17, 8	金.火.土
	7, 8, 24	金.土.木	7, 17, 14	金.火.木
	7, 9. 22	金.土.木	7, 17, 24	金.火.木
	7, 10, 1	金.金.木	7, 18, 14	金.土.木
	7, 10, 8	金.金.金	7, 22, 9	金.水.木
	7, 10, 14	金.金.火	7, 22, 10	金.水.木
	7, 10, 22	金.金.木	7, 24, 1	金.木.土
	7, 11, 6	金.金.金	7, 24, 8	金.木.木
	7, 14, 4	金.木.金	7, 24, 14	金.木.金
	7, 14, 10	金.木.火	7, 24, 17	金.木.木
	7, 14, 11	金.木.土	7, 25. 6	金.木.木
	7, 14, 24	金.木.金	7, 25, 16	金.木.水
	7, 14, 17	金.木.木		

▶8 획성

(木) 서울경(京土火) 천간경(庚金) 굳을고(固水) 갖출구(具金)
기이할기(奇木土) 성김(金金) 빌공(空水) 끝계(季水)

(火) 어찌내(奈火木) 높을탁(卓木) 수풀림(林木)

(土) 쑥애(艾木) 밤야(夜水) 어조사어(於土)
범호(虎木) 화할화(和水) 큰산악(岳土)

(金) 집사(舍火) 오히려상(尙金) 옛석(昔火) 솔송(松木)
아재비숙(叔水) 오를승(昇火)이을승(承木) 잠길심(沈水)
길장(長木) 마루종(宗木) 두루주(周水) 알지(知金)
성할 창(昌火) 캘채(采木) 충성충(忠火)

(水) 맏맹(孟水) 밝을명(明火) 문문(門木) 방방(房木)
받들봉(奉木) 도끼부(斧金) 겉표(表木)

성 이름		원	형	이	정	삼재오행
大吉數	8, 3, 10	13	11	18	21	水.木.火(中吉.女不)
	8, 3, 13	16	11	21	24	水.木.土
	8, 3, 21	24	11	29	32	水.木.火 (中吉)
	8, 9, 7	16	17	15	24	水.金.土
	8, 9, 16	25	17	24	33	水.金.土 (女不)
	8, 10, 5	15	18	13	23	水.金.土 (女不)
	8, 10, 15	25	18	23	33	水.金.土 (女不)
	8, 13, 3	16	21	11	24	水.木.土
	8, 13, 8	21	21	16	29	水.木.木
	8, 13, 10	23	21	18	31	水.木.火 (中吉)
	8, 23, 10	33	31	18	41	水.木.火(中吉.女不)
	8, 24, 7	31	32	15	39	水.木.木 (女不)

	8획 數理 吉	三才 不	數理 吉	三才 不
小吉數	8, 3, 5	水.木.金	8, 10, 27	水.金.金
	8, 5, 3	水.火.金	8, 13, 16	水.木.水
	8, 5, 8	水.火.火	8, 13, 24	水.木.金
	8, 5, 10	水.火.土	8, 15, 8	水.火.火
5	8, 5, 16	水.火.木	8, 15, 9	水.火.火
	8, 5, 24	水.火.水	8, 15, 10	水.火.土
	8, 7, 8	水.土.土	8, 15, 16	水.火.木
	8, 7, 9	水.土.土	8, 15, 24	水.火.水
	8, 7, 10	水.土.金	8, 16, 5	水.火.木
10	8, 7, 16	水.土.火	8, 16, 7	水.火.火
	8, 7, 17	水.土.火	8, 16, 9	水.火.土
	8, 7, 24	水.土.木	8, 16, 13	水.火.水
	8, 8, 5	水.土.火	8, 16, 15	水.火.木
	8, 8, 7	水.土.土	8, 16, 17	水.火.火
15	8, 8, 9	水.土.金	8, 16, 21	水.火.金
	8, 8, 13	水.土.木	8, 17, 7	水.土.火
	8, 8, 15	水.土.火	8, 17, 8	水.土.土
	8, 8, 17	水.土.土	8, 17, 16	水.土.火
	8, 8, 21	水.土.水	8, 21, 3	水.水.火
20	8, 8, 25	水.土.火	8, 21, 8	水.水.水
	8, 9, 8	水.金.金	8, 21, 10	水.水.木
	8, 9, 15	水.金.火	8, 21, 16	水.水.金
	8, 10, 3	水.金.火	8, 24, 5	水.木.金
	8, 10, 7	水.金.金	8, 24, 13	水.木.金
24	8, 10, 13	水.金.火	8, 24, 15	水.木.水
	8, 10, 21	水.金.木	8, 25, 8	水.火.火
	8, 10, 23	水.金.火	8, 27, 10	水.土.金

▶9 획성

(木) 성강(姜土)

(火) 남녘남(南火) 구분단(段金) 버들류(柳木) 숯탄(炭火)
큰태(泰水)

(土) 선비언(彦火) 헤엄칠영(泳水) 예쁠요(姚土) 구할요(要金)
하우씨우(禹土) 가죽위(韋金) 그러할유(兪火)
다함(咸水) 물하(河水) 뒤후(後火) 효도효(孝水)

(金) 생각할사(思火) 물이름사(泗水) 서로상(相木)
베풀선(宣木) 별성(星火) 밝을소(昭火) 땔나무시(柴木)
베풀시(施土) 믿을신(信火) 곧을정(貞金)
아뢸주(奏木) 준걸준(俊火) 곧즉(卽水)
주울척(拓木) 닮을초(肖水) 가을추(秋木)

(水) 넓적할편(扁木)

성 이름		원	형	이	정	삼재오행
大吉數	9, 2, 4	6	11	13	15	水.木.土
	9, 2, 14	16	11	23	25	水.木.土
	9, 2, 22	24	11	31	33	水.木.火 (女不)
	9, 8, 7	15	17	16	24	水.金.土
	9, 8, 8	16	17	17	25	水.金.土
	9, 9, 6	15	18	15	24	水.金.土
	9, 12, 4	16	21	13	25	水.木.土
	9, 12, 12	24	21	21	33	水.木.火 (女不)
	9, 12, 20	32	21	29	41	水.木.木 (女不)
	9, 22, 2	24	31	11	33	水.木.火 (女不)
	9, 23, 9	32	32	18	41	水.木.木 (女不)

9획 數理 吉		三才 不	數理 吉	三才 不
小吉數	9, 2, 6	水.木.金	9, 15, 8	水.火.火
	9, 4, 2	水.火.土	9, 15, 13	水.火.金
	9, 4, 4	水.火.金	9, 15, 23	水.火.金
	9, 4, 12	水.火.土	9, 15, 24	水.火.水
	9, 4, 20	水.火.火	9, 16, 7	水.土.火
	9, 6, 2	水.土.金	9, 16, 8	水.土.火
	9, 6, 9	水.土.土	9, 16, 16	水.土.木
	9, 6, 23	水.土.水	9, 16, 22	水.土.金
	9, 7, 8	水.土.土	9, 16, 23	水.土.水
	9, 7, 16	水.土.火	9, 20, 4	水.水.火
	9, 7, 22	水.土.水	9, 20, 9	水.水.水
	9, 8, 15	水.金.火	9, 20, 12	水.水.木
	9, 8, 16	水.金.火	9, 22, 7	水.木.水
	9, 9, 14	水.金.火	9, 22, 16	水.木.金
	9, 9, 20	水.金.水	9, 23, 6	水.木.水
	9, 9, 23	水.金.木	9, 23, 15	水.木.金
	9, 12, 26	水.木.金	9, 23, 16	水.木.水
	9, 14, 2	水.火.土	9, 24, 15	水.火.木
	9, 14, 9	水.火.火	9, 26, 12	水.土.金
	9, 14, 15	水.火.金		

▶10 획성

(木) 굳셀강(剛金) 빛날경(耿火) 계수나무계(桂木) 높을고(高火) 뼈골(骨金) 바칠공(貢金) 궁궐궁(宮木) 함께할구(俱火) 일어날기(起火)

(火) 당나라당(唐水)

(土) 서늘할양(涼水) 풀날예(芮木) 화할옹(邕土) 늙은이옹(翁火) 향풀운(芸木)옷이길원(袁木) 은나라은(殷金) 여름하(夏火) 큰물홍(洪水) 꽃화(花木) 굳셀환(桓木) 기후후(候火) 가르칠훈(訓金)

(金) 뽕나무상(桑木) 천천할서(徐火) 자리석(席木) 휠소(素木) 손자손(孫水) 물가수(洙水) 때시(時火) 탈승(乘火)성조(曺火)나아갈진(晉火) 진나라진(秦木) 참진(眞木) 곳집창(倉火)

(水) 말마(馬火) 꽃다울방(芳木)

	성 이름	원	형	이	정	삼재오행
大吉數	10, 1, 5	6	11	15	16	木.木.土
	10, 1, 14	15	11	24	25	木.木.土
	10, 1, 22	23	11	32	33	木.木.火 (女不)
	10, 3, 3	6	13	13	16	木.火.土
	10, 3, 8	11	13	18	21	木.火.木 (女不)
	10, 3, 22	25	13	32	35	木.火.土
	10, 5, 8	13	15	18	23	木.土.火(女不.中吉)
	10, 6, 7	13	16	17	23	木.土.火(女不.中吉)
	10, 11, 14	25	21	24	35	木.木.土
	10, 13, 8	21	23	18	31	木,火,木
	10, 13, 22	35	23	32	45	木.火.土
	10, 14, 1	15	24	11	25	木.火.土
	10, 14, 7	21	24	17	31	木.火.木
	10, 14, 11	25	24	21	35	木.火.土

大吉數	10, 14, 21	35	24	31	45	木.火.土
	10, 15, 8	13	25	18	33	木.土.火 (中吉)
	10, 19, 19	38	29	29	48	木.水.金 (中吉)
	10, 21, 8	29	31	18	39	木.木.水 (女不)
	10, 21, 14	35	31	24	45	木.木.土
	10, 22, 3	25	32	13	35	木.木.土
	10, 22, 13	35	32	23	45	木.木.土
	10, 22, 1	23	32	11	33	木.木.火 (女不)
	10, 22, 7	29	32	17	39	木.木.水 (女不)
	10, 23, 8	31	33	18	41	木.火.木

10획 數理 吉		三才 不	數理 吉	三才 不
小吉數	10, 1, 6	木.木.金	10, 8, 15	木.金.火
	10, 1, 7	木.木.金	10, 8, 21	木.金.水
	10, 3, 5	木.火.金	10, 8, 23	木.金.木
	10, 5, 1	木.土.土	10, 8, 27	木.金.土
	10, 5, 3	木.土.金	10,13, 25	木.火.金
	10, 5, 6	木.土.木	10, 14, 15	木.火.水
	10, 6, 1	木.土.金	10, 14, 23	木.火.金
	10, 6, 5	木.土.木	10, 15, 6	木.土.木
	10, 6, 15	木.土.木	10, 15, 14	木.土.水
	10, 6, 19	木.土.土	10, 15, 22	木.土.金
	10, 6, 23	木.土.水	10, 15, 23	木.土.金
	10, 6, 25	木.土.木	10, 19, 6	木.水.土
	10, 7, 1	木.金.金	10, 23, 6	木.火.水
	10, 7, 6	木.金.火	10, 22, 15	木.木.金
	10, 7, 8	木.金.土	10, 22, 25	木.木.金
	10, 7, 14	木.金.木	10, 23, 14	木.火.金
	10, 7, 22	木.金.水	10, 23, 15	木.火.金
	10, 8, 3	木.金.木	10, 25, 6	木.土.木
	10, 8, 5	木.金.火	10, 25, 13	木.土.金
	10, 8, 7	木.金.土	10, 25, 22	木.土.金
	10, 8, 13	木.金.木	10, 27, 8	木.金.土

▶11 획성

(木) 편안할강(康木) 굳셀견(堅土) 열계(啓木) 나라국(國木)

(火) 어찌나(那土) 물결낭(浪水)

(土) 들보량(梁木) 고기어(魚水) 모실어(御火) 벼슬위(尉土)

동산원(苑木) 다를이(異土)

바다해(海水) 허락할허(許金) 나라이름형(邢土)

따를호(扈木) 오랑캐호(胡水)

(金) 항상상(常木) 이름설(卨土) 베풀장(張金)

장수장(將土) 글장(章金) 무리조(曹土) 구슬주(珠金)

높을최(崔土)

(水) 삼마(麻木) 매화매(梅木) 나눌반(班金) 나라방(邦土)

풀벌범(范木) 빛날빈(彬火) 마칠필(畢土) 쪽지표(票火)

(複字姓) [써이(以火)먼저선(先木)]

성 이름		원	형	이	정	삼재오행
大吉數	11, 2, 4	6	13	15	17	木.火.土
	11, 2, 22	24	13	33	35	木.火.火 (中吉)
	11, 10, 14	24	21	25	35	木.木.火
	11, 12, 12	24	23	23	35	木.火.火 (中吉)
5	11, 14, 10	24	25	21	35	木.土.火 (中吉)
	11, 20, 4	24	31	15	35	木.木.火
	11, 20, 21	41	31	32	52	木,木,木
	11, 21, 20	41	32	31	52	木.木.木
	11, 22, 2	24	33	13	35	木.火.火 (中吉)

11획 數理 吉		三才 不	數理 吉	三才 不
小吉數	11, 2, 5	木.火.金	11, 7, 14	木.金.木
	11, 4, 2	木.土.土	11, 12, 6	木.火.金
	11, 4, 14	木.土.金	11, 13,24	木.火.金
	11, 4, 20	木.土.土	11, 14, 4	木.土.金
5	11, 5, 2	木.木.金	11, 14, 7	木.土.木
	11, 6, 7	木.金.火	11, 18, 6	木.水.火
	11, 6, 12	木.金.金	11, 20,27	木.木.金
	11, 6, 18	木.金.火	11, 24,13	木.土.金
	11, 7, 6	木.金.火	11, 27,20	木.木.金

▶12 획성

(木) 굳셀강(强金) 볕경(景火) 언덕구(邱土)

(火) 능할능(能水) 홀로단(單水) 도타울돈(敦金)

아이동(童金) 오를등(登火)

(土) 기러기안(雁火)요임금요(堯土) 구름운(雲水)곳집유(庾木)

하나일(壹木) 하례할하(賀金) 모형형(荊木) 누른황(黃土)

(金) 이사(斯土) 수풀삼(森木) 착할선(善水) 고을이름소(邵土)

순임금순(舜木) 풀이름순(荀木) 순박할순(淳水)

순할순(順火) 이길승(勝土) 찾을심(尋金) 집저(邸土)

단위 정(程木)일찍증(曾火) 지혜지(智火) 나물채(菜木)

(水) 위문할민(閔木) 스승부(傅火) 성풍(탈빙)(馮火)

성팽(彭火) 도울필(弼金)

[작을소(小水)방실(室木)]

(覆字姓) [동녘동(東木)방위방(方土)][큰대(大木)방실(室木)]

성 이름		원	형	이	정	삼재오행
大	12, 1, 12	13	13	24	25	火.火.火 (中吉)
吉	12, 3, 3	6	15	15	18	火.土.土
	12, 3, 20	23	15	32	35	火.土.火
數	12, 4, 1	5	16	13	17	火.土.土
5	12, 4, 9	13	16	21	25	火.土.火
	12, 4, 13	17	16	25	29	火.土.金
	12, 4, 17	21	16	29	33	火.土.木 (女不)
	12, 4, 19	23	16	31	35	火.土.火
	12, 4, 21	25	15	33	37	火.土.土
10	12, 9, 4	13	21	16	25	火.木.火
	12, 9, 12	21	21	24	33	火.木.木 (女不)
	12, 9, 20	29	21	32	41	火.木.水
	12, 9, 26	35	21	38	47	火.木.土
	12, 11, 12	23	23	24	35	火.火.火 (中吉)
15	12, 12, 1	13	24	13	25	火.火.火 (中吉)

大吉數	12, 12, 9	21	24	21	33	火.火.木 (女不)
	12, 12, 11	23	24	23	35	火.火.火 (中吉)
	12, 12, 21	33	24	33	45	火.火.火 (中吉)
	12, 13, 4	17	15	16	29	火.土.金
	12, 13, 12	25	25	24	37	火.土.土
	12, 13, 20	33	25	32	45	火.土.火
	12, 19, 4	23	31	16	35	火.木.火
	12, 19, 6	25	31	18	37	火.木.土
	12, 20, 1	21	32	13	33	火.木.木 (女不)
	12, 20, 3	23	32	15	35	火.木.火
	12, 20, 5	25	32	17	37	火.木.土
	12, 20, 9	29	32	21	41	火.木.水
	12, 20, 13	33	32	25	45	火.木.火
	12, 20, 25	45	32	37	57	火.木.土
	12, 21, 12	33	33	24	45	火.火.火 (中吉)
	12, 23, 12	35	35	24	47	火.土.土

12획 數理 吉		三才 不	數理 吉	三才 不
小吉數	12, 1, 4	火.火.土	12, 12, 5	火.火.金
	12, 1, 5	火.火.土	12, 12, 13	火.火.土
	12, 4, 25	火.土.水	12, 12, 17	火.火.水
	12, 5, 1	火.金.土	12, 12, 23	火.火.土
	12, 5, 6	火.金.木	12, 17, 4	火.水.木
	12, 5, 12	火.金.金	12, 17, 6	火.水.火
	12, 5, 20	火.金.土	12, 17, 12	火.水.水
	12, 6, 5	火.金.木	12, 21, 4	火.火.土
	12, 6, 11	火.金.金	12, 23, 6	火.土.水
	12, 6, 17	火.金.火	12, 25, 4	火.金.水
	12, 6, 19	火.金.土	12, 25, 20	火.金.土
	12, 6, 23	火.金.水	12, 26, 9	火.金.土
	12, 11, 6	火.火.金		

▶13 획성

(木) 값가(賈木) 공경할경(敬金) 거문고금(琴金)

(火) 길로(路土) 조아릴돈(頓金) 우레뢰(雷水) 끓을탕(湯水)

(土) 들보량(梁木) 언덕아(阿土) 버들양(楊木) 줄여(與火)

청렴할염(廉木) 온화할옹(雍火)헤아릴우(虞木)성할욱(郁土)

(金) 기둥설(楔木) 처음신(新金) 씩씩할장(莊木)모형초(楚木)

사랑할자(慈火) 참죽나무춘(椿木)

(水) 화목할목(睦木)

(覆字姓)[말을사(司水)빌공(空水)][영영(令火)외로울고(孤水)]

[그물망(罔木)밭전(田土)][작을소(小水)봉우리봉(峰土)]

	성 이름	원	형	이	정	삼재오행
大吉數	13, 2, 3	5	15	16	18	火.土.土
	13, 2, 16	18	15	29	31	火.土.金 (小吉)
	13, 2, 22	24	15	35	37	火.土.火
	13, 3, 2	5	16	15	18	火.土.土
	13, 3, 5	8	16	18	21	火.土.金(女不.小吉)
	13, 3, 8	11	16	21	24	火.土.木 (小吉)
	13, 3, 22	25	16	35	38	火.土.土
	13, 8, 3	11	21	16	24	火.木.木
	13, 8, 8	16	21	21	29	火.木.土 (女不)
	13, 8, 16	24	21	29	37	火.木.火 (女不)
	13, 8, 24	32	21	37	45	火.木.木
	13, 10, 22	32	23	25	35	火.火.木
	13, 12, 4	16	25	17	29	火.土.土
	13, 12, 12	24	25	25	37	火.土.火
	13, 12, 20	32	25	33	45	火.土.木 (小吉)
	13, 19, 16	35	32	29	48	火.木.土

大吉數	13, 19, 20	39	32	33	52	火.木.水
	13, 20, 4	24	33	17	47	火.火.火 (中吉)
	13, 20, 12	32	33	25	45	火.火.木
	13, 22, 2	24	35	15	37	火.土.火
	13, 22, 3	25	35	16	38	火.土.土
	13, 22, 10	32	35	23	45	火.土.木 (小吉)

13획 數理		三才五行	數理	三才五行
吉數	13, 4, 4	火.金.金	13, 16, 8	火.水.火
	13, 4, 12	火.金.土	13, 16, 16	火.水.木
	13, 4, 20	火.金.土	13, 16, 19	火.水.土
	13, 5, 3	火.金.金	13, 20, 5	火.火.土
	13, 5, 20	火.金.土	13, 20, 19	火.火.水
	13, 8, 10	火.木.金	13, 20, 25	火.火.土
	13, 10, 8	火.火.金	13, 24, 8	火.金.木
	13, 10, 25	火.火.土	13, 24, 11	火.金.土
	13, 11, 24	火.火.土	13, 25, 10	火.金.土
	13, 16, 2	火.水.金	13, 25, 20	火.金.土

▶14 획성

(木) 성견(甄土) 느티나무괴(槐木) 국화국(菊木)

삼갈긍(兢水) 키기(箕木)

(火) 끝단(端金) 이을련(連土)

(土) 솔개연(鳶火) 꽃영(榮木) 따뜻할온(溫火) 꽃화(華木)

(金) 맛볼상(嘗水)클석(碩金) 목숨수(壽水)삼갈신(愼火)

열매실(實木) 사랑자(慈火) 모두제(齊土) 조나라조(趙火)

씨종류종(種木) 나물채(菜木)

(水) 성배(裵木) 복복(福木) 새봉(鳳火) 손빈(賓木)

(複字姓)[공변될공(公金)손자손(孫水)]

[서녘서(西金)문문(門木)][돌석(石金)바를말(抹木)]

	성 이름	원	형	이	정	삼재오행
大吉數	14, 1, 10	11	15	24	25	土.土.土
	14, 1, 17	18	15	31	32	土.土.金
	14, 1, 23	24	15	37	38	土.土.火
	14, 2, 15	17	16	29	31	土.土.金
	14, 2, 21	23	16	35	37	土.土.火
	14, 2, 23	25	16	37	39	土.土.土 (女不)
	14, 3, 4	7	17	18	21	土.金.金 (女不)
	14, 3, 15	18	17	29	32	土.金.金
	14, 4, 3	7	18	17	21	土.金.金 (女不)
	14, 4, 11	15	18	25	29	土.金.土
	14, 4, 21	25	18	35	39	土.金.土 (女不)
	14, 7, 4	11	21	18	25	土.木.木
	14, 7, 17	24	21	31	38	土.木.火 (中吉)
	14, 7, 18	25	21	32	39	土.木.土(女不.中吉)
	14, 7, 24	31	21	38	45	土.木.木
	14, 9, 2	11	23	16	25	土.火.木

大吉數	14, 9, 15	24	23	29	38	土.火.火 (中吉)
	14, 10, 1	11	24	15	25	土.火.木
	14, 10, 11	21	24	25	35	土.火.木
	14, 10, 15	25	24	29	39	土.火.土 (女不)
	14, 10, 21	31	24	35	45	土.火.木
	14, 10, 23	33	24	37	47	土.火.火 (中吉)
	14, 11, 4	15	25	18	33	土.土.土 (女不)
	14, 11, 7	18	25	21	32	土.土.金 (女不)
	14, 17, 4	21	31	18	35	土.木.木
	14, 17, 7	24	31	21	38	土.木.火 (中吉)
	14, 18, 3	21	32	17	35	土.木.木
	14, 18, 7	25	32	21	39	土.木.土 (女不)
	14, 18, 15	33	32	29	47	土.木.火 (中吉)
	14, 19, 2	21	33	16	35	土.木.火 (中吉)
	14, 19, 4	23	33	18	37	土.火.火 (中吉)
	14, 21, 2	23	35	16	37	土.土.火
	14, 21, 3	24	35	17	38	土.土.火
	14, 21, 4	25	35	18	39	土.土.土 (女不)
	14, 21, 17	38	35	31	43	土.土.金
	14, 23, 2	37	37	16	39	土.金.土 (女不)
	14, 23, 15	38	37	29	52	土.金.金

14획 數理 吉		三才 不	數理 吉	三才 不
小吉數	14, 3, 18	土.金.木	14, 15, 9	土.水.水
	14, 3, 21	土.金.火	14, 15, 10	土.水.土
	14, 4, 7	土.金.木	14, 15, 18	土.水.火
	14, 4, 17	土.金.木	14, 15, 23	土.水.金
	14, 4, 19	土.金.火	14, 17, 1	土.木.金
	14, 7, 10	土.木.金	14, 17, 21	土.木.金
	14, 7, 11	土.木.金	14, 19, 18	土.火.金
	14, 9, 9	土.火.金	14, 19, 19	土.火.金
	14, 10, 7	土.火.金	14, 21, 10	土.土.木
	14, 11, 10	土.土.木	14, 23, 1	土.金.火
	14, 15, 2	土.水.金	14, 23, 10	土.金.火
	14, 15, 3	土.水.金	14, 24, 7	土.金.木

▶15 획성

(木) 값가(價火) 칡갈(葛木) 경사경(慶火) 성곽곽(郭土)
넓을광(廣木) 노래할구(歐火) 꿩귝(鷮)

(火) 노나라로(魯水) 큰덕(德火) 바를동(董木) 탄알탄(彈金)
다락루(樓木)

(土) 들보량(樑木) 잎엽(葉木) 도끼유(劉金) 한나라한(漢水)

(金) 고을이름섭(葉木)

(水) 일만만(萬火) 찰만(滿水) 먹묵(墨土) 표할표(標木)

(複字姓) [길장(長木)골곡(谷水)][맡을사(司水)말마(馬火)]
[바랄망(望水)끊을절(切金)][버금중(仲火)방실(室木)]

	성 이름	원	형	이	정	삼재오행
大吉數	15, 1, 2	3	16	17	18	土.土.火
	15, 1, 16	17	16	31	32	土.土.金
	15, 1, 17	17	16	32	33	土.土.金 (女不)
	15, 1, 22	23	16	37	38	土.土.火
	15, 2, 6	8	17	21	23	土.金.金 (女不)
	15, 2, 14	16	17	29	31	土.金.土
	15, 2, 16	18	17	31	33	土.金.金 (女不)
	15, 3, 14	17	18	29	32	土.金.金
	15, 6, 10	16	21	25	31	土.木.土 (小吉)
	15, 6, 17	23	21	32	38	土.木.火 (中吉)
	15, 6, 18	24	21	33	39	土.木.火(女不.中吉)
	15, 8, 8	16	23	23	31	土.火.土
	15, 8, 16	24	23	31	39	土.火.火(女不.中吉)
	15, 8, 24	32	23	39	47	土.火.木
	15, 9, 14	23	24	29	38	土.火.火 (中吉)
	15, 9, 23	32	24	38	47	土.火.木
	15, 9, 24	33	24	39	48	土.火.火 (中吉)

大吉數	15, 10, 6	16	25	21	31	土.土.土
	15, 10, 8	18	25	23	33	土.土.金 (女不)
	15, 10, 14	24	25	29	39	土.土.火 (女不)
	15, 10, 23	33	25	38	48	土.土.火
	15, 16, 8	24	31	23	39	土.木.火(中吉.女不)
	15, 16, 16	32	31	31	47	土.木.木 (中吉)
	15, 16, 17	33	31	32	48	土.木.火 (中吉)
	15, 17, 6	23	32	21	38	土.木.火 (中吉)
	15, 17, 16	33	32	31	48	土.木.火 (中吉)
	15, 18, 6	24	33	21	39	土.火.火(中吉.女不)
	15, 18, 14	32	33	29	47	土.火.木
	15, 20, 3	23	35	18	38	土.土.火
	15, 20, 17	37	35	32	52	土.土.金
	15, 23, 14	37	38	29	52	土.金.金

15획 數理 吉		三才 不	數理 吉	三才 不
小吉數	15, 2, 1	土.金.火	15, 14,18	土.水.木
	15, 2,22	土.金.火	15, 14,23	土.水.金
	15, 3,10	土.金.火	15, 16, 1	土.木.金
	15. 3.20	土.火.金	15, 16, 2	土.木.金
	15, 6, 2	土.木.金	15, 17, 1	土.木.金
	15, 8, 9	土.火.金	15, 17,20	土.木.金
	15, 8,10	土.火.金	15, 22, 1	土.金.火
	15, 9, 8	土.火.金	15, 22, 2	土.金.火
	15, 10,22	土.土.木	15, 22,10	土.金.木
	15, 14, 2	土.水.土	15, 23, 9	土.金.木
	15, 14, 3	土.水.金	15, 23,10	土.金.火
	15, 14, 9	土.水.火	15, 24, 8	土.水.木
	15, 14,10	土.水.火	15, 24, 9	土.水.火

▶16 획성

(木) 이길강(彊金) 높을교(橋木)

(火) 밥그릇로(盧水) 힘입을뢰(賴金) 못담(潭水)도읍도(都土) 질그릇도(陶土) 길도(道土) 머리두(頭火)

(土) 제비연(燕火) 열을문염(閻木) 용용(龍土) 이를위(謂金) 뭍육(陸土) 그늘음(陰土) 일어날흥(興土)

(金) 돈전(錢金) 모두제(諸金) 베풀진(陳土)

(水) 화할목(穆木) 깊을담(潭水) 물이름반(潘水)

(複字姓) [임금황(皇金)클보(甫水)]

성 이름		원	형	이	정	삼재오행
大吉數	16, 1, 15	16	17	31	32	金.金.土
	16, 2, 13	15	18	29	31	金.金.土
	16, 2, 23	25	18	39	41	金.金.土 (女不)
	16, 9, 7	16	25	23	32	金.土.土
5	16, 9, 8	17	25	24	33	金.土.金 (女不)
	16, 9, 16	25	25	32	41	金.土.土
	16, 13, 8	21	29	24	37	金.水.木 (中吉)
	16, 13, 19	32	29	35	48	金.水.木 (中吉)
	16, 23, 9	32	39	25	48	金.水.木 (中吉)

	16획 數理 吉	三才 不	數理 吉	三才 不
小吉數	16, 1, 7	金.金.金	16, 13, 22	金.水.土
	16, 1, 16	金.金.金	16, 15, 1	金.木.土
	16, 1, 22	金.金.火	16, 15, 2	金.木.金
	16, 2, 5	金.金.金	16, 15, 8	金.木.火
	16, 2, 15	金.金.金	16, 15, 16	金.木.木
	16, 2, 19	金.金.木	16, 15, 17	金.木.木
	16, 2, 21	金.金.火	16, 16, 1	金.木.金
	16, 5, 2	金.木.金	16, 16, 5	金.木.木
	16, 5, 8	金.木.火	16, 16, 7	金.木.火
	16, 5, 16	金.木.木	16, 16, 9	金.木.土
	16, 6, 1	金.木.金	16, 16, 13	金.木.水
	16, 7, 8	金.火.土	16, 16, 15	金.木.木
	16, 7, 9	金.火.土	16, 16, 25	金.木.木
	16, 7, 16	金.火.火	16, 17, 8	金.火.土
	16, 7, 22	金.火.水	16, 17, 15	金.火.木
	16, 7, 25	金.火.木	16, 19, 2	金.火.木
	16, 8, 5	金.火.火	16, 19, 13	金.土.木
	16, 8, 7	金.火.土	16, 19, 22	金.土.木
	16, 8, 9	金.火.金	16, 21, 2	金.金.火
	16, 8, 13	金.火.木	16, 21, 8	金.金.水
	16, 8, 15	金.火.火	16, 22, 1	金.金.火
	16, 8, 17	金.火.土	16, 22, 7	金.金.水
	16, 8, 21	金.火.水	16, 22, 9	金.金.木
	16, 9, 22	金.土.木	16, 22, 19	金.金.木
	16, 9, 23	金.土.木	16, 23, 2	金.水.土
	16, 13, 2	金.水.土	16, 25, 7	金.木.木
	16, 13, 16	金.水.水	16, 25, 16	金.木.木

▶17 획성

(木) 기를국(鞠金)

(火) 느낄대(戴金) 홀로독(獨土)

(土) 볕양(陽土) 도울양(襄木) 연밥연(蓮木) 엷을렴(濂水) 나라한(韓金)

(金) 사례할사(謝金) 고울선(鮮水) 겸손할손(遜) 줄장(蔣木) 쇠북종(鍾金) 채나라채(蔡木) 귀밝을총(聰火) 촛불촉(燭火) 나라이름추(鄒土)

(水) 널리미(彌金) 못택(澤水)

	성 이름	원	형	이	정	삼재오행
大吉數	17, 1, 14	15	18	31	32	金.金.土
	17. 1. 15	16	18	32	33	金.金.土 (女不)
	17. 8. 7	15	25	24	32	金.土.土
	17. 8. 8	16	25	25	33	金.土.土 (女不)
	17. 8. 16	24	25	33	41	金.土.火 (中吉)
	17. 12. 6	18	29	23	35	金.水.金
	17. 18. 6	24	35	23	41	金.土.火 (中吉)
	17. 20. 15	35	37	32	52	金.金.土
	17. 21. 14	35	38	31	52	金.金.土

17획 數理 吉		三才 不	數理 吉	三才 不
小吉數	17, 1, 6	金.金.金	17, 14, 1	金.木.土
	17, 1, 20	金.金.木	17, 14, 4	金.木.金
	17, 4, 4	金.木.金	17, 14, 7	金.木.木
	17, 4, 12	金.木.土	17, 14, 21	金.木.土
	17, 4, 14	金.木.金	17, 15, 1	金.木.土
	17, 4, 20	金.木.火	17, 15, 6	金.木.木
	17, 6, 1	金.火.金	17, 15, 16	金.木.木
	17, 6, 12	金.火.金	17, 15, 20	金.木.土
	17, 6, 15	金.火.木	17, 16, 8	金.火.火
	17, 6, 18	金.火.火	17, 16, 15	金.火.木
	17, 7, 8	金.火.土	17, 20, 1	金.金.木
	17, 7, 14	金.火.木	17, 20, 4	金.金.火
	17, 7, 24	金.火.木	17, 20, 21	金.金.木
	17, 12, 4	金.水.土	17, 21, 20	金.金.木
	17, 12, 12	金.水.火	17, 24, 7	金.木.木

▶18 획성

(木) 대쪽간(簡木) 볼구(瞿木) 돌아갈귀(歸土)

(土) 얼굴안(顔火) 예도예(禮木) 위나라위(魏火)호경호(鎬金)

(金) 그네추(鞦金)

(水) 우거질번(蕃木)

성 이름		원	형	이	정	삼재오행
大吉數	18, 3, 3	6	21	21	24	水.木.土
	18, 3, 20	23	21	38	41	水.木.火
	18, 14, 7	21	32	25	39	水.木.木 (女不)

18획 數理 吉		三才 不	數理 吉	三才 不
小吉數	18, 3, 14	水.木.金	18. 11. 6	水.水.金
	18. 5. 6	水.火.木	18, 14, 3	水.木.金
	18. 6. 5	水.火.木	18. 14. 15	水.木.水
	18, 6, 7	水.火.火	18, 15, 6	水.火.木
5	18, 6, 11	水.火.金	18, 15, 14	水.火.水
	18, 6, 15	水.火.木	18, 17, 6	水.土.火
	18, 6, 17	水.火.火	18, 19, 20	水.金.水
	18, 7, 6	水.土.火	18, 20, 3	水.金.火
	18, 7, 14	水.土.木	18, 20, 19	水.金.水

▶19 획성

(木) 지경강(疆土) 빗장관(關木)

(火) 이야기담(譚金)

(土) 떼놓을리(離火)

(金) 풀이름설(薛木) 정나라정(鄭土)

(水) 높은집방(龐土)

(複字姓)[남녁남(南火)궁궐궁(宮木)]

[다시재(再木)모을회(會火)][옛고(古水)너이(爾火)]

성 이름		원	형	이	정	삼재오행
大吉數	19, 2, 4	6	21	23	25	水.木.土
	19, 2, 14	16	21	33	35	水.木.土
	19, 12, 4	16	31	23	35	水.木.土
	19, 13, 20	33	32	39	52	水.木.火

19획 數理 吉		三才 不	數理 吉	三才 不
小吉數	19, 2, 16	水.木.金	19, 14, 19	水.火.火
	19, 4, 2	水.火.土	19, 16, 2	水.土.金
	19, 4, 12	水.火.土	19, 16, 13	水.土.水
	19, 4, 14	水.火.金	19, 16, 22	水.土.金
	19, 6, 10	水.土.土	19, 18, 20	水.金.金
	19, 6, 12	水.土.金	19, 19, 14	水.金.火
	19, 10, 6	水.水.土	19, 19, 10	水.金.水
	19, 10, 19	水.水.水	19, 19, 20	水.金.水
	19, 12, 6	水.木.金	19, 20, 13	水.水.火
	19, 12, 16	水.木.金	19, 20, 18	水.水.金
	19, 13, 16	水.木.水	19, 20, 19	水.水.水
	19, 14, 2	水.火.土	19, 22, 16	水.木.金
	19, 14, 4	水.火.金		

▶20 획성

(火) 새그물나(羅木)

(土) 엄할엄(嚴水) 돌아올환(還土) 햇빛희(曦火)

(金) 풀릴석(釋火) [고을선(鮮水)조사우(于木)]

(複字姓)[여름하(夏火)기후후(候火)]

	성 이름	원	형	이	정	삼재오행
大吉數	20, 1, 4	5	21	24	25	木.木.土
	20. 1. 12	13	21	32	33	木.木.火 (女不)
	20. 3. 12	15	23	32	35	木.火.土
	20. 3. 18	21	23	38	38	木.火.木
	20. 4. 1	5	24	21	25	木.火.土 (女不)
	20. 4. 9	13	24	29	33	木.火.火(中吉.女不)
	20. 4. 11	15	24	31	35	木.火.土
	20. 4. 17	21	24	37	41	木.火.木
	20. 4. 21	25	24	41	45	木.火.土
	20. 9. 9	18	29	29	38	木.水.金 (中吉)
	20. 9. 12	21	29	32	41	木.水.木
	20, 11, 21	32	31	41	52	木.木.木
	20, 11, 4	15	31	24	35	木.木.土
	20. 12. 1	13	32	21	33	木.木.火
	20, 12, 3	15	32	23	35	木.木.土
	20. 12. 9	21	32	29	41	木.木.木
	20, 12, 13	25	32	33	45	木.木.土
	20. 13. 12	25	33	32	45	木.火.土
	20, 21, 4	25	41	24	45	木.木.土

성 이름		원	형	이	정	삼재오행
大吉數	20. 13. 19	32	33	39	52	木.火.木 (女不)
	20. 19. 13	32	39	33	52	木.水.木 (女不)
	20, 19, 18	37	39	38	57	木.水.金 (中吉)
	20. 19. 19	38	39	39	58	木.水.金(中吉.女不)
	20, 21, 11	32	41	31	52	木.木.木

20획 數理 吉		三才 不	數理 吉	三才 不
小吉數	20, 1, 17	木.木.金	20, 15, 3	木.土.金
	20, 3, 15	木.火.金	20, 15, 17	木.土.金
	20, 4, 13	木.火.金	20, 17, 1	木.金.金
	20, 5, 12	木.土.金	20, 17, 4	木.金.木
	20, 5, 13	木.土.金	20, 17, 15	木.金.火
	20, 9, 4	木.水.火	20, 17, 21	木.金.金
	20, 11, 27	木.木.金	20, 18, 3	木.金.木
	20, 12, 5	木.木.金	20, 18, 19	木.金.金
	20, 12, 25	木.木.金	20, 21, 17	木.木.金
	20, 13, 4	木.火.金	20, 25, 12	木.土.金
	20, 13, 5	木.火.金	20, 25, 13	木.土.金
	20, 13, 25	木.火.金	20, 27, 11	木.金.金

▶21 획성

(木) 돌아볼 고(顧火)

(火) 등나무 등(藤木)

(土) 두루미 학(鶴火)

(金) 따를 수(隨土)

	성 이름	원	형	이	정	삼재오행
大吉數	21, 2, 14	16	23	35	37	木.火.土
	21, 3, 8	11	24	29	32	木.火.木
	21, 4, 20	24	25	41	45	木.土.火 (中吉)
	21, 8, 3	11	29	24	32	木.水.木
	21, 8, 10	18	29	31	39	木.水.金 (女不)
	21, 10, 14	24	31	35	45	木.木.火
	21, 11, 20	31	32	41	52	木.木.木
	21, 12, 4	16	33	25	37	木.火.土 (女不)
	21, 12, 12	24	33	33	45	木.火.火(女不.中吉)
	21, 14, 10	24	35	31	45	木.土.火 (中吉)
	21, 20, 4	24	31	25	45	木.木.火
	21, 20, 11	31	41	32	52	木.木.木

21획	數理 吉	三才 不	數理 吉	三才 不
小吉數	21, 2, 16	木.木.金	21, 14, 3	木.土.金
	21, 3, 14	木.火.金	21, 14, 4	木.土.金
	21, 4, 4	木.土.金	21, 14, 17	木.土.木
	21, 4, 12	木.土.土	21, 16, 2	木.金.金
	21, 4, 14	木.土.金	21, 16, 8	木.金.火
	21, 8, 8	木.水.土	21, 17, 14	木.金.木
	21, 8, 16	木.水.火	21, 17, 20	木.金.金
	21, 10, 8	木.木.金	21, 20, 17	木.木.金
	21, 14, 2	木.土.土		

▶22 획성

(木) 권세 권(權木) 볼 감(鑑金)

(火) 갈대 노(蘆木)

(土) 숨을 은(隱土)

(金) 깨어날 소(蘇木) 엄습할 습(襲木)

(水) 가 변(邊土)

(複字姓)[짐질 부(負金)솥 정(鼎火)]

성 이름		원	형	이	정	삼재오행
大吉數	22. 1. 10	11	23	32	33	火.火.木 (女不)
	22, 2, 1	3	24	23	25	火.火.火 (中吉)
	22. 2, 11	13	24	33	35	火.火.火 (中吉)
	22. 2. 9	11	24	31	33	火.火.木
	22. 3. 10	13	25	32	35	火.土.火
	22. 3. 13	16	25	35	38	火.土.土
	22, 9, 2	11	31	24	11	火.木.木
	22, 9, 7	16	31	29	38	火.木.土
	22. 9. 16	25	31	38	47	火.木.土
	22. 10. 1	11	32	23	33	火.木.木 (女不)
	22. 10. 3	13	32	25	35	火.木.火
	22. 10. 13	23	32	35	45	火.木.火
	22. 10. 15	25	32	37	47	火.木.土
	22, 10, 25	35	32	47	57	火.木.土
	22, 11, 2	13	33	24	35	火.火.火 (中吉)
	22, 13, 2	15	35	24	37	火.土.土
	22, 13, 3	16	35	25	38	火.土.土
	22. 13. 10	23	35	32	45	火.土.火
	22, 19, 16	35	41	38	57	火.木.土

22획 數理 吉		三才 不	數理 吉	三才 不
小吉數	22. 1. 15	火.火.土	22. 15. 1	火.金.土
	22, 1, 16	火.火.金	22, 15, 2	火.金.金
	22, 2, 13	火.火.土	22, 15, 0	火.金.土
	22, 2, 15	火.火.金	22, 16, 1	火.金.金
	22, 7, 9	火.水.土	22, 16, 7	火.金.火
	22, 7, 10	火.水.金	22. 16. 9	火.金.土
5	22, 7, 16	火.水.火	22. 16.19	火.金.土
	22, 10, 7	火.木.金	22, 25,10	火.金.土

▶23 획성

(火) 나무이름 란(欒木)

	성 이름	원	형	이	정	삼재오행
大吉數	23, 2, 6	8	25	29	31	火.土.金 (小吉)
	23, 2, 14	16	25	37	39	火.土.土 (女不)
	23, 2, 16	18	25	39	41	火.土.金 (小吉)
	23, 9, 6	15	32	39	48	火.木.土
5	23, 9, 15	24	32	38	47	火.木.火
	23, 9, 16	25	32	39	48	火,木,土
	23, 10, 14	24	33	37	47	火.火.火
	23, 12, 6	18	35	29	41	火.土.金 (小吉)
	23, 12, 12	24	35	35	47	火.土.火

23획 數理 吉		三才 不	數理 吉	三才 不
小吉數	23, 6, 2	火.水.金	23, 10, 15	火.火.土
	23, 6, 9	火.水.土	23, 14, 10	火.金.火
	23, 6, 10	火.水.土	23, 14, 15	火.金.水
	23, 6, 12	火.水.金	23, 15, 9	火.金.土
	23, 8, 10	火.木.金	23, 15, 10	火.金.土
	23, 9, 9	火.木.金	23, 15, 14	火.金.水
	23, 10, 6	火.火.土	23, 16, 2	火.水.金
	23, 10, 8	火.火.金	23, 16, 9	火.水.土

▶24 획성

(複字姓) [도울부(扶木)남을여(餘水)]

성 이름		원	형	이	정	삼재오행
大吉數	24, 1, 7	8	25	31	32	土.土.金
	24, 1, 14	15	25	38	39	土.土.土 (女不)
	24, 8, 5	13	32	29	37	土.木.火 (中吉)
	24, 7, 14	21	31	38	45	土.木.火 (中吉)
	24, 7, 17	24	31	41	48	土.木.火 (中吉)
	24, 8, 15	23	32	39	47	土.木.火 (中吉)
	24, 9, 15	24	33	39	48	土.火.火 (中吉)
	24, 11, 13	24	35	37	48	土.土.土
	24, 14, 1	15	38	25	39	土.金.土 (女不)
	24, 5, 8	13	29	32	37	土.木.土 (小吉)
	24, 7, 8	15	31	32	39	土.木.土(女不.小吉)
	24, 17, 7	24	41	31	48	土.木.土 (小吉)

24획 數理 吉		三才 不	數理 吉	三才 不
小	24, 15, 9	土.水.火	24, 13, 11	土.金.火
吉	24, 8, 7	土.木.土	24, 14, 7	土.金.木
數	24, 7, 1	土.木.金	24, 15, 8	土.水.火

▶25 획성 (複字姓)

[홀로독(獨土)외로울고(孤水)][밝을명(明火)임할 림(臨火)]

성 이름		원	형	이	정	삼재오행
大	25, 6, 7	13	31	32	39	土.木.火(女不.中吉)
吉	25, 6, 10	16	31	35	41	土.木.土 (小吉)
	25, 7, 6	13	32	31	39	土.木.火(女不.中吉)
數	25, 7, 16	23	32	41	48	土.木.火 (中吉)
5	25, 8, 8	16	33	33	41	土.火.土
	25, 10, 6	16	35	31	41	土.土.土
	25, 10, 13	23	35	38	48	土.土.火
	25, 12, 4	16	37	29	41	土.金.土
	25, 16, 7	23	41	32	48	土.木.火 (中吉)
	25, 16, 16	32	41	41	57	土.木.木 (中吉)

25획 數理 吉		三才 不	數理吉	三才 不
小	25, 4, 4	土.水.金	25, 13, 10	土.金.火
	25, 4, 12	土.水.火	25, 13, 20	土.金.火
吉	25, 10, 22	土.土.木	25, 20, 12	土.土.木
數	25, 12, 20	土.金.木	25, 22, 10	土.金.木

▶27 획성 (複字姓)

[검을흑(黑水)이치(齒金)][모두제(齊土)초나라초(楚木)]

[조상조(祖金) 두루미(彌金)]

성 이름		원	형	이	정	삼재오행
大	27, 8, 10	18	35	37	45	金.土.金
吉	27, 12, 6	18	39	33	45	金.水.金
數	27, 20, 5	25	47	32	52	金.金.土

27획 數理 吉		三才 不	數理吉	三才 不
	27, 4, 14	金.木.金	27, 11, 20	金.金.木
	27, 5, 20	金.木.土	27, 14, 4	金.火.金
	27, 6, 12	金.火.金	27, 20, 11	金.金.木
	27, 10, 8	金.金.金		

▶30 획성

(複字姓) [붉을빛혁(赫火)운전할운(運土)]

성 이름		원	형	이	정	삼재오행
大	30, 1, 2	3	31	32	33	木.木.火 (女不)
吉	30, 2, 1	3	32	31	33	木.木.火 (女不)
數	30, 2, 3	5	32	33	35	木.木.土
	30, 2, 9	11	32	39	41	木.木.水
5	30, 3, 2	5	33	32	35	木.火.土
	30, 3, 8	11	33	38	41	木.火.木
	30, 9, 2	11	39	32	41	木.水.木
	30, 9, 8	17	39	38	47	木.水.金 (中吉)
	30, 9, 9	18	39	39	48	木.水.金 (中吉)
	30, 15, 18	33	45	48	63	木.土.火 (中吉)

30획 數理 吉		三才 不	數理 吉	三才 不
小吉數	30, 1, 7	木.木.金	30, 8, 3	木.金.木
	30, 1, 17	木.木.金	30, 8, 7	木.金.土
	30, 2, 5	木.木.金	30, 8, 9	木.金.土
	30, 2, 15	木.木.金	30, 11, 7	木.木.金
	30, 3, 5	木.火.金	30, 15, 2	木.土.金
	30, 3, 15	木.火.金	30, 15, 3	木.土.金
	30, 5, 2	木.土.金	30, 17, 1	木.金.金
	30, 5, 3	木.土.金	30, 17, 18	木.金.土
	30, 7, 1	木.金.金	30, 18, 15	木.金.火
	30, 7, 8	木.金.土	30, 18, 17	木.金.土
	30, 7, 11	木.金.金		

▶31 획성

(複字姓) [모두제(諸金)취갈(葛木)]

성 이름		원	형	이	정	삼재오행
大吉數	31, 2, 4	6	33	35	37	木.火.土
	31, 2, 14	16	33	45	47	木.火.土
	31, 8, 8	16	39	39	47	木.水.金(女不.中吉)
	31, 10, 6	16	41	37	47	木.木.土
	31, 20, 1	21	51	32	52	木.木.木

30획 數理 吉		三才 不	數 吉	三才 不
小吉數	31, 1, 6	木.木.金	30, 7, 14	木.金.木
	31, 1, 16	木.木.金	31, 10, 7	木.木.金
	31, 2, 6	木.火.金	31, 14, 2	木.土.土
	31, 4, 2	木.土.土	31, 14, 7	木.土.木
	31, 4, 4	木.土.金	31, 16, 1	木.金.金
	31, 4, 17	木.土.木	31, 16, 16	木.金.木
	31, 6, 1	木.金.金	31, 16, 21	木.金.金
	31, 6, 2	木.金.金	31. 17, 4	木.金.木
	31, 6, 10	木.金.土	31, 17, 20	木.金.金
	31, 7, 10	木.金.金	31, 20, 17	木.木.金
	31, 7, 11	木.金.金	31, 21, 16	木.木.金

▶41 획성

(複字姓) [담장(墻土)울타리리(籬木)]

성 이름		원	형	이	정	삼재오행
大吉數	41, 20, 4	24	61	45	65	木.木.火
	41, 4, 20	24	45	61	65	木.土.火(中吉)

小吉數	41, 4, 7	木.土.木	41, 7, 20	木.金.金
	41, 7, 4	木.金.木	41, 20, 17	木.木.金
	41, 7, 17	木.金.火		

인명용 한자 획수별 색인

1) 인명용 1획 한자

***음오행이 木·火인 글자**

없음

***음오행이 土인 글자**

乙(새 을), 一(한 일)

***음오행이 金·水인 글자**

없음

2) 인명용 2획 한자

***음오행이 木인 글자**

冂(멀 경)

***음오행이 火인 글자**

乃(이에 내), 刀(칼 도), 力(힘 력), 了(마칠 료)

***음오행이 土인 글자**

乂(깎을 예), 又(또 우), 二(두 이), 人(사람 인), 入(들 입)

***음오행이 金인 글자**

丁(장정 정)

***음오행이 水인 글자**

卜(점 복), 匕(비수 비)

3) 인명용 3획 한자

***음오행이 木인 글자**

干(방패 간), 巾(수건 건), 乞(빌 걸), 工(장인 공), 口(입 구), 久(오랠 구), 弓(활 궁), 己(몸 기)

***음오행이 火인 글자**

女(계집 녀), 大(큰 대), 土(흙 토)

***음오행이 土인 글자**

也(어조사 야), 兀(우뚝할 올), 于(갈 우), 已(이미 이), 刃(칼날 인), 廿(스물 입), 下(아래 하), 孑(남길 혈), 丸(둥글 환)

***음오행이 金인 글자**

巳(뱀 사), 士(선비 사), 山(뫼 산), 三(석 삼), 上(위 상), 夕(저녁 석), 小(작을 소), 尸(주검 시), 子(아들 자), 勺(잔 작), 丈(어른 장), 叉(깍지낄 차), 千(일천 천), 川(내 천), 寸(마디 촌)

***음오행이 水인 글자**

万(일만 만), 亡(죽을 망), 凡(무릇 범)

4) 인명용 4획 한자

***음오행이 木인 글자**

介(끼일 개), 犬(개 견), 公(공작 공), 孔(구멍 공), 戈(창 과), 仇(원수 구), 勾(굽을 구), 匀(적을 균), 斤(도끼 근),

今(이제 금), 及(미칠 급), 夬(쾌괘 쾌)

*음오행이 火인 글자

內(안 내), 丹(붉은 단), 斗(말 두), 屯(진칠 둔), 太(클 태), 丹(붉은 란)

*음오행이 土인 글자

牙(어금니 아), 厄(재앙 액), 円(원 엔), 予(나 여), 刈(벨 예), 午(낮 오), 曰(가로 왈), 王(임금 왕: 本字나 姓으로 쓰면 4획, 部首로 쓰면 5획), 夭(예쁠 요), 冗(한가로울 용), 牛(소 우), 友(벗 우), 尤(더욱 우), 云(이를 운), 亐(땅이름 울), 元(으뜸 원), 月(달 월), 尹(다스릴 윤), 允(진실로 윤), 引(끌 인), 仁(어질 인), 日(날 일), 壬(간사할 임), 仍(인할 잉), 亢(굳셀 항), 兮(어조사 혜), 戶(집 호), 互(서로 호), 火(불 화), 化(화할 화), 幻(변할 환), 爻(육효 효), 凶(흉할 흉), 欠(하품할 흠)

*음오행이 金인 글자

四(넉 사), 少(젊을 소), 水(물 수), 手(손 수), 升(되 승), 氏(성씨 씨), 心(마음 심), 什(열사람 십), 才(재주 재), 切(벨 절), 井(우물 정), 弔(조상할 조), 爪(손톱 조), 中(가운데 중), 支(가지 지), 止(그칠 지), 之(갈 지), 什(세간 집), 尺(자 척), 天(하늘 천), 切(일체 체), 丑(소 축), 仄(기울 측)

*음오행이 水인 글자

毛(털 모), 木(나무 목), 无(없을 무), 文(글월 문), 勿(없을 물), 反(돌이킬 반), 方(모 방), 卞(조급할 변), 夫(지아비 부), 父(아비 부), 不(아닐 부), 分(나눌 분), 不(아니 불), 比(견줄 비), 巴(땅이름 파), 片(조각 편), 匹(짝 필)

5) 인명용 5획 한자

***음오행이 木인 글자**

可(옳을 가), 加(더할 가), 刊(책펴낼 간), 甘(달 감), 甲(갑옷 갑), 去(갈 거), 巨(클 거), 古(옛 고), 叩(두드릴 고), 尻(꽁무니 고), 功(공 공), 瓜(오이 과), 巧(공교로울 교), 句(글귀 구), 丘(언덕 구), 句(구절 귀), 叫(부르짖을 규)

***음오행이 火인 글자**

奴(종 노), 尼(여승 니), 旦(아침 단), 代(시대 대), 冬(겨울 동), 仝(한가지 동), 令(법 령), 立(설 립), 他(다를 타), 台(나이 태)

***음오행이 土인 글자**

央(가운데 앙), 永(길 영), 五(다섯 오), 玉(옥 옥), 瓦(기와 와), 外(밖 외), 凹(오목 요), 用(쓸 용), 右(오른 우), 由(말미암을 유), 幼(어릴 유), 以(써 이), 孕(품을 잉), 玄(검을 현), 穴(구멍 혈), 兄(만 형), 乎(어조사 호), 弘(넓을 홍), 禾(벼 화), 卉(풀 훼)

*음오행이 金인 글자

仕(벼슬 사), 史(사기 사), 司(맡을 사), 乍(잠깐 사), 生(날 생), 石(돌 석), 仙(신선 선), 世(인간 세), 召(부를 소), 囚(가둘 수), 丞(구할 승), 市(장사 시), 示(보일 시), 矢(화살 시), 申(아뢸 신), 失(잃을 실), 仔(자세할 자), 仗(무기 장), 田(밭 전), 占(점칠 점), 正(바를 정), 左(왼 좌), 主(주인 주), 只(다만 지), 叱(꾸짖을 질), 且(또 차), 札(편지 찰), 冊(책 책), 斥(물리칠 척), 仟(일천 천), 凸(볼록할 철), 出(나갈 출), 朮(차조 출),

*음오행이 水인 글자

末(끝 말), 皿(그릇 명), 母(어미 모), 矛(창 모), 目(눈 목), 卯(토끼 묘), 戊(천간 무), 未(아닐 미), 民(백성 민), 半(반 반), 北(달아날 배), 白(흰 백), 弁(고깔 변), 丙(남녘 병), 本(근본 본), 付(줄 부), 北(북녘 북), 弗(달러 불), 丕(클 비), 氷(얼음 빙), 叭(나팔 팔), 平(평상 평), 布(베 포), 包(쌀 포), 皮(가죽 피), 必(반드시 필), 疋(필 필), 乏(가난할 핍)

6) 인명용 6획 한자

*음오행이 木인 글자

各(각각 각), 艮(머무를 간), 奸(범할 간), 乫(땅이름 갈), 价(착할 개), 件(사건 건), 攷(상고할 고: 考의 古字), 曲(굽을 곡), 共(함께 공), 光(빛 광), 匡(바를 광), 交(사귈 교), 臼(절구 구), 圭(홀 규), 劤(힘셀 근), 伋(속일 급), 亘(건널 긍), 企(도모할 기), 伎(재주 기), 吉(길할 길)

***음오행이 火인 글자**

年(해 년), 多(많을 다), 宅(집 댁), 乭(돌 돌), 同(한가지 동), 列(줄지울 렬), 劣(용렬할 렬), 老(늙을 로), 六(여섯 륙), 吏(아전 리), 打(칠 타), 朵(꽃송이 타), 宅(집 택), 吐(토할 토)

***음오행이 土인 글자**

安(편안할 안), 仰(우러러볼 앙), 羊(양 양), 如(같을 여), 亦(또한 역), 曳(끌릴 예), 伍(다섯사람 오), 宇(집 우), 羽(깃 우), 圩(둑 우), 旭(아침해 욱), 危(위태할 위), 有(있을 유), 肉(고기 육), 聿(붓 율), 戎(되 융), 圪(우뚝할 을), 衣(옷 의), 耳(귀 이), 而(어조사 이), 夷(오랑캐 이), 伊(저 이), 弛(방종할 이), 因(인할 인), 印(인 인), 任(맡길 임), 合(합할 합), 伉(짝 항), 行(항렬 항), 亥(돼지 해), 行(다닐 행), 向(방향 향), 血(피 혈), 刑(형벌 형), 好(좋을 호), 回(돌아올 회), 灰(재 회), 后(황후 후), 朽(냄새 후), 休(쉴 휴), 兇(흉악할 흉), 匈(오랑캐 흉), 屹(높을 흘), 吃(말더듬을 흘)

***음오행이 金인 글자**

寺(절 사), 死(죽을 사), 糸(실 사), 色(빛 색), 西(서녘

서), 先(먼저 선), 舌(혀 설), 守(지킬 수), 收(거둘 수), 戍(지킬 수), 夙(일찍 숙), 旬(열흘 순), 戌(개 술), 丞(도울 승), 式(법 식), 臣(신하 신), 字(글자 자), 自(스스로 자), 匠(장인 장), 庄(전장 장), 在(있을 재), 再(두번 재), 吊(조상할 적), 全(온통 전), 汀(물가 정), 兆(조 조), 早(색벽 조), 存(있을 존), 朱(붉을 주), 舟(배 주), 州(고을 주), 竹(대 죽), 仲(버금 중), 汁(즙 즙), 地(땅 지), 至(이를 지), 旨(맛 지), 次(버금 차), 此(이 차), 舛(어그러질 천), 尖(뾰족할 첨), 充(찰 충)

***음오행이 水인 글자**

卍(만자 만), 妄(거짓 망), 名(이름 명), 牟(클 모), 刎(목벨 문), 米(쌀 미), 朴(순박할 박), 百(일백 백), 伐(칠 벌), 犯(범할 범), 帆(돛 범), 氾(넘칠 범), 并(어우를 병), 伏(엎드릴 복), 缶(장군 부), 妃(왕비 비), 牝(암컷 빈), 份(빛날 빈)

7) 인명용 7획 한자

***음오행이 木인 글자**

伽(절 가), 角(뿔 각), 却(물리칠 각), 杆(난간 간), 坎(구덩이 감), 匣(갑 갑), 江(강 강), 杠(다리 강), 改(고칠 개), 更(다시 갱), 坑(구덩이 갱), 車(수레 거), 劫(위협할 겁), 見(볼 견), 更(바꿀 경), 冏(빛날 경), 囧(밝을 경), 系(핏줄

계), 戒(경계할 계), 告(고할 고), 谷(골 곡), 困(곤할 곤), 功(칠 공), 串(곶 곶), 串(익힐 관), 宏(클 굉), 求(구할 구), 究(궁구할 구), 灸(뜸 구), 局(판 국), 君(임금 군), 糺(얽힐 규), 均(고를 균), 克(이길 극), 妗(외숙모 금), 忌(미워할 기), 杞(소태나무 기), 岐(높을 기), 圻(언덕 기), 妓(기생 기)

***음오행이 火인 글자**

男(사내 남), 努(힘쓸 노), 尿(오줌 뇨), 但(다만 단), 坍(무너질 담), 旲(햇빛 대), 秃(대머리 독), 彤(붉을 동), 豆(콩 두), 杜(막을 두), 卵(알 란), 冷(찰 랭), 良(어질 량), 呂(풍류 려), 伶(영리할 령), 弄(희롱할 롱), 牢(견고할 뢰), 里(마을 리), 利(이로울 리), 李(오얏 리), 吝(탐할 린), 妥(편안할 타), 托(맡길 탁), 呑(삼킬 탄), 兌(기뻐할 태), 兎(토끼 토)

***음오행이 土인 글자**

我(나 아), 冶(대장간 야), 言(말씀 언), 余(나 여), 汝(너 여), 妤(첩 여), 役(일꾼 역), 延(끌 연), 吾(나 오), 汚(더러울 오), 吳(오나라 오), 完(완전할 완), 妧(좋을 완), 岏(산높을 완), 妖(도깨비 요), 甬(길 용), 佑(도울 우), 盱(클 우), 扜(당길 우), 会(높을 운), 位(자리 위), 酉(닭 유), 攸(곳 유), 听(웃는모양 은), 圻(땅의끝 은), 吟(읊을 음), 邑(고을 읍), 矣(어조사 의), 杝(나무이름 이), 忍(참을 인),

沏(끈적거릴 인), 牣(충만할 인), 佚(편안할 일), 妊(아이밸 임), 何(어찌 하), 呀(입벌릴 하), 旱(가물 한), 汗(땀 한), 含(머금을 함), 杏(살구 행), 見(나타날 현), 夾(낄 협), 形(형상 형), 亨(형통할 형), 汞(수은 홍), 孝(효도 효), 吼(울 후), 吸(마실 흡), 希(바랄 희)

***음오행이 金인 글자**

私(사사 사), 似(같을 사), 些(적을 사), 伺(살필 사), 刪(깎을 산), 汕(통발 산), 杉(삼나무 삼), 床(밥상 상), 序(차례 서), 汐(저녁조수 석), 成(이룰 성), 忕(익숙할 세), 卲(읍이름 소), 束(묶을 속), 宋(송나라 송), 秀(빼어날 수), 巡(돌 순), 豕(돼지 시), 身(몸 신), 辰(날 신), 辛(매울 신), 伸(펼 신), 孜(힘쓸 자), 作(지을 작), 灼(빛날 작), 岑(봉우리 잠), 壯(씩씩할 장), 杖(지팡이 장), 材(재목 재), 災(화재 재), 低(낮을 저), 佇(기다릴 저), 赤(붉을 적), 甸(경기 전), 佃(소작인 전), 廷(조정 정), 町(밭두둑 정), 玎(옥소리 정), 呈(나타낼 정), 姘(안존할 정), 征(허둥댈 정), 弟(아우 제), 助(도울 조), 足(발 족), 座(앉을 좌), 佐(도울 좌), 住(머무를 주), 走(달릴 주), 即(곧 즉), 志(뜻 지), 池(못 지), 址(터 지), 底(숫돌 지), 辰(별 진), 車(수레 차), 初(처음 초), 村(마을 촌), 忖(헤아릴 촌), 吹(불 취), 七(일곱 칠)

***음오행이 水인 글자**

忙(바쁠 망), 忘(잊을 망), 每(매양 매), 免(면할 면), 牡(수컷 모), 妙(묘할 묘), 巫(무당 무), 吻(입술 문), 尾(꼬리 미), 伴(짝 반), 尨(클 방), 妨(방해할 방), 坊(막을 방), 彷(거닐 방), 伯(큰아버지 백), 汎(뜰 범), 杋(나무 범), 釆(나눌 변), 別(다를 별), 兵(군사 병), 步(걸음 보), 甫(클 보), 否(아닐 부), 孚(기를 부), 吩(뿜을 분), 佛(부처 불), 庇(덮을 비), 判(판단 판), 坂(비탈 판), 貝(조개 패), 吠(개짖을 폐), 佈(알릴 포), 杓(자루 표), 佖(점잖을 필)

8) 인명용 8획 한자

***음오행이 木인 글자**

佳(아름다울 가), 呵(웃을 가), 刻(새길 각), 侃(굳셀 간), 玕(옥돌 간), 岬(산허리 갑), 岡(언덕 강), 羌(오랑캐 강), 居(살 거), 杰(준걸 걸), 決(결정할 결), 抉(도려낼 결), 京(서울 경), 庚(나이 경), 坰(들 경), 炅(빛날 경), 季(철 계), 屆(이를 계), 固(굳을 고), 考(상고할 고), 姑(시어머니 고), 孤(외로울 고), 呱(울 고), 杲(밝을 고), 坤(땅 곤), 昆(형 곤), 汩(빠질 골), 空(하늘 공), 供(베풀 공), 果(과실 과), 官(벼슬 관), 刮(깎을 괄), 侊(성찬 광), 旷(비칠 광), 狂(미칠 광), 卦(점칠 괘), 乖(어그러질 괴), 佼(예쁠 교), 具(갖출 구), 坵(언덕 구), 玖(옥돌 구), 咎(허물 구), 屈(굽을 굴), 穹(높을 궁), 卷(책 권), 券(문서 권), 糾(끌어모을 규), 金(쇠 금), 昑(밝을 금), 汲(물길을 급), 扱(미칠 급), 其(그 기), 技(재주 기), 奇(기이할 기), 玘(패옥 기), 汽(김 기), 沂(물이름 기), 祁(성할 기), 肌(근육 기), 佶(바를 길), 金(성 김), 快(빠를 쾌)

***음오행이 火인 글자**

奈(어찌 나), 枏(녹나무 남), 奈(어찌 내), 念(생각 념), 砮(쇠뇌 노), 杻(박달나무 뉴), 沓(합할 답), 垈(터 대), 坮(대 대), 岱(클 대), 到(이를 도), 毒(해칠 독), 旽(밝을 돈), 沌(흐릴 돈), 東(동녘 동), 枓(구기 두), 來(돌아올 래), 兩(두 량), 戾(돌아올 려), 冽(찰 렬), 姈(계집영리할 령), 囹(옥 령), 岺(재 령), 例(법식 례), 彔(나무깍을 록), 侖(덩어리 륜), 肋(갈비 륵), 林(수풀 림), 卓(높을 탁), 坼(터질 탁), 坦(평평할 탄), 宕(방탕할 탕), 帑(금고 탕), 汰(지날 태), 投(던질 투), 妬(투기할 투)

***음오행이 土인 글자**

兒(아이 아), 亞(버금 아), 妸(고울 아), 岳(큰산 악), 岸(언덕 안), 軋(삐걱거릴 알), 昻(밝을 앙), 厓(언덕 애), 艾(약쑥 애), 扼(누를 액), 夜(밤 야), 佯(거짓 양), 於(어조사 어), 抑(누를 억), 奄(문득 엄), 易(바꿀 역), 沇(물흐를 연), 炎(불꽃 염), 咏(노래할 영), 汭(물속 예), 旿(대낮 오), 沃(기름질 옥), 臥(누울 와), 宛(굽을 완), 往(갈 왕), 旺(고울 왕), 汪(넓을 왕), 枉(굽을 왕), 雨(비 우), 玗(옥돌 우), 盂(사발 우), 沄(넓을 운), 沅(물이름 원), 朊(달빛희미할 원), 杬(나무이름 원), 委(맡길 위), 臾(잠간 유), 乳(젖유), 侑(도울 유), 昀(햇빛 윤), 汩(물흐를 율), 依(의지할 의), 宜(옳을 의), 易(쉬울 이), 佾(춤출 일), 罕(드물 한), 函(상자 함), 抗(막을 항), 沆(넓을 항), 杭(건널 항), 咍(비웃을 해), 劾(힘쓸 핵), 幸(다행 행), 享(드릴 향), 呟(소리 현), 弦(활시위 현), 侐(고요할 혁), 協(합할 협), 冾(화할 협), 呼(부를 호), 虎(범 호), 昊(하늘 호), 岵(산거할 호), 弧(활 호), 惑(혹 혹), 昏(어두울 혼), 忽(홀연 홀), 和(화목할 화), 宖(클 횡), 欣(기뻐할 흔), 炘(화끈거릴 흔), 昕(새벽 흔), 忻(기뻐할 흔)

*음오행이 金인 글자

使(부릴 사), 舍(집 사), 事(일 사), 社(단체 사), 沙(모래 사), 祀(제사 사), 疝(산증 산), 乷(음역자 살), 尙(숭상할 상), 牀(평상 상), 狀(모양 상), 抒(떠낼 서), 昔(옛 석), 析(쪼갤 석), 姓(성 성), 所(곳 소), 松(소나무 송), 刷(인쇄할 쇄), 受(받을 수), 垂(드리울 수), 岫(산굴 수), 峀(산굴 수), 叔(아재비 숙), 承(이을 승), 昇(오를 승), 始(처음 시), 侍(모실 시), 侁(떼지어갈 신), 呻(읊을 신), 沁(물스며들 심), 沈(빠질 심), 姊(누이 자), 刺(찌를 자), 炙(친근할 자), 秄(북돋울 자), 長(어른 장), 狀(모양 장), 爭(다툴 쟁), 底(밑 저), 咀(저주 저), 姐(누이 저), 杵(방망이 저), 的(목표 적), 狄(오랑캐 적), 炙

(고기구울 적), 典(법 전), 佺(신선이름 전), 折(꺾을 절), 店(가게 점), 岾(고개 점), 政(정사 정), 定(정할 정), 征(칠 정), 姃(단정할 정), 制(법 제), 卒(군사 졸), 宗(마루 종), 柊(메종), 宙(집 주), 周(두루 주), 侏(난장이 주), 呪(빌 주), 拄(버틸 주), 枝(가지 지), 知(알 지), 沚(물가 지),泜(가지런할 지), 直(곧을 직), 杁(바디 진), 侄(굳을 질), 帙(책갑 질), 侘(뽐낼 차), 刹(절 찰), 昌(창성할 창), 采(캘 채), 妻(아내 처), 坧(기지 척), 刺(찌를 척), 玔(옥고리 천), 妾(첩 첩), 帖(문서 첩), 靑(푸를 청), 抄(베낄 초), 炒(볶을 초), 岧(높을 초), 竺(대나무 축), 忠(충성 충), 沖(온화할 충), 取(취할 취), 炊(밥지을 취), 侈(사치할 치), 沈(가라앉을 침), 枕(베개 침), 快(빠를 쾌)

***음오행이 水인 글자**

妹(누이 매), 枚(줄기 매), 孟(맏 맹), 盲(장님 맹), 氓(백성 맹), 沔(물흐를 면), 命(목숨 명), 明(밝을 명), 姆(여스승 모), 牧(목장 목), 沐(목욕할 목), 沒(빠질 몰), 歿(죽을 몰), 杳(어두울 묘), 武(무사 무), 門(문 문), 汶(물이름 문), 炆(연기날 문), 物(만물 물), 沕(숨을 물), 味(맛 미), 旻(하늘 민), 旼(온화할 민), 岷(산봉우리 민), 忞(힘쓸 민), 枋(나무이름 방), 房(집 방), 放(내놓을 방), 昉(밝을 방), 杯(잔 배), 佰(일백 백), 帛(비단 백), 幷(어우를 병), 秉(잡을 병), 並(나란할 병), 服(옷 복), 宓(편안할 복), 乶(음역자 볼), 奉(받들 봉), 扶(도울

부), 府(마을 부), 咐(분부할 부), 斧(도끼 부), 阜(언덕 부), 奔(달릴 분), 汾(물이름 분), 忿(분할 분), 扮(꾸밀 분), 盼(햇빛 분), 彿(비슷할 불), 朋(벗 붕), 非(아닐 비), 批(비평할 비), 卑(낮을 비), 枇(참빗 비), 把(잡을 파), 坡(비탈 파), 杷(비파나무 파), 爬(긁을 파), 板(널조각 판), 版(인쇄 판), 八((여덟 팔), 佩(찰 패), 沛(늪 패), 坪,(들 평), 咆(성낼 포), 彼(저 피)

9) 인명용 9획 한자

*음오행이 木인 글자

架(시렁 가), 柯(줄기 가), 枷(도리깨 가), 看(볼 간), 柬(분별할 간), 肝(간 간), 姦(간사할 간), 竿(장대 간), 曷(어찌 갈), 柑(감귤 감), 姜(강할 강), 舡(오나라배 강), 皆(다 개), 疥(옴 개), 玠(큰홀 개), 客(손 객), 炬(횃불 거), 拒(막을 거), 建(세울 건), 怯(겁낼 겁),

巠

(찰 경) 俓(곧을 경), 勁(굳셀 경), 癸(경도 계), 界(지경 계), 計(셀 계), 係(이을 계), 契(계약 계), 故(옛 고), 枯(마를 고), 沽(팔 고), 科(과거 과), 冠(갓 관), 怪(괴이할 괴), 拐(속일 괴), 咬(음란할 교), 姣(예쁠 교), 九(아홉 구), 拘(거리낄 구), 狗(개 구), 枸(구기자나무 구), 垢(때 구), 軍(군사 군), 芎(궁궁이 궁), 机(책상 궤), 軌(바퀴굴대 궤), 奎(별 규), 赳(재능 규), 畇(밭개간할 균), 剋(이길

극), 契(맺을 글), 急(급할 급), 矜(숭상할 긍), 紀(해 기), 祈(빌 기), 祇(고할 기), 姞(계집 길)

***음오행이 火인 글자**

柰(능금나무 나), 拏(잡을 나), 南(남녘 남), 耐(견딜 내), 柰(능금나무 내), 拈(집을 념), 怒(성낼 노), 泥(진흙 니), 柅(굄목 니), 段(조각 단), 彖(판단할 단), 沓(논 답), 待(기다릴 대), 度(법도 도), 突(부딪칠 돌), 垌(동막이 동), 剆(칠 라), 剌(어그러질 랄), 拉(꺾을 랍), 亮(밝을 량), 侶(짝 려), 昤(빛날 령), 怜(영리할 령), 泠(깨우칠 령), 柳(버드나무 류), 律(법 률), 俚(속될 리), 俐(똑똑할 리), 厘(털끝 리), 咤(꾸짖을 타), 拖(당길 타), 度(잴 탁), 拓(박을 탁), 柝(열 탁), 炭(숯 탄), 眈(노려볼 탐), 泰(클 태), 怠(게으를 태), 殆(위태할 태), 垞(언덕 택)

***음오행이 土인 글자**

俄(기울 아), 押(찍을 압), 狎(익숙할 압), 殃(재앙 앙), 怏(불만 앙), 哀(슬플 애), 耶(아버지 야), 約(묶을 약), 昜(볕 양), 彥(선비 언), 疫(돌림병 역), 沿(좇을 연), 衍(넘칠 연), 姸(고울 연), 兗(연주 연), 咽(막힐 열), 染(물들일 염), 泳(헤엄칠 영), 映(비칠 영), 盈(찰 영), 俉(맞이할 오), 屋(집 옥), 昷어질 온), 瓮(항아리 옹), 玩(장난할 완), 娃(예쁠 왜), 歪(기울 왜), 畏(두려워할 외), 要(중요로울 요), 姚(예쁠 요), 拗(꺾을 요), 勇(날랠 용), 俑(목우 용),

禹(펼 우), 紆(얽을 우), 芋(토란 우), 昱(빛날 욱), 怨(원망할 원), 垣(담장 원), 爰(이에 원), 威(위엄 위), 韋(가죽 위), 油(기름 유), 柔(부드러울 유), 幽(그윽할 유), 宥(용서할 유), 兪(그러할 유), 柚(유자나무 유), 囿(동산 유), 玧(귀막이옥 윤), 垠(지경 은), 音(소리 음), 泣(울 읍), 怡(기뻐할 이), 姨(이모 이), 姻(혼인 인), 咽(목구멍 인), 姙(아이밸 임), 河(운하 하), 昰(여름 하), 虐(해칠 학), 咸(다 함), 哈(웃는소리 합), 巷(거리 항), 姮(항아 항), 缸(항아리 항), 肛(항문 항), 咳(기침 해), 垓(지경 해), 孩(어릴 해), 香(향기 향), 革(가죽 혁), 奕(클 혁), 泫(이슬빛날 현), 炫(빛날 현), 昡(햇빛 현), 俔(비유할 현), 怰(팔 현), 頁(머리 혈), 俠(협객 협), 型(본보기 형), 泂(멀 형), 炯(빛날 형), 狐(여우 호), 紅(붉을 홍), 泓(물맑을 홍), 虹(무지개 홍), 哄(노랫소리 홍), 奐(빛날 환), 宦(내관 환), 紈(맺을 환), 皇(임금 황), 況(모양 황), 徊(배회할 회), 廻(돌 회), 後(뒤 후), 厚(두터울 후), 侯(제후 후), 垕(땅이름 후), 紇(명주실 흘), 姬(아씨 희), 俙(비슷할 희)

***음오행이 金인 글자**

思(생각 사), 査(조사할 사), 泗(물이름 사), 砂(모래 사), 俟(클 사), 柶(수저 사), 削(깎을 삭), 衫(적삼 삼), 峠(고개 상), 相(서로 상), 庠(학교 상), 牲(희생 생), 省(재앙 생), 叙(차례 서), 宣(베풀 선), 泄(물샐 설), 契(사람이름 설),

性(성품 성), 星(별 성), 省(살필 성), 昭(맑을 소), 沼(늪 소), 炤(밝을 소), 柖(과녁 소), 俗(풍습 속), 帥(거느릴 솔), 首(머리 수), 帥(장수 수), 盾(방패 순), 徇(두루 순), 是(이 시), 施(베풀 시), 柴(제사지낼 시), 屍(주검 시), 屎(똥 시), 柹(감나무 시), 食(밥 식), 信(믿을 신), 室(집 실), 甚(심할 심), 姿(맵시 자), 咨(물을 자), 昨(어제 작), 芍(작약 작), 斫(벨 작), 炸(터질 작), 哉(비로소 재), 抵(다다를 저), 沮(막을 저), 狙(원숭이 저), 前(앞 전), 畑(화전 전), 貞(곧을 정), 亭(정자 정), 訂(바로잡을 정), 柾(나무 정), 炡(빛날 정), 穽(함정 정), 酊(술취할 정), 帝(임금 제), 俎(도마 조), 昭(밝을 조), 拙(옹졸할 졸), 姝(예쁠 주), 注(물댈 주), 柱(기둥 주), 奏(아뢸 주), 炷(심지 주), 紂(말고삐 주), 俊(뛰어날 준), 重(무거울 중), 卽(곧 즉), 祉(복 지), 咫(길이 지), 枳(해칠 지), 拸(되돌릴 진), 殄(다할 진), 昣(밝을 진), 姪(조카 질), 姹(소녀 차), 昶(화창할 창), 柵(목책 책), 拓(넓힐 척), 泉(샘 천), 穿(구멍 천), 沾(더할 첨), 剃(털깎을 체), 招(부를 초), 肖(닮을 초), 秒(초 초), 促(절박할 촉), 秋(가을 추), 抽(당길 추), 酋(두목 추), 春(봄 춘), 治(다스릴 치), 峙(우뚝솟을 치), 則(법칙 칙), 勅(조서 칙), 柒(옻칠 칠), 侵(침범할 침)

***음오행이 水인 글자**

抹(칠할 말), 沫(침 말), 罔(그물 망), 芒(가시 망), 昧(새

벽 매), 勉(힘쓸 면), 面(낯 면), 眄(애꾸눈 면), 明(밝게볼 명), 某(아무 모), 冒(무릅쓸 모), 侮(깔볼 모), 昴(묘낼 묘), 玅(땅이름 묘), 拇(엄지손가락 무), 美(아름다울 미), 眉(눈썹 미), 玟(옥돌 민), 敃(강할 민), 泯(멸할 민), 砇(옥돌 민), 泊(배댈 박), 拍(박자 박), 叛(배반할 반), 拌(쪼갤 반), 泮(학교 반), 盼(눈예쁠 반), 拔(가릴 발), 勃(변색할 발), 拜(절 배), 柏(잣나무 백), 泛(뜰 범), 法(법 법), 炳(빛날 병), 柄(자루 병), 昺(밝을 병), 保(보전할 보), 俌(도울 보), 封(봉할 봉), 負(입을 부), 赴(알릴 부), 訃(부고 부), 盆(동이 분), 拂(떨칠 불), 飛(날 비), 毖(삼갈 비), 毗(도울 비), 毘(도울 비), 沸(물끓을 비), 泌(샘물흐를 비), 秕(쭉정이 비), 砒(비소 비), 玭(구슬이름 빈), 波(물결 파), 便(편할 편), 扁(납작할 편), 枰(판 평), 泙(물소리 평), 抱(안을 포), 匍(길 포), 怖(떨 포), 抛(던질 포), 泡(거품 포), 表(모습 표), 品(물건 품), 風(바람 풍), 披(나눌 피), 泌(샘물흐를 필)

10) 인명용 10획 한자

***음오행이 木인 글자**

家(집 가), 哥(노래 가), 痂(팔다리병 가), 珂(옥이름 가), 哿(좋을 가), 珏(쌍옥 각), 恪(조심할 각), 栞(표지 간), 疳(감병 감), 剛(굳셀 강), 個(낱 개), 芥(겨자 개), 豈(어찌

개), 倨(거만할 거), 祛(보낼 거), 虔(베풀 건), 桀(홰 걸), 格(자리 격), 肩(어깨 견), 缺(모자랄 결), 兼(겸할 겸), 耕(갈 경), 徑(지름길 경), 倞(굳셀 경), 耿(빛 경), 勍(셀 경), 桂(계수나무 계), 烓(화덕 계), 高(높을 고), 庫(창고 고), 拷(칠 고), 羔(새끼양 고), 股(넓적다리 고), 哭(울 곡), 骨(뼈 골), 恭(공손할 공), 恐(두려워할 공), 貢(바칠 공), 蚣(지네 공), 拱(껴안을 공), 括(묶을 괄), 恝(걱정없을 괄), 洸(굳셀 광), 桄(베틀 광), 紘(갓끈 굉), 肱(팔뚝 굉), 校(학교 교), 狡(간교할 교), 俱(함께 구), 矩(곱자 구), 玽(옥돌 구), 宮(집 궁), 躬(몸 궁), 拳(주먹 권), 倦(게으를 권), 鬼(귀신 귀), 根(뿌리 근), 芹(미나리 근), 衾(이불 금), 衿(옷깃 금), 芩(풀이름 금), 級(등급 급), 肯(긍정할 긍), 記(기록할 기), 起(일어날 기), 氣(기운 기), 豈(어찌 기), 耆(늙을 기), 桔(도라지 길), 拮(일할 길)

***음오행이 火인 글자**

娜(아리따울 나), 拿(붙잡을 나), 拏(사로잡을 나), 納(바칠 납), 衲(옷수선할 납), 娘(소녀 낭), 恬(편안할 념), 紐(끈 뉴), 爹(아비 다), 疸(황달 달), 倓(고요할 담), 唐(당나라 당), 玳(대모 대), 島(섬 도), 徒(무리 도), 倒(넘어질 도), 挑(뛸 도), 桃(복숭아 도), 洞(동네 동), 桐(오동나무 동), 凍(얼 동), 疼(아플 동), 烔(태울 동), 芚(둔나물 둔), 洛(물이름 락), 烙(지질 락), 倆(재주 량), 凉(서늘할 량),

旅(나그네 려), 烈(세찰 렬), 洌(맑을 렬), 玲(금옥소리 령), 料(헤아릴 료), 留(머무를 류), 倫(인륜 륜), 栗(밤 률), 淩(깔볼 릉), 唎(가는소리 리), 砬(약돌 립), 倬(클 탁), 託(부탁할 탁), 耽(즐길 탐), 討(다스릴 토), 洞(꿰뚫을 통), 套(덮개 투), 特(특히 특)

***음오행이 土인 글자**

芽(싹 아), 娥(예쁠 아), 峨(높을 아), 哦(옳을 아), 案(초안 안), 晏(맑을 안), 按(살필 안), 秧(벼의모 앙), 埃(먼지 애), 弱(약할 약), 洋(큰바다 양), 恙(근심 양), 圄(감옥 어), 俺(나 엄), 宴(잔치 연), 娟(예쁠 연), 娫(빛날 연), 芮(물가 예), 倪(어린이 예), 玴(옥돌 예), 烏(까마귀 오), 娛(즐거워할 오), 翁(늙은이 옹), 邕(막을 옹), 垸(바를 완), 倭(왜국 왜), 窈(고요할 요), 辱(욕볼 욕), 容(얼굴 용), 埇(길돋울 용), 祐(도울 우), 迂(굽을 우), 彧(문채 욱), 栯(산앵두 욱), 耘(김맬 운), 芸(향풀이름 운), 原(근원 원), 員(인원 원), 袁(옷길 원), 洹(물이름 원), 洧(물이름 유), 秞(무성할 유), 育(기를 육), 恩(은혜 은), 殷(클 은), 倚(기댈 의), 益(더할 익), 蚓(지렁이 인), 茵(풀이름 인), 恁(믿을 임), 芿(풀 잉), 夏(여름 하), 恨(한 한), 恒(항상 항), 航(배 항), 桁(수갑 항), 害(해칠 해), 奚(종 해), 核(핵심 핵), 倖(요행 행), 軒(처마 헌), 峴(고개 현), 玹(옥빛 현), 眩(현혹할 현), 峽(골짜기 협), 祜(복 호), 芦(지황 호), 笏

(홀 홀), 洪(클 홍), 烘(밝을 홍), 訌(모함할 홍), 花(꽃 화), 桓(굳셀 환), 活(살 활), 晃(밝을 황), 愰(어두울 황), 晄(밝을 황), 恢(넓을 회), 效(본받을 효), 哮(성낼 효), 肴(안주 효), 候(기후 후), 訓(가르칠 훈), 烋(아름다울 휴), 恤(동정할 휼), 洶(물소리 흉), 訖(미칠 흘), 洽(화목할 흡), 恰(적합할 흡)

***음오행이 金인 글자**

射(쏠 사), 唆(대답할 사), 祠(사당 사), 師(스승 사), 紗(깁 사), 娑(춤출 사), 朔(초하루 삭), 索(동아줄 삭), 珊(산호 산), 芟(풀벨 삼), 桑(뽕나무 상), 索(찾을 색), 書(글 서), 徐(천천히 서), 恕(용서할 서), 席(자리 석), 祏(섬 석), 扇(부채질할 선), 洒(물뿌릴 선), 屑(가루 설), 洩(샐 설), 剡(날카로울 섬), 閃(번쩍할 섬), 城(재 성), 娀(아름다울 성), 宬(서고 성), 洗(씻을 세), 洒(물뿌릴 세), 宵(밤 소), 素(바탕 소), 笑(웃을 소), 玿(아름다운옥 소), 孫(손자 손), 衰(쇠할 쇠), 釗(쇠 쇠), 修(닦을 수), 殊(벨 수), 洙(물가 수), 狩(사냥 수), 純(순수할 순), 殉(따라죽을 순), 洵(진실로 순), 恂(정성 순), 栒(가름대나무 순), 拾(주을 습), 乘(탈 승), 翅(날개 시), 豺(승냥이 시), 時(때 시), 恃(믿을 시), 息(숨쉴 식), 拭(지을 식), 栻(점판 식), 神(귀신 신), 迅(빠를 신), 訊(물을 신), 娠(애밸 신), 宸(처마 신), 芯(등심초 심), 十(열 십), 拾(열 십), 恣(방자할 자), 疵(흠

자), 玆(검을 자), 酌(따를 작), 奘(클 장), 栽(심을 재), 宰(재상 재), 財(재물 재), 疽(종기 저), 展(펼 전), 栓(나무못 전), 庭(조정 정), 釘(못 정), 祖(조상 조), 租(세금 조), 晁(아침 조), 祚(복 조), 凋(시들 조), 曺(무리 조), 蚤(벼룩 조), 倧(한배 종), 座(자리 좌), 酒(술 주), 株(그루 주), 洲(섬 주), 酎(소주 주), 峻(높을 준), 埈(험할 준), 准(허가할 준), 隼(송골매 준), 葰(테두리 준), 症(증세 증), 拯(건질 증), 烝(찔 증), 指(손발가락 지), 紙(종이 지), 持(가질 지), 祗(공경할 지), 芝(영지 지), 砥(숫돌 지), 肢(사지 지), 芷(구리때 지), 沚(섬 지), 眞(참 진), 珍(보배 진), 晉(나아갈 진), 津(나루 진), 秦(진나라 진), 唇(놀랄 진), 畛(밭두렁 진), 疹(홍역 진), 秩(차례 질), 疾(병 질), 桎(차꼬 질), 朕(조짐 짐), 借(빌릴 차), 差(틀릴 차), 窄(좁을 착), 站(역마을 참), 倉(곳집 창), 倡(가무 창), 砦(진칠 채), 凄(쓸쓸할 처), 倜(높이들 척), 剔(깎을 척), 隻(외짝 척), 哲(밝을 철), 哨(망볼 초), 芻(꼴 추), 祝(빌 축), 畜(가축 축), 衷(참마음 충), 臭(냄새 취), 致(이룰 치), 值(값 치), 恥(부끄럼 치), 蚩(어리석을 치), 針(바늘 침), 砧(방치돌 침), 秤(저울 칭)

***음오행이 水인 글자**

馬(말 마), 娩(순산할 만), 秣(끝 말), 邙(산이름 망), 埋(묻을 매), 眠(잠잘 면), 冥(어두울 명), 洺(명수 명), 袂(소매 몌), 芼(나물 모), 耗(줄일 모), 畝(이랑 묘), 畝(이랑 무), 紋(무늬 문), 們(들 문), 蚊(모기 문), 紊(어지러울 문), 珉(옥돌 민), 珀(호박 박), 剝(벗길 박), 般(돌 반), 畔(두둑 반), 芳(꽃다울 방), 倣(본뜰 방), 旁(두루 방), 舫(쌍배 방), 肪(기름 방), 紡(실 방), 蚌(조개 방), 倍(곱 배), 配(짝지을 배), 俳(장난 배), 栢(잣나무 백), 便(문득 변), 病(병 병), 竝(나란할 병), 倂(나란히할 병), 洑(나루 보), 峯(산봉우리 봉), 俸(녹 봉), 芙(연꽃 부), 俯(숨을 부), 剖(쪼갤 부), 釜(가마 부), 紛(어지러울 분), 粉(가루 분), 芬(향내날 분), 肥(살찔 비), 祕(숨길 비), 粃(쭉정이 비), 匪(아닐 비), 破(깨뜨릴 파), 派(갈래 파), 芭(파초 파), 唄(찬불 패), 肺(허파 폐), 砲(대포 포), 哺(먹을 포), 圃(밭 포), 疱(마마 포), 豹(표범 표), 俵(흩을 표), 疲(고달플 피), 珌(칼집장식 필)

11) 인명용 11획 한자

*음오행이 木인 글자

假(거짓 가), 苛(잔풀 가), 茄(연줄기 가), 袈(승려옷 가), 桿(나무이름 간), 紺(감색 감), 勘(헤아릴 감), 胛(어깨 갑), 強(강할 강), 康(편안할 강), 堈(언덕 강), 崗(산등성이 강), 盖(덮을 개), 乾(하늘 건), 健(굳셀 건), 偈(쉴 게), 堅(굳을 견), 牽(끌 견), 訣(비결 결), 竟(마칠 경), 頃(기울

경), 梗(막힐 경), 涇(통할 경), 烱(빛날 경), 絅(끌어죌 경), 械(기구 계), 啓(열 계), 苦(쓸 고), 皐(고할 고), 菰(줄 고), 斛(헤아릴 곡), 梏(쇠고랑 곡), 崑(곤륜산 곤), 梱(문지방 곤), 袞(곤룡포 곤), 珙(옥 공), 貫(꿸 관), 梡(도마 관), 珖((옥피리 광), 敎(가르칠 교), 晈(달빛 교), 救(구원할 구), 區(구역 구), 苟(진실로 구), 耈(명길 구), 寇(도둑 구), 毬공 구), 國(나라 국), 堀(굴 굴), 圈(둘레 권), 眷(돌볼 권), 規(법 규), 珪(서옥 규), 硅(규소 규), 近(가까울 근), 基(터 기), 旣(이미 기), 寄(부칠 기), 飢(주릴 기), 琦(갑 기), 崎(험할 기)

***음오행이 火인 글자**

那(편안할 나), 捏(이길 날), 訥(과묵할 눌), 匿(숨길 닉), 蛋(새알 단), 袒(옷벗어맬 단), 啖(먹을 담), 聃(귓바퀴없을 담), 堂(집 당), 帶(띠 대), 袋(자루 대), 豚(돼지 돈), 動(움직일 동), 兜(투구 두), 得(얻을 득), 珞(구슬목걸이 락), 婪(예쁠 람), 浪(물결 랑), 朗(밝을 랑), 狼(이리 랑), 烺(빛밝을 랑), 崍(산이름 래), 徠(올 래), 略(간단할 략), 梁(들보 량), 笭(작은농 령), 羚(큰양 령), 翎(새깃 령), 聆(좇을 령), 鹵(소금 로), 鹿(사슴 녹), 聊(의지할 료), 累(포갤 루), 婁(빌 루), 流(흐를 류), 崙(곤륜산 륜), 率(비율 률), 勒(굴레 륵), 浬(해리 리), 犁(쟁기 리), 狸(너구리 리), 离(도깨비 리), 梨(배나무 리), 悧(영리할 리), 涖(임할 리),

笠(삿갓 립), 粒(낟알 립), 唾(침 타), 舵(선박키 타), 啄(쪼을 탁), 貪(탐할 탐), 苔(이끼 태), 笞(매질할 태), 胎(아이 밸 태), 桶(통 통), 堆(흙무더기 퇴), 偸(훔칠 투)

***음오행이 土인 글자**

啞(벙어리 아), 訝(맞을 아), 婀(머뭇거릴 아), 堊(백토 악), 眼(눈 안), 庵(암자 암), 俺(머금을 암), 崖(낭떠러지 애), 野(들 야), 倻(땅이름 야), 若(반야 야), 埜(들 야), 若(같을 약), 痒(종기 양), 魚(고기 어), 御(모실 어), 唹(웃을 어), 焉(어찌 언), 偃(쓰러질 언), 悆(잊을 여), 域(지경 역), 硏(연구할 연), 軟(부드러울 연), 涓(물방울 연), 捐(버릴 연), 挻(늘일 연), 涎(침 연), 悅(기쁨 열), 苒(덧없을 염), 英(꽃 영), 迎(맞이할 영), 埤(성가퀴 예), 埶(재주 예), 悟(깨닫을 오), 梧(오동나무 오), 晤(밝을 오), 敖(놀 오), 浯(오수 오), 訛(거짓말 와), 浣(씻을 완), 婠(예쁠 완), 婉(아름다울 완), 梡(도마 완), 欲(하고자할 욕), 浴(목욕 욕), 庸(고용할 용), 涌(솟아날 용), 偶(짝 우), 釪(창고달 우), 雩(기우제 우), 勖(힘쓸 욱), 苑(동산 원), 婉(고울 원), 寃(원통할 원), 偉(클 위), 胃(밥통 위), 尉(벼슬이름 위), 唯(오직 유), 悠(멀 유), 婑(아리따울 유), 逌(만족할 유), 堉(기름진땅 육), 胤(이을 윤), 垠(땅끝 은), 訢(삼가고공경할 은), 異(다를 이), 痍(상처 이), 苡(질경이 이), 珥(귀고리 이), 移(옮길 이), 翊(도울 익), 翌(이튿날 익), 寅

(범 인), 荏(생각할 임), 悍(사나울 한), 啣(머금을 함), 盒(그릇 합), 海(바다 해), 偕(함께 해), 珦(옥이름 향), 許(허락할 허), 焃(붉을 혁), 絃(줄 현), 晛(일광 현), 衒(팔 현), 舷(뱃전 현), 挾(낄 협), 浹(두루미칠 협), 狹(좁을 협), 邢(나라이름 형), 珩(패옥 형), 彗(비 혜), 胡(오랑캐 호), 浩(넓을 호), 毫(붓 호), 皓(빛날婋호), 扈(따를 호), 瓠(단지 호),

(계집영리할 호), 婚(혼인할 혼), 貨(재화 화), 患(근심 환), 睆(밝을 환), 凰(봉황새 황), 悔(뉘우칠 회), 晦(감출 회), 淮(강이름 회), 涍(물가 효), 梟(영웅 효), 珝(옥이름 후), 焄(김오를 훈), 畦(밭두둑 휴), 痕(흉터 흔), 晞(밝을 희), 烯(밝을 희)

***음오행이 金인 글자**

蛇(뱀 사), 邪(간사할 사), 斜(비스듬할 사), 徙(옮길 사), 赦(용서할 사), 梭(베짜는북 사), 産(낳을 산), 殺(죽일 살), 參(석 삼), 常(항상 상), 商(장사 상), 祥(상서로울 상), 爽(시원할 상), 笙(생황 생), 敍(서문 서), 庶(서민 서), 胥(서로 서), 悆(기뻐할 서), 船(배 선), 旋(돌아올 선), 珗(옥돌 선), 雪(눈 설), 設(베풀 설), 卨(높을 설), 涉(건널 섭), 晟(밝을 성), 胜(비릴 성), 細(자세할 세), 笹(조릿대 세), 消(사라질 소), 紹(이을 소), 巢(새집 소), 疏(멀리할 소), 梳(빗 소), 涑(빨 속), 湌(먹을 손), 率(거느릴 솔), 悚(두려울 송), 訟(송사할 송), 殺(죽일 쇄), 羞(바칠 수), 袖(소매 수), 宿(묵을 숙), 孰(누구 숙), 珣(옥이름 순), 術(꾀 술), 崇(높을 숭), 崧(산이름 숭), 習(익힐 습), 匙(숟가락 시), 偲(굳셀 시), 埴(찰흙 식), 晨(새벽 신), 紳(벼슬아치 신), 悉(갖출 실), 者(놈 자), 紫(자주빛 자), 瓷(사기그릇 자), 雀(참새 작), 章(글 장), 將(장수 장), 張(베풀 장), 帳(휘장 장), 梓(가래나무 재), 苧(모시풀 저), 紵(모시 저), 笛(피리 적), 寂(고요할 적), 專(오르지 전), 剪(가위 전), 悛(고칠 전), 晢(밝을 절), 浙(쌀씻을 절), 粘(붙을 점), 頂(이마 정), 挺(빼어날 정), 偵(염탐할 정), 桯(기둥 정), 停(머무를 정), 涏(곧을 정), 旌(기장목 정), 埩(밭갈 정), 彭(청정할 정), 梃(몽둥이 정), 胜(비릴 정), 第(차례 제), 祭(제사 제), 悌(공손할 제), 梯(사닥다리 제), 鳥(새 조), 條(가지 조), 組(끈 조), 彫(새길 조), 窕(조용할 조), 釣(낚시 조), 曹(무리 조), 眺(살필 조), 粗(거칠 조), 族(겨레 족), 終(끝날 종), 從(좇을 종), 挫(꺾을 좌), 晝(낮 주), 胄(자손 주), 珠(구슬 주), 做(지을 주), 紬(명주 주), 浚(깊을 준), 晙(밝을 준), 焌(구울 준), 埻(과녁 준), 茁(풀싹 줄), 趾(발 지), 振(떨칠 진), 桭(대청 진), 袗(홑옷 진), 昣(밝을 진), 窒(막힐 질), 執(잡을 집), 捉(잡을 착), 紮(감을 찰), 參(참여할 참), 斬(벨 참), 唱(부를 창), 窓(창문 창), 娼(창녀 창), 彩(채색 채), 埰(식읍 채), 寀(채지 채), 釵(비녀 채), 責(빚 채), 婇(여자이름 채), 責(꾸짖을 책), 處(곳 처), 戚(겨레 척), 阡(길 천), 釧(팔찌 천), 悊(공경할 철), 甛(달 첨), 涕(울 체), 梢(꼬리 초), 苕(원두 초), 鈔(좋은쇠 초), 邨(마을 촌), 悤(바쁠 총), 崔(높을 최), 琉(귀고리 충), 娶(장가들 취), 側(곁 측), 厠(뒷간 측), 梔(치자나무 치), 痔(치질 치), 浸(잠길 침)

***음오행이 水인 글자**

痲(삼 마), 晩(저물 만), 曼(길 만), 挽(당길 만), 茉(말리꽃 말), 望(바랄 망), 梅(매화나무 매), 苺(딸기 매), 麥(보리 맥), 覓(찾을 멱), 冕(면류관 면), 眸(눈 모), 茅(띠 모), 苗(모 묘), 茂(무성할 무), 務(일 무), 問(물을 문), 梶(나무끝 미), 敏(민첩할 민), 密(은밀할 밀), 舶(배 박), 粕(지게미 박), 絆(줄 반), 班(나눌 반), 返(돌아올 반), 訪(찾을 방), 邦(나라 방), 培(북돋울 배), 背(등 배), 徘(노닐 배), 胚(아이밸 배), 范(날벌레 범), 梵(범어 범), 釩(바나듐 범), 屛(병풍 병), 甁(단지 병), 琺(보배 보), 匐(엎드려길 복), 烽(봉화 봉), 婦(아내 부), 浮(뜰 부), 符(도장 부), 副(버금 부), 埠(선창 부), 趺(발등 부), 崩(무너질 붕), 婢(계집종 비), 浜(물가 빈), 貧(가난할 빈), 彬(빛날 빈), 邠(나라이름 빈), 婆(할미 파), 販(팔 판), 捌(깨뜨릴 팔), 敗(패할 패), 浿(물가 패), 悖(거스릴 패), 狽(이리 패), 烹(삶을 팽), 偏(치우칠 편), 閉(닫을 폐), 胞(세포 포), 浦(물가 포), 捕(잡을 포), 匏(박 포), 袍(두루마기 포), 苞(풀이름 포), 票(쪽지 표), 彪(범 표), 被(입을 피), 畢(그물 필), 苾(향내 필)

12) 인명용 12획 한자

***음오행이 木인 글 자**

街(거리 가), 迦(부처이름 가), 訶(꾸짖을 가), 跏(난쟁이 가), 軻(굴래 가), 殼(껍질 각), 間(사이 간), 稈(짚 간), 喝(꾸짖을 갈), 敢(굳셀 감), 堪(견딜 감), 嵌(산깊을 감), 邯(땅이름 감), 强(강할 강), 絳(진홍색 강), 開(열 개), 凱(이길 개), 喀(토할 객), 距(떨어질 거), 据(일할 거), 傑(준걸 걸), 鈐(자물쇠 검), 迲(갈 겁), 結(맺을 결), 景(경치 경), 硬(강할 경), 卿(벼슬 경), 痙(경련할 경), 堺(지경 계), 悸(두근거릴 계), 棨(창 계), 袴(바지 고), 辜(허물 고), 雇(품살 고), 控(당길 공), 款(정성 관), 棺(널 관), 筐(침상 광), 胱(방광 광), 掛(걸릴 괘), 傀(클 괴), 喬(높을 교), 絞(목맬 교), 蛟(교룡 교), 球(구슬 구), 邱(언덕 구), 窘(막힐 군), 掘(팔 굴), 淃(물돌아흐를 권), 捲(거둘 권), 厥(숙일 궐), 貴(귀할 귀), 晷(햇빛 귀), 鈞(고르게할 균), 戟(창 극), 棘(가시성 극), 筋(힘줄 근), 給(줄 급), 期(때 기), 幾(빌미 기), 欺(속일 기), 棄(버릴 기), 淇(물이름 기), 棋(바둑 기), 碁(아기돌 기), 喫(마실 끽)

***음오행이 火인 글자**

喇(나팔 나), 旑(깃발펄럭일 나), 胗(살찔 나), 捺(누를 날), 捻(비틀 념), 鈕(손잡이 뉴), 能(능할 능), 寀

(깊을 다), 茶(차 다), 單(홀로 단), 短(짧을 단), 淡(묽을 담), 覃(펴질 담), 答(대답할 답), 棠(해당화 당), 貸(빌릴 대), 盜(도둑 도), 堵(담 도), 棹(노 도), 屠(잡을 도), 悼(슬퍼할 도), 掉(흔들 도), 淘(일 도), 敦(도타울 돈), 惇(인정두터울 돈), 焞(성할 돈), 童(아이 동), 棟(마룻대 동), 胴(큰창자 동), 痘(천연두 두), 阧(수문 두), 鈍(무딜 둔), 等(등급 등), 登(오를 등), 喇(나팔 라), 絡(두를 락), 嵐(산기운 람), 琅(옥돌 랑), 掠(노략질할 략), 量(양 량), 涼(서늘할 량), 裂(찢을 렬), 勞(수고할 로), 虜(하인 로), 淚(눈물 루), 琉(유리 류), 硫(유황 류), 淪(물놀이 륜), 嵂(가파를 률), 痢(설사 리), 理(다스릴 리), 淋(물뿌릴 림), 棽(무성할 림), 晫(밝을 탁), 探(찾을 탐), 邰(나라이름 태), 跆(밟을 태), 鈦(티타늄 태), 統(거느릴 통), 通(아플 통), 筒(대롱 통)

***음오행이 土인 글자**

雅(바를 아), 惡(악할 악), 幄(휘장 악), 雁(기러기 안), 涯(물가 애), 液(즙 액), 掖(부축할 액), 馭(다스릴 어), 堰(방죽 언), 掩(가릴 엄), 淹(담글 엄), 茹(먹을 여), 暘(볕날 역), 然(그럴 연), 硯(벼루 연), 淵(못 연), 堧(빈터 연), 焰(불꽃 염), 詠(읊을 영), 猊(사자 예), 珸(옥돌 오), 惡(미워할 오), 蛙(음란할 와), 琓(서옥 완), 椀(주발 완), 阮(관문 이름 완), 堯(높을 요), 茸(녹용 용), 傛(아름다울 용), 寓(붙어살 우), 堣(모퉁이 우), 雲(구름 운), 雄(수컷 웅), 媛(아름다울 원), 阮(관이름 원), 越(넘을 월), 爲(위할 위), 圍(둘레 위), 惟(오직 유), 庾(곳집 유), 喩(깨달을 유), 釉(광택 유), 閏(윤달 윤), 銃(창 윤), 阭(높을 윤), 絨(융 융), 淫(음란할 음), 愔(화평할 음), 椅(노나무 의), 荑(벨 이), 貳(두 이), 貽(끼칠 이), 婯胆(기쁠 이),

(힘줄이질길 이), 絪(기운 인), 茵(풀이름 인), 靭(질길 인), 壹(한 일), 荏(들깨 임), 剩(남을 잉), 賀(하례할 하), 閑(한가할 한), 寒(찰 한), 閒(틈 한), 割(나눌 할), 涵(담글 함), 喊(소리 함), 蛤(대합조개 합), 項(조목 항), 荇(마름풀 행), 涬(기운 행), 虛(빌 허), 焱(화염 혁), 現(나타날 현), 絢(노끈 현), 晛(고울 현), 脅(겨드랑이 협), 脇(겨드랑이 협), 荊(가시나무 형), 惠(은혜 혜), 皓(깨끗할 호), 淏(맑을 호), 壺(병 호), 惑(미혹 혹), 混(섞을 혼), 惚(황홀할 홀), 畫(그림 화), 喚(부를 환), 黃(누를 황), 荒(거칠 황), 堭(대궐 황), 媓(여자이름 황), 徨(방황할 황), 茴(회향풀 회), 蛔(회충 회), 淆(흐릴 효), 窙(탁트일 효), 喉(목구멍 후), 帿(과녁 후), 喧(시끄러울 훤), 喙(부리 훼), 胸(가슴 흉), 黑(검을 흑), 欽(공경할 흠), 翕(합할 흡), 喜(기쁠 희), 稀(드물 희)

***음오행이 金인 글자**

絲(실 사), 詞(고할 사), 捨(버릴 사), 詐(속일 사), 斯(쪼갤 사), 奢(사치할 사), 散(헤어질 산), 傘(우산 산), 森(빽빽할 삼), 鈒(창삽 삽), 喪(복입을 상), 象(코끼리 상), 翔(날 상), 廂(행랑 상), 甥(생질 생), 壻(사위 서), 黍(기장 서), 絮(솜 서), 犀(무소뿔 서), 舒(펼 서), 棲(깃들일 서), 捿(새깃들일 서), 惜(아낄 석), 淅(쌀일 석), 晳(밝을 석), 舃(신 석), 善(착할 선), 琁(옥 선), 卨(사람이름 설), 盛(성할 성), 珹(옥 성), 貹(재물 성), 稅(거둘 세), 貰(세낼 세), 訴(하소연할 소), 掃(소제 소), 疎(멀리할 소), 邵(고을이름 소), 甦(소생할 소), 粟(조 속), 巽(사양할 손), 淞(물이름 송), 授(줄 수), 須(수염 수), 茱(수유나무 수), 琇(옥돌 수), 淑(맑을 숙), 順(차례 순), 循(돌 순), 荀(풀이름 순), 筍(대순 순), 舜(순임금 순), 淳(순박할 순), 焞(밝을 순), 述(말할 술), 勝(이길 승), 視(볼 시), 弑(죽일 시), 媤(시집 시), 猜(원망할 시), 媞(편안할 시), 植(심을 식), 殖(번성할 식), 寔(진실로 식), 深(깊을 심), 尋(찾을 심), 茨(지붕이을 자), 舃(까치 작), 殘(남을 잔), 孱(나약할 잔), 棧(잔도 잔), 場(마당 장), 粧(단장 장), 掌(손바닥 장), 裁(결단할 재), 貯(쌓을 저), 邸(집 저), 詛(저주할 저), 迪(나아갈 적), 奠(정할 전), 荃(향초풀 전), 筌(통발 전), 絶(끊을 절), 接(접할 접), 情(뜻 정), 淨(깨끗할 정), 程(한도

정), 珵(패옥 정), 幀(그림족자 정), 珽(옥이름 정), 晶(수정 정), 晸(해뜰 정), 淀(배댈 정), 婷(예쁠 정), 堤(둑 제), 啼(울 제), 媞(편안할 제), 朝(아침 조), 措(놓을 조), 詔(조서 조), 棗(대추 조), 尊(높을 존), 猝(창졸 졸), 淙(물댈 종), 棕(종려나무 종), 悰(즐길 종), 註(주낼 주), 蛛(거미 주), 粥(미음 죽), 竣(마칠 준), 畯(농부 준), 衆(무리 중), 曾(일찍 증), 智(슬기 지), 脂(기름 지), 軫(수레 진), 診(진찰할 진), 蛭(거머리 질), 跌(넘어질 질), 迭(침노할 질), 集(모을 집), 茶(차 차), 硨(차거 차), 着(붙을 착), 創(비롯할 창), 敞(넓을 창), 猖(미쳐날뛸 창), 採(가릴 채), 棌(떡갈나무 채), 策(꾀 책), 悽(슬퍼할 처), 脊(등뼈 척), 淺(얕을 천), 喘(기침 천), 茜(천초 천), 喆(밝을 철), 添(더할 첨), 捷(이길 첩), 堞(치첩 첩), 貼(붙을 첩), 淸(맑을 청), 晴(갤 청), 替(바꿀 체), 草(풀 초), 超(뛰어넘을 초), 焦(그을릴 초), 硝(망초 초), 椒(후초 초), 酢(초 초), 稍(점점 초), 貂(담비 초), 最(가장 최), 推(밀 추), 椎(뭉치 추), 軸(굴대 축), 筑(주을 축), 悴(근심할 췌), 就(이룰 취), 脆(연할 취), 淄(검은빛 치), 琴(우거질 침)

***음오행이 水인 글자**

茫(망망할 망), 賣(살 매), 媒(중매 매), 寐(잠잘 매), 脈(맥 맥), 猛(사나울 맹), 棉(목화 면), 椧(흠통 명), 茗(차싹 명), 帽(모자 모), 無(없을 무), 貿(바꿀 무), 珷(옥돌이름

무), 雯(구름무늬 문), 媚(아첨할 미), 媄(빛고울 미), 嵋(산이름 미), 嵄(깊은산 미), 閔(힘쓸 민), 悶(민망할 민), 迫(핍박할 박), 博(넓을 박), 斑(얼룩 반), 發(쏠 발), 跋(밟을 발), 防(막을 방), 傍(곁할 방), 排(물리칠 배), 焙(불에쬘 배), 番(차례 번), 筏(떼목 벌), 棅(권세 병), 報(갚을 보), 普(넓을 보), 堡(작은성 보), 復(회복할 복), 茯(복령 복), 捧(공경할 봉), 棒(몽둥이 봉), 富(넉넉할 부), 傅(스승 부), 復(다시 부), 焚(탈 분), 雰(안개 분), 賁(클 분), 棚(시렁 붕), 悲(슬플 비), 備(갖출 비), 費(소모할 비), 扉(문짝 비), 斐(문채날 비), 棐(도울 비), 斌(빛날 빈), 跛(절뚝발이 파), 阪(비탈 판), 鈑(금박 판), 牌(간판 패), 彭(띵띵할 팽), 貶(감할 폄), 評(평론할 평), 幅(폭 폭), 馮(탈 풍), 筆(붓 필), 弼(도울 필)

13) 인명용 13획 한자

*음오행이 木인 글자

暇(겨를 가), 嫁(시집갈 가), 賈(값 가), 脚(다리 각), 幹(줄기 간), 揀(분별할 간), 渴(목마를 갈), 減(덜 감), 感(느낄 감), 戡(이길 감), 閘(수문 갑), 鉀(갑옷 갑), 畺(지경 강), 跭(세울 강), 塏(밝을 개), 粳(메벼 갱), 鉅(클 거), 渠(우두머리 거), 楗(문빗장 건), 愆(허물 건), 揭(높이들 게), 絹(명주 견), 鉗(칼 겸), 經(책 경), 敬(공경 경), 傾

(기울일 경), 莖(줄기 경), 脛(정강이 경), 鼓(북 고), 痼(고질 고), 賈(장사 고), 琨(옥돌 곤), 誇(자랑할 과), 跨(넘을 과), 琯(피리 관), 适(빠를 괄), 塊(덩어리 괴), 郊(들 교), 較(비교할 교), 鳩(비둘기 구), 絿(구할 구), 舅(장인 구), 鉤(낫 구), 群(무리 군), 裙(속옷 군), 窟(움 굴), 詭(속일 궤), 揆(헤아릴 규), 邽(고을이름 규), 筠(대나무 균), 極(지극할 극), 勤(부지런할 근), 僅(겨우 근), 禁(금지할 금), 禽(짐승 금), 琴(거문고 금), 琪(옥이름 기), 祺(복 기), 琦(옥이름 기), 畸(험할 기), 碁(바둑 기), 嗜(즐길 기), 稘(돌기)

***음오행이 火인 글자**

暖(따뜻할 난), 煖(따뜻할 난), 楠(매화나무 남), 湳(물이름 남), 寗(차라리 녕), 農(농사 농), 惱(괴로워할 뇌), 亶(믿을 단), 湍(여울 단), 煓(빛날 단), 湛(즐길 담), 痰(천식 담), 當(마땅할 당), 塘(못 당), 跳(뛸 도), 逃(달아날 도), 渡(건널 도), 塗(진흙 도), 督(감독할 독), 頓(조아릴 돈), 荳(콩 두), 酪(과즙 락), 亂(어지러울 란), 廊(행랑 랑), 粮(양식 량), 粱(기장 량), 煉(이길 련), 廉(청렴할 렴), 零(떨어질 령), 鈴(방울 령), 路(길 로), 輅(수레 로), 祿(복 록), 雷(천둥 뢰), 賂(재화 뢰), 旒(깃발 류), 慄(떨 률), 稜(논두렁 릉), 裏(안 리), 莉(말리 리), 琳(옥 림), 惰(버릇 타), 楕(길쭉할 타), 陀(험할 타), 馱(태울 타), 琢(닦을 탁), 琸

(이름 탁), 脫(벗을 탈), 塔(탑 탑), 湯(끓일 탕), 退(물러날 퇴)

***음오행이 土인 글자**

莪(새발쑥 아), 蛾(나방 아), 阿(언덕 아), 衙(관청 아), 愕(놀랄 악), 握(잡을 악), 渥(젖을 악), 暗(몰래 암), 愛(사랑 애), 碍(막을 애), 惹(이끌 야), 椰(야자나무 야), 爺(아비 야), 揶(희롱할 야), 揚(오를 양), 楊(버들 양), 敭(밝을 양), 暘(해돋이 양), 煬(쬘 양), 瘀(어혈 어), 業(업 업), 艅(나룻배 여), 逆(거스를 역), 椽(서까래 연), 鉛(납 연), 煙(연기 연), 筵(대자리 연), 莚(만연할 연), 琰(옥 염), 渶(물맑을 영), 煐(빛날 영), 塋(무덤 영), 暎(비칠 영), 楹(기둥 영), 預(미리 예), 裔(후손 예), 詣(도착할 예), 嗚(탄식할 오), 塢(둑 오), 筽(대이름 오), 蜈(지네 오), 傲(거만할 오), 奧(아랫목 오), 鈺(보배 옥), 媼(할미 온), 雍(화목할 옹), 渦(소용돌이 와), 莞(왕골 완), 琬(옥 완), 碗(식기 완), 脘(밥통 완), 頑(둔할 완), 矮(난장이 왜), 嵬(높을 외), 猥(함부로 외), 湧(솟아날 용), 傭(품팔이 용), 愚(어리석을 우), 虞(헤아릴 우), 惆

(기뻐할 우), 煜(빛날 욱), 郁(땅이름 욱), 頊(멍할 욱), 暈(무리 운), 園(동산 원), 圓(둥글 원), 援(구조할 원), 媛(여자이름 원), 湲(맑을 원), 鉞(도끼 월), 暐(환할 위), 渭(물이름 위), 裕(넉넉할 유), 愈(나을 유), 楡(느릅나무 유),

猶(원숭이 유), 猷𨖿(꾀 유), 愉(기뻐할 유), 瑜(옥돌 유), 揄(끌 유), 楢(졸참나무 유), 游(놀 유), 莻(연뿌리 윤),

(나누어줄 율), 飮(마실 음), 揖(읍할 읍), 義(옳을 의), 意(뜻 의), 肄(익힐 이), 湮(잠길 인), 靷(가슴걸이 인), 賃(품삯 임), 稔(여물 임), 荷(연꽃 하), 廈(큰집 하), 嗃(엄할 학), 港(항구 항), 解(풀 해), 該(갖출 해), 楷(본 해), 鉉(솥귀고리 현), 嫌(의심 혐), 莢(콩깍지 협), 逈(멀 형), 號(이름 호), 湖(호수 호), 琥(호박 호), 渾(흐릴 혼), 話(이야기 화), 畵(그림 화), 換(바꿀 환), 渙(찬란할 환), 煥(빛날 환), 煌(빛날 황), 幌(휘장 황), 惶(당황할 황), 湟(빠질 황), 會(모을 회), 滙(물돌아모일 회), 賄(뇌물 회), 逅(만날 후), 嗅(맡을 후), 煦(찔 후), 暈(무리 훈), 塤(질나팔 훈), 暄(따뜻할 훤), 煊(따뜻할 훤), 毁(헐 훼), 揮(지휘할 휘), 彙(무리 휘), 暉(빛날 휘), 煇(빛날 휘), 歆(받을 흠), 煕(빛날 희), 詰(꾸짖을 힐)

***음오행이 金인 글자**

嗣(이을 사), 莎(향부자 사), 渣(찌끼 사), 肆(방사할 사), 裟(가사 사), 煞(죽일 살), 扌臿(가래 삽), 想(생각할 상), 傷(상할 상), 詳(자세할 상), 湘(물이름 상), 塞(변방 새), 嗇(탐낼 색), 塞(요새 색), 署(더울 서), 惰(지혜 서), 筮(점칠 서), 鼠(쥐 서), 揟(고기잡을 서), 鉐(놋쇠 석), 渲(물적실

선), 愃(쾌할 선), 羨(부러워할 선), 僊(춤출 선), 跣(맨발 선), 詵(많을 선), 楔(문설주 설), 渫(칠 설), 聖(성인 성), 惺(깨달을 성), 猩(성성이 성), 筬(베틀 성), 聖(성스러울 성), 勢(세력 세), 歲(해 세), 塑(토우 소), 送(보낼 송), 頌(칭송할 송), 碎(깨뜨릴 쇄), 愁(근심 수), 睡(졸 수), 嫂(형수 수), 竪(세울 수), 綏(편안할 수), 酬(갚을 수), 肅(엄숙할 숙), 琡(옥이름 숙), 脣(입술 순), 楯(난간 순), 詢(물을 순), 馴(따를 순), 鉥(돗바늘 술), 嵩(높을 숭), 塍(밭두둑 승), 詩(글귀 시), 試(시험 시), 湜(맑을 식), 軾(수레난간 식), 新(새 신), 莘(족두리풀 신), 蜃(이무기 신), 雌(암컷 자), 資(재물 자), 煮(삶을 자), 盞(술잔 잔), 莊(별장 장), 裝(꾸밀 장), 載(실을 재), 渽(맑을 재), 楮(닥나무 저), 渚(물가 저), 猪(돼지 저), 睢(물소리 저), 賊(도둑 적), 跡(자취 적), 勣(공적 적), 荻(갈대 적), 迹(행적 적), 電(전기 전), 傳(전할 전), 鈿(비녀 전), 煎(마음조릴 전), 詮(선명할 전), 琠(옥이름 전), 塡(메울 전), 殿(큰집 전), 雋(새살찔 전), 湞(물이름 정), 楨(광나무 정), 綎(인끈 정), 鼎(솥 정), 鉦(징 정), 靖(편안할 정), 睛(눈동자 정), 渟(멈출 정), 碇(닻 정), 艇(거룻배 정), 提(거느릴 제), 照(비칠 조), 稠(고를 조), 阻(험할 조), 琮(옥홀 종), 椶(종려나무 종), 誅(벨 주), 湊(항구 주), 鉒(광석 주), 晭(밝을 주), 雋(영특할 준), 楫(노 즙), 稙(올벼 직), 塡(다할 진), 嗔(성낼 진), 鉁(보배 진), 嫉(시기할 질), 斟(짐작할 짐), 楫(노 집), 嗟(탄식할 차), 嵯(우뚝솟을 차), 粲(밝을 찬), 債(빚 채), 琗(옥빛 채), 睬(참견할 채), 僉(모두 첨), 詹(이를 첨), 牒(공문서 첩), 睫(속눈썹 첩), 楚(초나라 초), 剿(노곤할 초), 蜀(나비애벌레 촉), 塚(무덤 총), 催(재촉할 최), 追(쫓을 추), 楸(개오동나무 추), 湫(늪 추), 椿(참죽나무 춘), 測(잴 측), 惻(슬퍼할 측), 稚(어릴 치), 雉(꿩 치), 馳(달릴 치), 嗤(냉소할 치), 痴(어리석을 치), 飭(경계할 칙), 琛(보배 침)

***음오행이 水인 글자**

痲(홍역 마), 莫(없을 막), 煤(그으름 매), 貊(오랑캐 맥), 盟(맹세 맹), 酩(술취할 명), 募(뽑을 모), 睦(화목 목), 渺(아득할 묘), 猫(고양이 묘), 描(그릴 묘), 楙(무성할 무), 楣(처마 미), 迷(헤맬 미), 微(작을 미), 渼(잔물결 미), 湄(물가 미), 媺(아름다울 미), 瀰(넘칠 미), 愍(근심할 민), 暋(강할 민), 鈱(철판 민), 鉑(금박 박), 雹(우박 박), 飯(밥 반), 頒(나눌 반), 鉢(바리때 발), 渤(바다이름 발), 湃(물결소리 배), 煩(번민할 번), 琺(법랑 법), �(향기날 별), 莂(모종낼 별), 軿(수레 병), 補(도울 보), 湺(보 보), 蜂(벌 봉), 琫(칼집장식 봉), 附(붙일 부), 艀(거룻배 부), 莩(갈대청 부), 鳧(오리 부), 硼(붕산 붕), 痺(각기 비), 碑(비문 비), 琵(비파 비), 聘(장가들 빙), 琶(비파 파), 稗(피 패),

愎(강할 퍅), 脯(어육 포), 剽(빠를 표), 稟(바탕 품), 楓(단풍나무 풍), 陂(비탈 피), 鉍(창자루 필)

14) 인명용 14획 한자

***음오행이 木인 글자**

歌(노래 가), 嘉(아름다울 가), 閣(누각 각), 碣(비석 갈), 竭(다할 갈), 監(볼 감), 降(내릴 강), 綱(벼리 강), 腔(빈속 강), 嫝(여자이름 강), 愷(즐거울 개), 愾(성낼 개), 覡(박수 격), 甄(가마 견), 慊(한탄할 겸), 箝(재갈먹일 겸), 輕(가벼울 경), 境(지경 경), 逕(좁은길 경), 溪(시내 계), 誡(경계할 계), 敲(두드릴 고), 槀(휠 고), 槁(마를 고), 菰(향초 고), 睾(늪 고), 誥(고할 고), 滑(어지러울 골), 寡(적을 과), 菓(실과 과), 廓(넓을 곽), 管(관 관), 菅(골풀 관), 罫(줄 괘), 愧(탓할 괴), 槐(홰나무 괴), 魁(으뜸 괴), 僑(객지에살 교), 構(얽을 구), 溝(도랑 구), 嘔(토할 구), 嶇(험할 구), 廐(마구간 구), 逑(짝 구), 菊(국화 국), 郡(고을 군), 鉇(쟁기날 귀), 閨(침실 규), 嫢(가는허리 규), 菌(버섯 균), 墐(묻을 근), 嫤(아름다울 근), 菫(제비꽃 근), 兢(조심할 긍), 旗(기 기), 綺(비단 기), 箕(삼태기 기), 暣(별기운 기), 緊(굳을 긴)

***음오행이 火인 글자**

寧(편안할 녕), 瑙(옥돌 노), 嫩(어릴 눈), 溺(빠질 닉),

端(바를 단), 團(둥글 단), 對(대답할 대), 臺(토대 대), 圖(그림 도), 途(길 도), 嶋(섬 도), 睹(볼 도), 擣(두드릴 도), 滔(물넘칠 도), 萄(포도 도), 蝀(무지개 동), 銅(구리 동), 逗(머무를 두), 裸(벌거벗을 라), 摞(정돈할 라), 辣(매울 랄), 郞(사내 랑), 萊(명아주 래), 連(이을 련), 領(다스릴 령), 逞(굳셀 령), 綠(초록빛 록), 菉(녹두 록), 僚(동료 료), 廖(공허할 료), 屢(여러 루), 陋(좁을 루), 榴(석류나무 류), 溜(여울 류), 綸(낚싯줄 륜), 楞(모 릉), 綾(무늬비단 릉), 菱(마름 릉), 誕(태어날 탄), 嘆(탄식할 탄), 綻(터질 탄), 奪(빼앗을 탈), 搭(태울 탑), 榻(긴걸상 탑), 態(모양 태), 颱(태풍 태), 通(통할 통), 槌(망치 퇴), 透(환할 투)

***음오행이 土인 글자**

斡(관리할 알), 菴(우거질 암), 腋(겨드랑이 액), 瘍(종기 양), 語(말할 어), 嫣(웃을 언), 與(참여할 여),

瑌(옥돌 연), 鳶(소리개 연), 說(기뻐할 열), 厭(가득할 염), 髥(수염 염), 熀(불빛이글거릴 엽), 榮(영화 영), 瑛(옥빛 영), 嫕(유순할 예), 誤(잘못 오), 寤(잠깰 오), 獄(감옥 옥), 溫(따뜻할 온), 窩(굴 와), 窪(웅덩이 와), 腕(팔 완), 搖(흔들 요), 僥(요행 요), 暚(밝을 요), 溶(녹을 용), 榕(용나무 용), 踊(뛸 용), 墉(담 용), 慂(권할 용), 熔(녹일 용), 瑀(옥돌 우), 霌(물소리 우), 禑(복 우), 殞(죽을 운), 熉(누런빛 운), 熊(곰 웅), 源(근원 원), 瑗(옥 원), 愿(성실할 원), 猿(원숭이 원), 僞(거짓 위), 萎(마를 위), 瑋(진기할 위), 維(오직 유), 誘(꾈 유), 瑜(옥 유), 毓(번성할 육), 銀(은 은), 溵(물소리 은), 慇(은근할 은), 疑(의심할 의), 爾(너 이), 飴(엿 이), 認(알 인), 輔(작은북 인), 溢(찰 일), 馹(역말 일), 瑕(허물 하), 嘏(클 하), 碬(숫돌 하), 限(한정 한), 銜(재갈 함), 閤(침실 합), 嫦(항아 항), 降(항복할 항), 噓(불 허), 赫(붉을 혁), 滎(실개천 형), 熒(등불 형), 豪(뛰어날 호), 瑚(산호 호), 酷(독할 혹), 魂(넋 혼), 琿(아름다운옥 혼), 鉷(돌쇠뇌 홍), 華(빛날 화), 禍(재앙 화), 廓(둘레 확), 滑(미끄러울 활), 猾(교활할 활), 滉(깊을 황), 榥(책상 황), 熀(불빛이글거릴 황), 愰(밝을 황), 慌(다급할 황), 誨(가르칠 회), 劃(쪼갤 획), 酵(술괴일 효), 歊(김오를 효), 熏(태울 훈), 携(이끌 휴), 僖(기쁠 희), 熙(빛날 희)

***음오행이 金인 글자**

獅(사자 사), 飼(먹일 사), 算(셈 산), 酸(초 산), 颯(꺾을 삽), 嘗(맛볼 상), 裳(치마 상), 像(형상 상), 塽(땅높고밝은 곳 상), 瑞(상서 서), 誓(맹세할 서), 墅(농막 서), 逝(떠날 서), 碩(클 석), 瑄(도리옥 선), 銑(무쇠 선), 嫙(예쁠 선), 煽(부칠 선), 說(말씀 설), 誠(정성 성), 瑆(옥빛 성), 說(말씀 세), 搔(긁을 소), 溯(거슬러올라갈 소), 逍(거닐 소), 韶(아름다울 소), 愫(정성 소), 速(빠를 속), 損(잃을 손), 誦

(읽을 송), 壽(목숨 수), 需(구할 수), 銖(중량단위 수), 粹(순수할 수), 搜(찾을 수), 嗽(기침할 수), 綬(인끈 수), 塾(글방 숙), 菽(콩 숙), 瑟(큰거문고 슬), 僧(승려 승), 縢(바디 승), 飾(꾸밀 식), 熄(꺼질 식), 愼(삼갈 신), 腎(콩팥 신), 實(열매 실), 慈(사랑할 자), 滋(붙을 자), 綽(여유 작), 奘(표창할 장), 臧(착할 장), 滓(앙금 재), 箏(쟁 쟁), 菹(젓갈 저), 這(이것 저), 嫡(본처 적), 翟(꿩 적), 銓(저울질할 전), 塼(벽돌 전), 箋(글 전), 截(다스릴 절), 精(찧을 정), 禎(상서 정), 製(지을 제), 齊(가지런할 제), 瑅(옥이름 제), 造(지을 조), 趙(조나라 조), 肇(시작할 조), 種(씨 종), 綜(모을 종), 罪(허물 죄), 嗾(부추길 주), 綢(얽을 주), 準(법도 준), 逡(주저할 준), 僔(모일 준), 誌(기록할 지), 蜘(거미 지), 溱(많을 진), 搢(꽂을 진), 盡(다할 진), 塵(티끌 진), 賑(넉넉할 진), 榛(덤불 진), 箚(찌를 차), 搾(짤 착), 察(살필 찰), 僭(거짓 참), 塹(구덩이 참), 滄(큰바다 창), 暢(통할 창), 菖(창포 창), 彰(밝을 창), 槍(창 창), 愴(슬퍼할 창), 脹(창자 창), 菜(나물 채), 綵(비단 채), 寨(울타리 채), 綴(꿰맬 철), 輒(문득 첩), 菁(우거질 청), 銃(총 총), 総(모을 총), 逐(쫓을 축), 瑃(옥이름 춘), 萃(야윌 췌), 翠(비취색 취), 聚(모을 취), 置(둘 치), 緇(검은옷 치), 寢(잘 침), 稱(칭찬할 칭)

***음오행이 水인 글자**

幕(장막 막), 寞(쓸쓸할 막), 輓(수레끌 만), 靺(말갈 말), 網(그물 망), 莽(풀 망), 陌(밭두렁 맥), 萌(싹 맹), 綿(솜 면), 滅(멸망할 멸), 鳴(울 명), 銘(새길 명), 溟(바다 명), 暝(어두울 명), 慏(생각깊을 명),橅법 모), 貌(모양 모), 瑁(서옥 모), 夢(꿈 몽), 墓(무덤 묘), 舞(춤출 무), 誣(무고할 무), 橅(어루만질 무), 聞(들을 문), 頣(강할 민), 碈(옥돌 민), 慜(총명할 민), 密(꿀 밀), 箔(발 박), 駁(얼룩말 박), 搬(옮길 반), 槃(쟁반 반), 榜(방목 방), 滂(큰비 방), 裵(옷치렁거릴 배), 閥(가문 벌), 碧(옥돌 벽), 餅(금화 병), 輔(재상 보), 菩(보살 보), 福(복 복), 僕(종 복), 逢(만날 봉), 鳳(봉황새 봉), 腐(썩을 부), 溥(넓을 부), 孵(알깔 부), 腑(장부 부), 鼻(코 비), 榧(비자나무 비), 菲(엷을 비), 脾(지라 비), 緋(붉은빛 비), 翡(물총새 비), 輩(바퀴 비), 裨(도울 비), 賓(손 빈), 頗(치우칠 파), 萍(부평초 평), 飽(배부를 포), 逋(달아날 포), 馝(향기로울 필)

15) 인명용 15획 한자

***음오행이 木인 글자**

價(값 가), 稼(농사 가), 駕(탈것 가), 愨(성실할 각), 葛(칡 갈), 褐(털옷 갈), 蝎(전갈 갈), 慷(개탄할 강), 慨(분개할 개), 槪(절개 개), 漑(물댈 개), 踞(웅크릴 거), 腱(힘줄

건), 漧(하늘 건), 儉(검소할 검), 劍(칼 검), 熲(불빛 경), 儆(경계할 경), 慶(경사 경), 磎(시내 계), 稽(머무를 계), 稿(초 고), 穀(곡식 곡), 滾(흐를 곤), 鞏(묶을 공), 課(시험할 과), 郭(둘레 곽), 槨(덧널 곽), 慣(익숙할 관), 寬(너그러울 관), 廣(넓을 광), 嬌(아리따울 교), 嶠(산길 교), 餃(경단 교), 銶(끌 구), 歐(토할 구), 毆(칠 구), 駒(망아지 구), 窮(궁할 궁), 逵(큰길 규), 葵(해바라기 규), 槻(느티나무 규), 劇(연극 극), 瑾(맑을 근), 槿(무궁화나무 근), 畿(경기 기)

*음오행이 火인 글자

駑(둔할 노), 腦(뇌 뇌), 鬧(시끄러울 뇨), 緞(비단 단), 談(말씀 담), 踏(밟을 답), 幢(휘장 당), 德(큰 덕), 稻(벼 도), 墩(돈대 돈), 董(바로잡을 동), 嶝(고개 등), 落(떨어질 락), 樂(즐길 락), 瑯(옥돌 랑), 諒(참 량), 樑(들보 량), 輛(수레 량), 慮(생각할 려), 閭(마을 려), 黎(검을 려), 練(익힐 련), 漣(물놀이 련), 輦(손수레 련), 魯(미련할 로), 論(말할 론), 賚(뇌물줄 뢰), 磊(돌무덤 뢰), 寮(동료 료), 樓(다락 루), 漏(샐 루), 劉(도끼 류), 瑠(유리 류), 瘤(혹 류), 戮(형벌 륙), 輪(바퀴 륜), 凜(찰 름), 凜(늠름할 름), 履(신발 리), 墮(떨어질 타), 駝(낙타 타), 歎(한숨쉴 탄), 彈(탄알 탄), 慟(애통할 통), 慝(간사할 특)

*음오행이 土인 글자

鴉(검을 아), 樂(풍류 악), 鞍(안장 안), 賹 (넉넉할 애), 葯(부들풀싹 약), 養(기를 양), 樣(본 양), 漾(출렁거릴 양), 漁(고기잡을 어), 億(억 억), 演(흐를 연), 緣(인연 연), 嬿(성 연), 熱(더울 열), 閱(읽을 열), 葉(잎 엽), 影(그림자 영), 潁(강이름 영), 瑩(옥돌 영), 銳(날카로울 예), 熬(볶을 오), 獒(개 오), 瑥(사람이름 온), 瘟(염병 온), 褞(번성할 온), 蝸(고둥 와), 緩(느릴 완), 翫(가지고놀 완), 豌(완두 완), 腰(허리 요), 瑤(옥돌 요), 嶢(산높을 요), 窯(가마 요), 樂(좋아할 요), 慾(욕심 욕), 瑢(옥소리 용), 槦(나무이름 용), 憂(근심 우), 郵(우편 우), 慪(유혹할 우), 稶(서직무성할 욱), 院(집 원), 褑(띠 원), 緯(짤 위), 慰(위로할 위), 葦(갈대 위), 蝟(고슴도치 위), 褘(아름다울 위), 萸(수유 유), 牖(창 유), 閏(윤달 윤), 奫(물충충할 윤) 誾(향내날 은), 璁(사람이름 은), 儀(거동 의), 誼(의논할 의), 毅(굳셀 의), 頤(턱 이), 熤(사람이름 익), 逸(달아날 일), 蝦(새우 하), 漢(한나라 한), 緘(봉할 함), 陜(좁을 합), 餉(건량 향), 墟(터 허), 賢(어질 현), 儇(약을 현), 儇(총명할 현), 鋏(칼 협), 瑩(맑을 형), 慧(지혜 혜), 憓(밝을 혜), 暳(많은별모양 혜), 鞋(신발 혜), 滸(물가 호), 糊(풀 호), 葫(마늘 호), 蝴(나비 호), 嬅(고울 화), 確(확실할 확), 篁(대숲 황), 蝗(황충 황), 皞(밝을 효), 皛(흴 효), 萱(원추리 훤), 輝(빛 휘), 麾(지휘 휘), 興(일어날 흥), 嬉(즐길 희),

凞(화할 희)

***음오행이 金인 글자**

賜(줄 사), 寫(베낄 사), 傞(잘게부술 사), 駟(말 사), 數(셀 삭), 滲(스밀 삼), 賞(상줄 상), 箱(상자 상), 橡(상수리나무 상), 署(임명할 서), 緖(실마리 서), 鋤(호미 서), 奭(클 석), 線(줄 선), 墡(백토 선), 嬋(아름다울 선), 腺(샘 선), 陝(고을이름 섬), 葉(고을이름 섭), 腥(비릴 성), 嘯(휘파람 소), 瘙(종기 소), 銷(녹일 소), 誰(누구 수), 瘦(여윌 수), 數(셈 수), 漱(씻을 수), 銹(녹슬 수), 睟(재물 수), 熟(익을 숙), 諄(도울 순), 醇(진할 순), 蝨(참깨 슬), 陞(오를 승), 嘶(울 시), 篒(대밥통 식), 蝕(일식 식), 審(살필 심), 磁(지남석 자), 暫(잠깐 잠), 箴(바늘침 잠), 葬(장사지낼 장), 腸(창자 장), 漳(물이름 장), 樟(녹나무 장), 暲(해돋을 장), 漿(음료 장), 獐(노루 장), 諍(간할 쟁), 著(지을 저), 樗(가죽나무 저), 箸(젓가락 저), 敵(적 적), 滴(물방울 적), 摘(잡아뗄 적), 廛(가게 전), 箭(화살 전), 篆(전자 전), 節(마디 절), 漸(차차 점), 蝶(나비 접), 摺(접을 접), 鋌(광석 정), 靚(단장할 정), 鋥(칼날세울 정), 霆(번개 정), 除(덜 제), 調(고를 조), 嘲(비웃을 조), 槽(구유 조), 漕(배질할 조), 慫(권할 종), 踪(자취 종), 腫(종기 종), 週(주일 주), 駐(머물를 주), 廚(부엌 주), 儁(영특할 준), 葰(클 준), 葺(기울 집), 增(늘 증), 摯(잡을 지), 銡(새길 지), 漬

(담글 지), 稷(기장 직), 進(나아갈 진), 陣(진칠 진), 瑨(옥돌 진), 瑱(귀막이옥 진), 震(천둥소리 진), 禛(복받을 진), 瞋(성낼 진), 質(바탕 질), 緝(낳을 집), 徵(조짐 징), 瑳(고울 차), 磋(갈 차), 慘(아플 참), 慙(부끄러움 참), 廠(헛간 창), 漲(물불을 창), 瘡(종기 창), 慽(슬플 척), 滌(씻을 척), 瘠(여윌 척), 陟(오를 척), 賤(천할 천), 踐(밟을 천), 徹(통할 철), 輟(그칠 철), 諂(아첨할 첨), 請(청할 청), 締(맺을 체), 滯(막힐 체), 逮(잡을 체), 醋(술권할 초), 憁(심심할 총), 摠(모두 총), 墜(떨어질 추), 皺(주름 추), 萩(사철쑥 추), 諏(꾀할 추), 樞(지도리 추), 衝(부딪칠 충), 醉(취할 취), 趣(뜻 취), 嘴(부리 취), 層(층 층), 齒(이 치), 幟(기 치), 緻(고울 치), 輜(짐수레 치), 漆(옻나무 칠)

***음오행이 水인 글자**

摩(연마할 마), 瑪(마노 마), 碼(저울추 마), 漠(사막 막), 萬(일만 만), 滿(찰 만), 慢(게으를 만), 漫(넓을 만), 輞(바퀴테 망), 賣(팔 매), 魅(도깨비 매), 緬(가는실 면), 瞑(눈감을 명), 暮(저물 모), 模(법 모), 慕(사모할 모), 摸(본뜰 모), 摹(베낄 모), 廟(사당 묘), 墨(먹 묵), 憫(총명할 민), 緡(낚싯줄 민), 瘢(흉터 반), 盤(쟁반 반반), 磐(너럭바위 반), 髮(머리털 발), 魃(가물귀신 발), 磅(돌소리 방), 輩(무리 배), 賠(배상할 배), 褙(속적삼 배), 魄(혼 백), 幡(기 번), 樊(새장 번), 罰(벌줄 벌), 範(법 범), 僻(피할 벽), 劈

(쪼갤 벽), 輧(수레 병), 褓(포대기 보), 腹(배 복), 複(거듭 복), 鋒(칼날 봉), 熢(불기운 봉), 漨(내이름 봉), 部(거느릴 부), 賦(구실 부), 敷(펼 부), 駙(곁마 부), 墳(무덤 분), 噴(노할 분), 誹(비방할 비), 編(엮을 편), 篇(책 편), 翩(빨리 날 편), 廢(폐할 폐), 弊(해질 폐), 幣(폐백 폐), 陛(섬돌 폐), 葡(포도 포), 褒(도포 포), 鋪(베풀 포), 暴(사나울 포), 暴(사나울 폭), 標(표 표), 漂(떠다닐 표), 慓(급할 표), 瓢(박 표)

16) 인명용 16획 한자

***음오행이 木인 글자**

諫(간할 간), 墾(개간할 간), 澗(산골물 간), 橄(감람나무 감), 鋼(강철 강), 彊(강할 강), 蓋(덮을 개), 鋸(톱 거), 劒(칼 검), 憩(쉴 게), 膈(흉격 격), 潔(깨끗할 결), 磬(경쇠 경), 頸(목 경), 憬(깨달을 경), 暻(밝을 경), 膏(살찔 고), 錮(땜질할 고), 錕(곤오산 곤), 過(지나칠 과), 錧(바퀴철 관), 舘(객사 관), 橋(다리 교), 龜(나라이름 구), 獗(날뛸 궐), 潰(무너질 궤), 龜(거북 귀), 窺(엿볼 규), 龜(거북 균), 橘(귤 귤), 瑾(옥 근), 錦(비단 금), 器(그릇 기), 機(기계 기), 琪(꾸미개옥 기), 錤(호미 기), 錡(세발솥 기), 冀(바랄 기)

***음오행이 火인 글자**

諾(대답할 낙), 撚(비틀 년), 撓(흔들릴 뇨), 壇(단 단), 達(통달할 달), 潭(못 담), 曇(흐릴 담), 錟(창 담), 糖(엿 당), 撞(부딪칠 당), 道(길 도), 酴

(향기날 도), 都(도읍 도), 覩(볼 도), 陶(질그릇 도), 導(인도할 도), 賭(도박 도), 도篤(도타울 독), 暾(아침해 돈), 燉(불빛 돈), 潼(물이름 동), 憧(그리워할 동), 朣(달떠오를 동), 曈(동틀 동), 頭(머리 두), 遁(달아날 둔), 燈(등잔 등), 橙(등자나무 등), 駱(낙타 락), 螂(사마귀 랑), 歷(지낼 력), 曆(책력 력), 憐(어여삐여길 련), 璉(호련 련), 隷(붙을 례), 盧(검을 로), 撈(잡을 로), 潞(강이름 로), 錄(문서 록), 賴(의뢰할 뢰), 燎(밝을 료), 龍(용 룡), 瘻(부스럼 루), 陸(뭍 륙), 錀(금색 륜), 廩(곳집 름), 陵(언덕 릉), 璃(유리 리), 罹(바를 리), 潾(돌샘 린), 燐(반딧불 린), 撛(뺄 린), 霖(장마 림), 憚(화낼 탄), 糖(엿 탕), 撑(버팀목 탱), 腿(정강이 퇴), 褪(바랠 퇴), 頹(기울 퇴)

***음오행이 土인 글자**

餓(주릴 아), 鄂(경계 악), 謁(아뢸 알), 閼(그칠 알), 鴨(오리 압), 鴦(원앙 앙), 縊(목맬 액), 蒻(부들 약), 禦(막을 어), 諺(상말 언), 業(험준할 업), 餘(나머지 여), 燃(탈 연), 燕(제비 연), 澧

(물흐르는모양 열), 閻(한길 염), 燁(빛날 엽), 曄(빛날 엽), 穎(이삭 영), 嬴(찰 영), 豫(미리 예), 叡(밝을 예), 霓

(가장자리 예), 橤(드리울 예), 墺(육지 오), 縕(헌솜 온), 壅(막을 옹), 鋺(식기 완), 橈(꺾을 요), 縟(무늬 욕), 褥(요 욕), 蓉(연꽃 용), 遇(만날 우), 運(운 운), 澐(큰물결 운), 賱(재운 운), 橒(나무무늬 운), 篔(운당 운), 鴛(원앙새 원), 鋺(식기 원), 謂(고할 위), 衛(막을 위), 違(어길 위), 遊(놀 유), 儒(유교 유), 諛(아첨할 유), 諭(인도할 유), 踰(넘을 유), 蹂(밟을 유), 逾(멀 유), 潤(젖을 윤), 燏(빛나는모양 율), 融(통할 융), 㥯(기댈 은), 陰(음기 음), 凝(얼 응), 彝(떳瑱떳할 이),

(사람이름 인), 遐(멀 하), 學(배울 학), 翰(깃 한), 澖(넓을 한), 陷(빠질 함), 諧(어울릴 해), 駭(놀랄 해), 骸(해골 해), 憲(법 헌), 軒(초헌 헌), 縣(고을 현), 頰(뺨 협), 螢(반딧불 형), 衡(저울 형), 憓(순할 혜), 澔(넓을 호), 縞(명주 호), 蒿(쑥 호), 樺(자작나무 화), 潢(은하수 황), 遑(급할 황), 橫(가로 횡), 曉(밝을 효), 勳(공 훈), 諱(꺼릴 휘), 噫(한숨쉴 희), 橲(나무이름 희), 羲(복희 희), 熺(밝을 희), 憙(기뻐할 희), 熹(밝을 희), 憘(기뻐할 희), 暿(몹시더울 희)

***음오행이 金인 글자**

蓑(도롱이 사), 篩(체 사), 蒜(마늘 산), 撒(뿌릴 살), 澁(떫을 삽), 橡(상수리 상), 諝(슬기 서), 蓆(자리 석), 潟(개펄 석), 錫(주석 석), 璇(옥 선), 敾(흩을 선), 暹(해떠오를 섬), 醒(깰 성), 燒(불사를 소), 篠(조릿대 소), 穌(소생할 소), 蓀(난초 손), 樹(심을 수), 輸(보낼 수), 遂(이룰 수), 蒐(사냥 수), 蓚(수산 수), 橚(무성할 숙), 潚(빠를 숙), 錞(악기이름 순), 橓(무궁화나무 순), 蒔(모종낼 시), 蓍(시초 시), 諡(시호 시), 諟(바로잡을 시), 諶(진실 심), 諮(물을 자), 潺(물소리 잔), 潛(숨을 잠), 墻(담 장), 璋(홀 장), 縡(일 재), 錚(징 쟁), 積(쌓을 적), 戰(싸움 전), 錢(돈 전), 霑(젖을 점), 鮎(메기 점), 靜(조용할 정), 整(가지런할 정), 諪(고를 정), 錠(제기이름 정), 諸(모든 제), 劑(약지을 제), 蹄(올무 제), 醍(맑은술 제), 潮(밀물 조), 雕(새길 조), 瑽(패옥소리 종), 踵(발꿈치 종), 遒(닥칠 주), 澍(적실 주), 輳(모일 주), 澍(단비 주), 寯(준걸 준), 樽(술통 준), 憎(미워할 증), 蒸(많을 증), 陳(늘어놓을 진), 縝(촘촘할 진), 縉(꽂을 진), 臻(이를 진), 蓁(우거질 진), 潗(샘물솟을 집), 輯(모을 집), 澄(맑을 징), 錯(어긋날 착), 撰(지을 찬), 餐(먹을 찬), 簒(빼앗을 찬), 艙(선창 창), 蒼(푸를 창), 澈(맑을 철), 撤(거둘 철), 諜(이간할 첩), 諦(살필 체), 諟(바로잡을 체), 樵(땔나무 초), 憔(수척할 초), 錐(송곳 추), 錘(도가니 추), 蓄(쌓을 축), 築(건축물 축), 賰(넉넉할 춘), 熾(맹렬할 치), 親(친할 친)

***음오행이 水인 글자**

磨(갈 마), 瞞(속일 만), 罵(욕할 매), 冪(덮을 멱), 蓂(명

협풀 명), 螟(해충 명), 謨(꾀할 모), 橅

(법 모), 穆(온화할 목), 蒙(우매할 몽), 憮(애무할 무), 撫(어루만질 무), 橅

(어루만질 무), 黙(잠잠할 묵), 躾(모橅양낼 미), 憫(근심할 민), 潣(물흘러내릴 민), 撲(칠 박), 樸(통나무 박), 縛(묶을 박), 膊(포 박), 潘(쌀뜨물 반), 潑(물뿌릴 발), 撥(없앨 발), 膀(오줌통 방), 蒡(우엉 방), 陪(모실 배), 燔(구울 번), 壁(울타리 벽), 辯(분별할 변), 潽(끓을 보), 輹(복토 복), 輻(모여들 복), 憤(성낼 분), 奮(떨칠 분), 憊(고달플 비), 頻(자주 빈), 儐(인도할 빈), 憑(의지할 빙), 播(뿌릴 파), 罷(파할 파), 辦(힘쓸 판), 澎(물소리 팽), 遍(두루 편), 嬖(사랑할 폐), 蒲(창포 포), 鮑(절인어물 포), 輻(몰려들 폭), 諷(풍자할 풍), 逼(협박할 핍)

17) 인명용 17획 한자

***음오행이 木인 글자**

懇(간절할 간), 癎(간질 간), 磵(시내 간), 艱(어려울 간), 瞰(볼 감), 憾(서운할 감), 講(강론할 강), 橿(굳셀 강), 糠(겨 강), 據(의지할 거), 鍵(열쇠 건), 蹇(다리절 건), 檢(조사할 검), 擊(칠 격), 激(부딪칠 격), 檄(격서 격), 遣(보낼 견), 謙(겸손할 겸), 璟(옥빛 경), 擎(받들 경), 檠(등불 경), 檠(도지개 경), 階(섬돌 계), 谿(시내 계), 鍋(냄비

과), 顆(낟알 과), 館(객사 관), 矯(바로잡을 교), 膠(아교 교), 鮫(상어 교), 購(살 구), 鞠(기를 국), 懃(은근할 근), 擒(생포할 금), 檎(능금나무 금), 璣(별이름 기), 磯(물가 기)

***음오행이 火인 글자**

濃(짙을 농), 檀(박달나무 단), 鍛(쇠칠 단), 撻(매질할 달), 澾(미끄러울 달), 擔(맡을 담), 憺(편안할 담), 澹(싱거울 담), 遝(뒤섞일 답), 螳(매미 당), 隊(떼 대), 黛(눈썹먹 대), 鍍(올릴 도), 蹈(밟을 도), 獨(홀로 독), 瞳(눈동자 동), 縢(베낄 등), 螺(소라 라), 勵(힘쓸 려), 鍊(익힐 련), 聯(연이을 련), 蓮(연 련), 濂(엷을 렴), 斂(거둘 렴), 殮(빈소 렴), 嶺(재 령), 澪(맑을 령), 澧(강이름 례), 擄(사로잡을 로), 儡(꼭두각시 뢰), 瞭(눈밝을 료), 療(병고칠 료), 蓼(여뀌 료), 縷(실 루), 褸(남루할 루), 蔞(쑥 루), 隆(높을 륭), 罹(근심 리), 璘(옥빛 린), 麟(기린 린), 臨(임할 림), 濁(흐릴 탁), 澤(못 택), 擇(가릴 택)

***음오행이 土인 글자**

嶽(큰산 악), 鍔(칼날 악), 鮟(메기 안), 癌(암 암), 闇(어두울 암), 壓(누를 압), 曖(가릴 애), 陽(해 양), 襄(오를 양), 檍(참죽나무 억), 憶(기억할 억), 輿(수레 여), 縯(길 연), 嶸(산높을 영), 霙(눈꽃 영), 營(경영할 영), 鍈(방울소리 영), 嬰(어릴 영), 濊(깊을 예), 蓺(심을 예), 懊(한할 오), 澳(깊을 오), 燠(따뜻할 오), 擁(안을 옹), 遙(거닐 요), 謠(노래할 요), 繇(부역 요), 聳(솟을 용), 優(넉넉할 우), 隅(구석 우), 燠(따뜻할 우), 燠(따뜻할 욱), 蔚(빽빽할 울), 遠(멀 원), 轅(끌채 원), 孺(젖먹이 유), 鍮(놋쇠 유), 檃(도지개 은), 蔭(그늘 음), 應(응할 응), 翼(날개 익), 謚(웃을 익), 霞(노을 하), 壑(골짜기 학), 謔(희롱할 학), 韓(나라이름 한), 澣(씻을 한), 巘(산형상 한), 轄(비녀장 할), 懈(게으를 해), 鄕(고향 향), 蹊(건널 혜), 壕(해자 호), 鴻(기러기 홍), 闊(넓을 활), 豁(통할 활), 璜(패옥 황), 隍(해자 황), 檜(노송나무 회), 澮(봇도랑 회), 獪(교활할 회), 嚆(울릴 효), 壎(질나팔 훈), 徽(표기 휘), 虧(줄어들 휴), 戲(놀 희), 禧(복 희)

***음오행이 金인 글자**

謝(사례할 사), 蔘(인삼 삼), 霜(서리 상), 償(갚을 상), 賽(굿할 새), 嶼(섬 서), 嶼(섬 서), 鮮(생선 선), 禪(선 선), 褻(더러울 설), 薛(향기로울 설), 燮(화할 섭), 聲(소리 성), 蔬(푸성귀 소), 遡(거스를 소), 謖(일어날 속), 遜(달아날 손), 雖(비록 수), 穗(이삭 수), 隋(수나라 수), 燧(봉화 수), 濉(강이름 수), 瞬(잠깐 순), 蓴(순나물 순), 膝(무릎 슬), 褶(주름 습), 蔗(맛좋을 자), 蔣(줄 장), 檣(돛대 장), 齋(재계 재), 績(공 적), 澱(앙금 전), 輾(구를 전), 餞(보낼 전), 氈(양탄자 전), 點(점 점), 靜(아름다울 정), 檉(능수

버들 정), 燥(마를 조), 操(잡을 조), 糟(지게미 조), 簇(모일 족), 縱(세로 종), 鍾(술병 종), 駿(준마 준), 竴(기쁠 준), 甑(시루 증), 璡(옥돌 진), 蔯(약쑥 진), 膣(생식기 질), 蹉(넘어질 차), 澯(맑을 찬), 燦(빛날 찬), 蔡(풀 채), 擅(멋대로 천), 遞(번갈아 체), 礁(암초 초), 燭(촛불 촉), 總(거느릴 총), 聰(총명할 총), 蔥(파 총), 撮(모을 촬), 醜(추할 추), 鄒(추나라 추), 趨(쫓을 추), 縮(줄 축), 黜(물리칠 출), 穉(어릴 치), 鍼(침 침), 蟄(숨을 칩)

***음오행이 水인 글자**

膜(막 막), 蔓(덩굴 만), 蔑(없을 멸), 錨(닻 묘), 懋(힘쓸 무), 繆(묶을 무), 彌(퍼질 미), 謎(수수께끼 미), 謐(고요할 밀), 璞(옥덩이 박), 磻(강이름 반), 豳(나라이름 반), 謗(비방할 방), 繁(많을 번), 磻(강이름 번), 擘(나눌 벽), 檗(회양목 벽), 瞥(잠깐볼 별), 潎(털어낼 별), 餠(떡 병), 鍑(솥 복), 葍(무우 복), 蓬(쑥 봉), 縫(붙일 봉), 膚(살갗 부), 賻(부의 부), 糞(똥 분), 繃(감을 붕), 嬪(아내 빈), 豳(나라이름 빈), 騁(달릴 빙)

18) 인명용 18획 한자

*음오행이 木인 글자

簡(편지 간), 鞨(말갈족 갈), 薑(생강 강), 鎧(갑옷 개), 擧(들 거), 瞼(눈꺼풀 검), 隔(막을 격), 鵑(두견새 견), 鎌

(낫 겸), 璥(경옥 경), 鵠(고니 곡), 壙(광 광), 翹(꼬리 교), 蕎(메밀 교), 舊(옛 구), 軀(몸 구), 謳(노래할 구), 瞿(살필 구), 鞫(국문할 국), 闕(대궐문 궐), 蕨(고사리 궐), 櫃(함 궤), 歸(돌아올 귀), 竅(구멍 규), 隙(틈 극), 謹(삼갈 근), 覲(뵐 근), 騎(말탈 기), 騏(준마 기), 穖(밭갈 기)

***음오행이 火인 글자**

懦(나약할 나), 獰(모질 녕), 濔(많을 니), 膩(미끄러울 니), 斷(끊을 단), 簞(대광주리 단), 蕁(마를 담), 戴(일 대), 擡(들 대), 燾(비칠 도), 濤(큰물결 도), 櫂(노 도), 遯(피할 둔), 濫(퍼칠 람), 擥(잡을 람), 糧(양식 량), 禮(예절 례), 壘(성채 루), 謬(속일 류), 釐(고칠 리), 鯉(잉어 리), 濯(씻을 탁), 擢(뽑을 탁), 蕩(흐리게할 탕), 闖(엿볼 틈)

***음오행이 土인 글자**

鵝(거위 아), 顎(근엄할 악), 顏(얼굴 안), 隘(좁을 애), 額(이마 액), 歟(어조사 여), 濴(물돌아나갈 영), 穢(거칠 예), 蕊(꽃술 예), 甕(단지 옹), 曜(요일 요), 燿(빛날 요), 繞(얽을 요), 蟯(요충 요), 鎔(거푸집 용), 蕓(평지 운), 隕(잃을 운), 魏(높을 위), 蔿(풀 위), 濡(젖을 유), 癒(병나을 유), 曘(어두울 유), 贇(예쁠 윤), 濦(강이름 은), 檃(도지개 은), 醫(의원 의), 擬(헤아릴 의), 鎰(무게단위 일), 檻(감옥 함), 闔(문짝 합), 爀(불빛 혁), 鎣(줄 형), 蕙(난초 혜), 濠(호주 호), 鎬(빛날 호), 濩(퍼질 호), 環(옥 환), 簧(생황 황), 獲(얻을 획), 燻

(태울 훈)

***음오행이 金인 글자**

觴(술잔 상), 雙(쌍 쌍), 穡(농사 색), 曙(새벽 서), 膳(반찬 선), 繕(기울 선), 蟬(매미 선), 簫(퉁소 소), 蕭(맑은대쑥 소), 鎖(자물쇠 쇄), 繡(수놓을 수), 璲(패옥 수), 蕣(무궁화 순), 璱(진주 슬), 濕(축축할 습), 燼(깜부기불 신), 爵(벼슬 작), 簪(비녀 잠), 雜(섞일 잡), 醬(간장 장), 儲(쌓을 저), 適(갈 적), 蹟(자취 적), 謫(유배 적), 轉(구를 전), 題(표제 제), 濟(건널 제), 遭(만날 조), 璪(면류관드림옥 조), 燽(드러날 주), 濬(깊을 준), 繒(비단 증), 贄(폐백 지), 職(직분 직), 織(짤 직), 鎭(누를 진), 遮(막을 차), 璨(옥 찬), 竄(숨을 찬), 饌(반찬 찬), 擦(문지를 찰), 蹠(밟을 척), 瞻(볼 첨), 礎(주춧돌 초), 蕉(파초 초), 叢(모을 총), 鎚(저울 추), 雛(큰새 추), 蹙(쫓을 축), 蟲(벌레 충), 膵(췌장 췌), 贅(혹 췌)

***음오행이 水인 글자**

謨(꾀 모), 朦(풍부할 몽), 蕪(거친풀 무), 鵡(앵무새 무), 暋(강할 민), 蟠(서릴 반), 蕃(우거질 번), 癖(버릇 벽), 璧(둥글옥 벽), 騈(나란히할 병), 馥(향기 복), 覆(뒤집힐 복), 臂(팔 비), 鄙(더러울 비), 濱(물가 빈), 檳(빈랑나무 빈), 殯(염할 빈), 贇(사람이름 빈), 膨(부풀 팽), 鞭(채찍 편), 蔽(가릴 폐), 斃(죽을 폐), 豐(풍년들 풍)

19) 인명용 19획 한자

***음오행이 木인 글자**

疆(한계 강), 繈(포대기 강), 羹(국 갱), 繭(누에고치 견), 鏡(거울 경), 鯨(고래 경), 鶊(꾀꼬리 경), 繫(맬 계), 鯤(물고기알 곤), 關(기관 관), 曠(밝을 광), 壞(무너질 괴), 轎(가마 교), 鞠(술 국), 蹶(넘어질 궐), 襟(옷깃 금), 麒(기린 기), 譏(나무랄 기)

***음오행이 火인 글자**

難(어려울 난), 膿(고름 농), 鄲(현이름 단), 譚(편안할 담), 膽(쓸개 담), 禱(빌 도), 韜(활집 도), 瀆(도랑 독), 牘(편지 독), 犢(송아지 독), 臀(볼기 둔), 鄧(나라이름 등), 覶(자세할 라), 麗(빛날 려), 廬(주막 려), 濾(거를 려), 櫚(종려나무 려), 簾(발 렴), 獵(사냥 렵), 櫓(방패 로), 嚧(웃을 로), 麓(산림 록), 隴(언덕 롱), 遼(멀 료), 鏤(강철 루), 類(무리 류), 瀏(물맑을 류), 離(떠날 리), 羸(여윌 리), 鄰(이웃 린), 攄(펼 터), 覇(으뜸갈 패)

***음오행이 土인 글자**

瀁(물모양 양), 臆(가슴 억), 孼(서자 얼), 璵(옥 여), 礖(숫돌 여), 繹(다스릴 역), 嚥(삼킬 연), 嬿아름다울 연), 瑌(옥돌 연), 艶(고울 염),

蘂 (아름다울 예), 穩(편안할 온), 擾(요란할 요), 鏞(쇠

북 용), 韻(울림 운), 願(바랄 원), 遺(남을 유), 膺(가슴 응), 艤(배댈 의), 薏(율무 의), 蟻(개미 의), 蟹(게 해), 嚮(향할 향), 瀅(맑을 형), 醯(초 혜), 譓(순종할 혜), 譁(시끄러울 화), 穫(곡식거둘 확), 擴(넓힐 확), 繪(그림 회), 膾(회 회), 薨(죽을 훙), 譎(속일 휼)

***음오행이 金인 글자**

辭(말씀 사), 瀉(물쏟을 사), 璽(도장 새), 選(뽑을 선), 璿(옥 선), 薛(쑥 설), 蟾(두꺼비 섬), 鏁(쇠사슬 쇄), 霄(하늘 소), 獸(짐승 수), 鵐(새매 수), 璹(옥그릇 숙), 蠅(파리 승), 繩(먹줄 승), 識(알 식), 薪(땔나무 신), 璶(옥돌 신), 瀋(즙 심), 鵲(까치 작), 障(막을 장), 薔(장미 장), 鏑(살촉 적), 顚(이마 전), 鄭(정나라 정), 際(사이 제), 繰(야청통견 조), 鏃(화살촉 족), 疇(두둑 주), 遵(따라갈 준), 櫛(늘어설 즐), 證(증거 증), 贈(줄 증), 遲(더딜 지), 識(알 지), 懲(징계할 징), 贊(도울 찬), 擲(던질 척), 遷(옮길 천), 薦(천거할 천), 轍(흔적 철), 簽(농 첨), 鯖(청어 청), 醮(초례제 초), 寵(총애할 총), 蹴(찰 축), 癡(어리석을 치)

***음오행이 水인 글자**

鏋(금 만), 鵬(초명새 명), 霧(안개 무), 薇(장미 미), 靡(쓰러질 미), 薄(얇을 박), 攀(당길 반), 醱(술괴일 발), 龐(클 방), 譜(적을 보), 簿(장부 부), 鵬(붕새 붕), 璸(옥무늬 빈), 穦(향기 빈), 嚬(찡그릴 빈), 霦(옥광채 빈), 擺(열릴

파), 瓣(꽃잎 판), 覇(으뜸갈 패), 騙(속일 편), 爆(터질 폭), 曝(볕쬘 폭), 瀑(폭포 폭)

20) 인명용 20획 한자

*음오행이 木인 글자

覺(깨달을 각), 醵(술잔치 갸), 遽(역말 거), 騫(그르칠 건), 競(다툴 경), 警(경계할 경), 瓊(옥 경), 繼(이을 계), 藁(볏짚 고), 勸(권할 권), 饉(주릴 근)

*음오행이 火인 글자

獺(수달 달), 黨(무리 당), 竇(구멍 두), 騰(오를 등), 羅(벌일 라), 懶(게으를 라), 藍(남빛 람), 籃(바구니 람), 襤(누더기 람), 礪(거친숫돌 려), 瀝(거를 력), 礫(조약돌 력), 齡(나이 령), 醴(단술 례), 瀘(강이름 로), 露(이슬 로), 爐(화로 로), 瀧(젖을 롱), 朧(흐릿할 롱), 瀨(여울 뢰), 隣(이웃 린), 鏻(굳셀 린), 鬪(싸움 투)

*음오행이 土인 글자

鰐(악어 악), 罌(양병 앵), 壤(땅 양), 孃(아가씨 양), 嚴(엄할 엄), 譯(통변할 역), 曣(맑을 연), 瀛(바다 영), 耀(빛날 요), 邀(맞을 요), 瀜(물깊을 융), 議(의논할 의), 鰕(새우 하), 瀚(넓을 한), 艦(군함 함), 鹹(짤 함), 瀣(이슬기운 해), 邂(만날 해), 麘(사향사슴 향), 獻(드릴 헌), 櫶(나무이름 헌), 懸(매달 현), 譞(말많을 현), 馨(향기 형), 鏸(날카로울 혜), 還(돌아올 환), 懷(품을 회), 鐄(쇠북 횡), 斅(가르칠 효), 薰(향기 훈), 爔(불빛 희), 曦(햇빛 희), 犧(희생할 희)

*음오행이 金인 글자

霰(싸락눈 산), 薩(보살 살), 薯(참마 서), 藇(술맛좋을 서), 釋(해석할 석), 鐥(복자 선), 贍(도울 섬), 騷(떠들 소), 瀟(강이름 소), 藎(조개풀 신), 藉(깔개 자), 藏(감출 장), 躇(밟을 저), 齟(어긋날 저), 籍(호적 적), 癤(부스럼 절), 瀞(맑을 정), 臍(배꼽 제), 薺(냉이 제), 躁(조급 조), 鐘(쇠북 종), 籌(산가지 주), 瓆(이름 질), 鏶(쇳조각 집), 纂(모을 찬), 闡(열 천), 觸(닿을 촉), 騶(마부 추), 鰍(미꾸라지 추)

*음오행이 水인 글자

饅(만두 만), 邁(갈 매), 麵(국수 면), 鶩(집오리 목), 礬(명반 반), 寶(보배 보), 鰒(전복 복), 譬(비유할 비), 瀕(물가 빈), 繽(성할 빈), 飄(질풍 표), 避(피할 피)

21) 인명용 21획 한자

*음오행이 木인 글자

譴(꾸짖을 견), 鷄(닭 계), 顧(돌아볼 고), 轟(울림 굉), 驅(몰 구), 饋(먹일 궤), 夔(조심할 기), 饑(주릴 기)

*음오행이 火인 글자

儺(역귀쫓을 나), 鐺(쇠사슬 당), 籐(등나무 등), 癩(문둥

병 라), 欄(난간 란), 爛(빛날 란), 瀾(큰물결 란), 覽(볼람), 臘(납향 랍), 蠟(밀랍 랍), 儷(짝 려), 蠣(굴 려), 藜(명아주 려), 瓏(옥소리 롱), 鐸(방울 탁)

***음오행이 土인 글자**

鶯(꾀꼬리 앵), 櫻(앵두나무 앵), 藥(약 약), 躍(뛸 약), 攘(뺏을 양), 轝(수레 여), 瀯(물소리 영), 譽

(지킬 영), 藝(재주 예), 譽(기릴 예), 巍(높을 외), 饒(넉넉할 요), 藕(연뿌리 우), 邇(가까울 이), 瀷(스며흐를 익), 鶴(두루미 학), 險(험할 험), 護(도울 호), 顥(클 호), 鐶(고리 환), 鰥(홀아비 환), 爔(불빛 희)

***음오행이 金인 글자**

麝(사향 사), 饍(반찬 선), 齧(깨물 설), 殲(멸할 섬), 續(이을 속), 屬(살붙이 속), 隨(따를 수), 藪(큰늪 수), 邃(깊을 수), 隧(길 수), 嚼(씹을 작), 贓(장물 장), 齎(보낼 재), 纏(얽힐 전), 鐫(새길 전), 躊(주저할 주), 蠢(꿈틀거릴 준), 儹(모을 찬), 懺(뉘우칠 참), 鐵(쇠 철)

***음오행이 水인 글자**

魔(마귀 마), 邈(멀 막), 襪(버선 말), 驀(말탈 맥), 飜(날번), 藩(덮을 번), 闢(문열 벽), 霹(벼락 벽), 辯(말잘할변), 驃(빠를 표), 飇(폭풍 표)

22) 인명용 22획 한자

*음오행이 木인 글자

鑑(거울 감), 龕(감실 감), 鱇(아귀 강), 藿(콩잎 곽), 灌(물댈 관), 驕(교만할 교), 鷗(갈매기 구), 懼(두려워할 구), 權(권세 권)

*음오행이 火인 글자

囊(주머니 낭), 讀(읽을 독), 讀(구절 두), 瓓(옥무늬 란), 轢(삐걱거릴 력), 孌(아름다울 련), 蘆(갈대 로), 籠(대그릇 롱), 聾(귀머거리 롱), 藺(골풀 린)

*음오행이 土인 글자

禳(기도할 양), 穰(번성할 양), 齬(어긋날 어), 儼(공경할 엄), 瓔(옥돌 영), 藝(꽃술 예), 鰲(큰자라 오), 蘊(쌓을 온), 饔(조반 옹), 隱(숨을 은), 譍(물끄러미볼 응), 懿(아름다울 의), 響(울림 향), 饗(잔치 향), 瀅(물이름 형), 譓(살필 혜), 歡(기뻐할 환), 驍(날랠 효), 鑂(금빛투색할 훈), 囍(쌍희 희)

*음오행이 金인 글자

癬(종기 선), 攝(당길 섭), 蘇(깨어날 소), 贖(바꿀 속), 鬚(수염 수), 襲(엄습할 습), 欌(장롱 장), 藷(참마 저), 顫(떨릴 전), 竊(얕을 절), 霽(갤 제), 藻(무늬 조), 鑄(부어만들 주), 齪(악착할 착), 巑(산높을 찬), 疊(접을 첩), 聽(들을 청)

*음오행이 水인 글자

巒(뫼 만), 彎(굽을 만), 鰻(뱀장어 만), 邊(변방 변), 鑌(벼린쇠 빈)

23) 인명용 23획 한자

***음오행이 木인 글자**

驚(놀랄 경), 蠱(독 고), 瓘(옥 관), 鑛(광물 광)

***음오행이 火인 글자**

蘭(난초 란), 欒(나무이름 란), 戀(그리워할 련), 攣(걸릴 련), 鷺(백로 로), 麟(기린 린), 鱗(비늘 린), 灘(여울 탄)

***음오행이 土인 글자**

巖(바위 암), 櫱(움 얼), 驛(역말 역), 醼(잔치 연), 纓(갓끈 영), 癰(등창 옹), 隱(은인 은), 驗(시험 험), 顯(밝을 현), 頀(풍류 호), 鷸(물총새 휼)

***음오행이 金인 글자**

蘚(이끼 선), 纖(가늘 섬), 灑(청소할 쇄), 髓(골 수), 讐(원수 수), 攢(모일 찬), 讒(참소할 참), 讖(비결 참), 籤(제비 첨), 體(몸 체), 鷲(독수리 취)

***음오행이 水인 글자**

黴(썩을 미), 蘗(승검초 벽), 變(변할 변), 鱉(금계 별)

24) 인명용 24획 한자

***음오행이 木인 글자**

罐(두레박 관), 攪(손놀릴 교), 衢(네거리 구)

***음오행이 火인 글자**

蘿(미나리 라), 靂(벼락 력), 靈(신령 령)

***음오행이 土인 글자**

齷(작을 악), 靄(노을 애), 讓(겸손할 양), 釀(술 양), 鹽(소금 염), 鼇(자라 오), 鷹(매 응), 攫(붙잡을 확)

***음오행이 金인 글자**

蠶(누에 잠), 臟(오장 장), 癲(미칠 전), 奲(관대할 차), 瓚(술그릇 찬), 韆(그네 천) 囑(맡길 촉), 矗(곧을 촉), 驟(달릴 취)

***음오행이 水인 글자**

없음

25) 인명용 25획 한자

***음오행이 木인 글자**

觀(볼 관), 羈(재갈 기)

***음오행이 火인 글자**

纛(둑 독), 欖(감람나무 람), 攬(잡을 람), 籬(울타리 리)

***음오행이 土인 글자**

灝(아득할 호)

***음오행이 金인 글자**

纘(이을 찬), 廳(관청 청)

***음오행이 水인 글자**

蠻(오랑캐 만), 鼈(자라 별)

26) 인명용 26획 한자

***음오행이 木인 글자**

없음

***음오행이 火인 글자**

邏(순행할 라), 驢(나귀 려)

***음오행이 土인 글자**

없음

***음오행이 金인 글자**

讚(기릴 찬)

***음오행이 水인 글자**

灣(물굽이 만)

27) 인명용 27획 한자

***음오행이 木인 글자**

驥(천리마 기)

***음오행이 火인 글자**

纜(닻줄 람), 躪(짓밟을 린)

***음오행이 土인 글자**

없음

***음오행이 金인 글자**

鑽(끊을 찬)

***음오행이 水인 글자**

없음

28) 인명용 28획 한자

***음오행이 木인 글자**

없음

***음오행이 火인 글자**

戇(어리석을 당)

***음오행이 土인 글자**

驩(기뻐할 환)

***음오행이 金, 水인 글자**

鑿(끌 착)

29) 인명용 29획 한자

***음오행이 木인 글자**

없음

***음오행이 火인 글자**

驪(검은말 려)

***음오행이 土인 글자**

鸚(앵무새 앵), 鬱(막힐 울),

***음오행이 金인 글자**

없음

***음오행이 水인 글자**

없음

30) 인명용 30획 한자

***음오행이 木인 글자**

없음

***음오행이 火인 글자**

鸞(방울 란)

***음오행이 土인 글자**

없음

***음오행이 金인 글자**

없음

***음오행이 水인 글자**

없음

참고서적

성명학전서	박진영	명문당
실증철학판단법	김백만	“
인생오명결	조성오	
명리학보감	한중수	
성명감별비법	백운송	
주역작명법	이상욱	

지은이

금정 이희림

경기도 수원시 장안구 율전동 296-19번지 1층3호

전화번호: 010 9762 9688/ 070 8880 9688

금정역학작명소 운영

홍익서당 동영상 강사

하늘을 알고 나를 알면 타인을 원망치 않으며 미래에 대한 두려움 없이 희망을 찾을 수 있으며 성취를 얻을 수 있습니다. 유향님의 말씀을 일부 인용하며 인사를 대신하겠습니다.

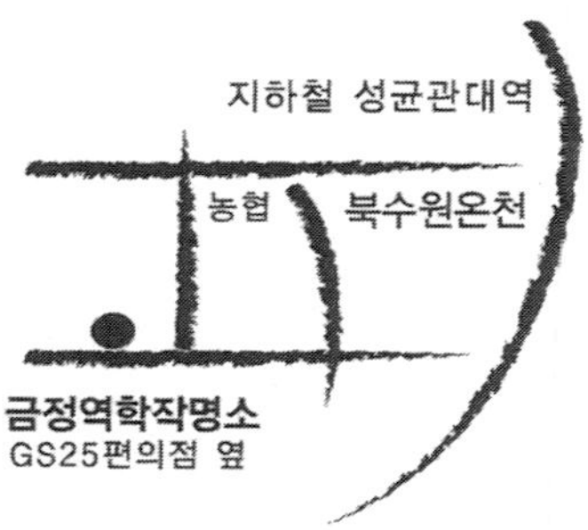

http://cafe.naver.com/leedang

금사 한기백

충남고 23회 졸업

교직에 15년간 근무

mso 체스연맹 충북 지회장

서강 김의철 사사

금사역학작명소 010 6378 9688

성명학 길라잡이

첫판 1쇄 2011년 7월 11일
지은이 한금사 · 이금정
펴낸이 장석홍
펴낸곳 도서출판 장서원
141-160 서울 용산구 남영동 7-1(201호)
전화 703-5362 팩스 797-5362
등록 제 01-01213호
shjang1011@hanmail.net
정가 23,000 원
파본 된 책은 바꿔드립니다.